本书出版得到以下项目资助：
广西高校人文社会科学重点研究基地（广西科技大学广西
国家社会科学基金一般项目（项目编号：19BGL284）"中
际陆海贸易新通道研究"
广西哲学社会科学规划研究课题（项目编号：17CGJ001）"'互联网+'背景下广西对东
盟外贸发展方式转型升级研究"

"互联网+"背景下广西对东盟外贸发展方式转型升级研究

Research on the Transformation and Upgrading of Foreign Trade Development Mode between Guangxi and ASEAN under the Background of "Internet Plus"

黄伟新◎著

经济管理出版社
ECONOMY & MANAGEMENT PUBLISHING HOUSE

图书在版编目（CIP）数据

"互联网+"背景下广西对东盟外贸发展方式转型升级研究/黄伟新著 . —北京：经济管理出版社，2022.6

ISBN 978-7-5096-8488-7

Ⅰ.①互… Ⅱ.①黄… Ⅲ.①对外贸易—贸易方式—研究—广西②东南亚国家联盟—外商投资—研究 Ⅳ.①F752②F833.304.8

中国版本图书馆 CIP 数据核字（2022）第 107588 号

组稿编辑：张巧梅
责任编辑：郭　飞
责任印制：黄章平
责任校对：蔡晓臻

出版发行：经济管理出版社
　　　　　（北京市海淀区北蜂窝 8 号中雅大厦 A 座 11 层　100038）
网　　址：www.E-mp.com.cn
电　　话：（010）51915602
印　　刷：北京虎彩文化传播有限公司
经　　销：新华书店
开　　本：720mm×1000mm/16
印　　张：13
字　　数：226 千字
版　　次：2022 年 9 月第 1 版　　2022 年 9 月第 1 次印刷
书　　号：ISBN 978-7-5096-8488-7
定　　价：88.00 元

目　录

第1章　绪论

1.1　研究背景及研究意义

1.1.1　研究背景

自 1994 年互联网开始在国际上较大范围商业应用，全球"互联网+"开始萌芽并由此备受世界瞩目，之后伴随移动通信技术的不断发展和网络信息输入输出设备的改善，区域外贸发展方式也随之被快速推动演进。1994 年 4 月 20 日，中国国家计算与网络设施也称"中关村地区教育与科研示范网"（The National Computing and Networking Facility of China，NCFC），通过美国 Sprint 公司的 64K 专线，实现了与国际互联网的全功能连接，标志着中国开启了"互联网+"时代。

广西在"九五"时期就开始谋划网络经济的发展蓝图，于 1996 年开始建设 China Net 省网（163 网），1997 年 3 月建成公用计算机互联网，5 月 China Net 省网（163 网）投入试运行，12 月启动广西互联网络中心建设，特别在政府上网工程以及"金税""金关"等"金"字系列工程推动下，广西"互联网+"跟上了国家步伐。之后，广西经济随着中国互联网行业一起历经了 21 世纪前 10 年美国互联网经济泡沫破裂、非典疫情暴发、中国互联网公司海外上市热潮后，因移动通信技术不断进步以及移动通信设备越发智能化，还有大数据、云计算、物联网、人工智能等数字技术快速发展，"互联网+"已然成为赋能广西各行各业数字化发展和转型升级的强大动力。

在广西与东盟贸易合作领域，凭借与东盟陆海相连、人文相通的区位人文优势，广西对东盟外贸进出口规模持续扩张，东盟也由此持续多年成为广西最大的贸易伙伴。即便在新冠肺炎疫情最为严峻的 2020 年，广西对东盟的进出口贸易规模仍旧保持正增长。据统计，自 2000 年广西开始较大范围应用互联网之后，广西对东盟进出口贸易规模已经从 2000 年的 36.38 亿元持续增加到 2020 年的 2375.70 亿元，对东盟国家进出口总额占广西外贸进出口的比重也从 2000 年的 21.57%变成 2020 年的 48.87%。然而，不可忽视的是，虽然广西对东盟外贸规模在持续扩张，但在"互联网+"快速发展、广西和东盟各领域数字化步伐加快的今天，广西对东盟外贸发展方式开始暴露一些不足，比如，"互联网+"助推出口生产部门数字化转型的步调不一致，生产性服务连接起来的跨境产业链供应链未能有效助力开拓东盟市场，本地企业几乎没有国际知名且具有广泛美誉度的全球大品牌，区内各地区利用互联网参与外贸国民收益创造并享受相应福利的能力不协调等。针对上述问题，如果不加以研究解决，不仅影响广西对东盟外贸高质量可持续发展，而且也不利于广西融入以国内大循环为主体、国内国际双循环相互促进的国家新发展格局。

1.1.2 研究意义

1.1.2.1 理论意义

广西与东盟国家陆海相邻，贸易方式一直以边境贸易为主，出口产品中本地制造产品比重低，进口产品也主要流向内地，具有突出的"通道型"外贸特征。研究这一特殊区域在"互联网+"背景下广西对东盟外贸发展方式转型升级问题，探索并构建"互联网+"推动沿边地区外贸发展方式转型升级理论，将在一定程度上丰富和发展一般的对外贸易发展的相关理论。同时，为我国沿边地区通过"互联网+"推进外贸发展方式转型升级，进一步加快对外贸易发展，实现经济社会不断发展提供了参考和范式。

1.1.2.2 现实意义

第一，"互联网+"推动沿边地区外贸发展方式转型升级的理论研究成果，将为我国边疆地区"互联网+外贸"发展方式转型升级实践提供应用参考。

第二，"互联网+"背景下广西对东盟外贸发展方式现状及影响因素评价，有利于把握"互联网+"背景下广西对东盟外贸发展方式的不足之处，明确广西利用"互联网+"推动自身对东盟外贸发展方式转型升级的影响因素及其作用机理，是今后制定相关政策的有益参考。

第三，结合广西特殊区情特点，设计"互联网+"加速广西对东盟外贸发展方式转型升级的可行路径，并提出促进广西"互联网+外贸"深入融合，实现广西对东盟外贸发展方式转型升级目标可以采取的保障措施，可为有关部门制定政策提供实践参考。

1.2　研究目标及研究思路

1.2.1　研究目标

本书的总目标是寻求有效路径促进"互联网+"背景下广西对东盟外贸发展方式的及时转型升级，实现广西外贸的可持续发展。具体可以细分为如下几个主要目标：一是厘清"互联网+"背景下广西对东盟外贸发展方式转型升级现状；二是明确"互联网+"背景下影响广西对东盟外贸发展方式转型升级的关键因素；三是提出促进"互联网+"背景下广西对东盟外贸发展方式转型升级路径及保障措施。

1.2.2　研究思路

本书的研究思路是以实现"互联网+"背景下广西对东盟外贸发展方式适时转型升级，推动广西外贸的可持续发展为目标，以广西对东盟外贸发展方式转型升级为主线，首先，阐释"互联网+传统外贸"推动沿边地区外贸发展方式转型升级的机理；其次，分析"互联网+"背景下广西对东盟外贸发展方式现状；再次，探讨"互联网+"背景下广西对东盟外贸发展方式转型升级的影响因素；最后，理论结合实际针对性地探索促进"互联网+"背景下广西对东对盟外贸发展方式转型升级的路径及保障措施。

本书基本研究思路和技术路线如图 1-1 所示。

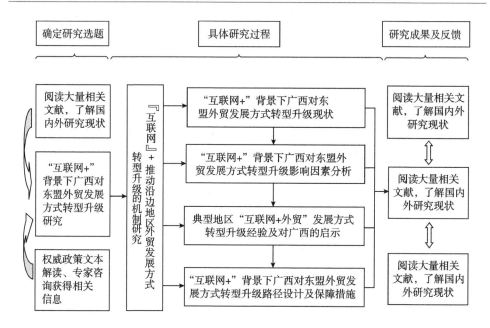

图 1-1　本书的技术路线

1.3　研究内容及研究方法

1.3.1　研究内容

本书由逻辑关系清晰、内容结构合理、共生关系紧密的五个部分支撑，具体如下：

第一部分："互联网+"推动沿边地区外贸发展方式转型升级的机制研究。主要包括以下内容：①"互联网+"、外贸发展方式、外贸发展方式转型升级的内涵界定。②阐述沿边地区"互联网+外贸"发展方式的类型、阶段性特点及转型升级方向。③论述"互联网+"推动沿边地区外贸发展方式转型升级的动力主体、组织过程及动力框架、作用机理。④基于"互联网+"实现沿边地区外贸发展方式转型升级动力机理，阐述"互联网+"发展历程及其"互联网+"推动下沿边地区外贸发展方式转型升级的趋势。

第二部分："互联网+"背景下广西对东盟外贸发展方式转型升级现状。主要包括以下内容：①梳理广西对东盟外贸发展履经的"互联网+"发展历程。②从出口产品国内生产环节的资源利用方式、获取进出口贸易收益所选取的市场开拓方式、进一步扩大国际市场份额所采取的竞争方式、外贸国民收益分配方式等方面剖析"互联网+"背景下广西对东盟外贸发展方式转型升级现状。③从进出口规模、对外贸易结构、外贸发展质量三个方面构建相关指标，评价"互联网+"背景下广西对东盟外贸发展方式转型升级成效。④根据"互联网+外贸"发展方式内涵、沿边地区"互联网+外贸"发展方式的特点及转型升级方向，分析"互联网+"背景下广西对东盟外贸发展方式存在的不足。

第三部分："互联网+"背景下广西对东盟外贸发展方式转型升级的影响因素评价。主要包括以下内容：①从系统适时主动求变的视角，基于本书构建的沿边地区"互联网+外贸"发展方式转型升级动力机制的 INGEST 分析框架，分别审视模型中互联网互动、自然回报以及政府调控、经济开放、社会参与、技术创新等因素在广西对东盟"互联网+外贸"发展方式转型升级中的具体表现。②构建"互联网+"背景下广西对东盟外贸发展方式转型升级影响因素指标体系，运用层次分析法（AHP）和 Yaahp 软件对影响因素进行测评。

第四部分："互联网+"背景下典型地区外贸发展方式转型升级的经验及对广西的启示。主要包括以下内容：①对广东、新疆、黑龙江等典型地区利用互联网推动自身外贸发展方式转型升级进行调查与分析。②总结先进地区基于互联网实现外贸发展方式转型升级的成功经验，提炼出广西可以借鉴的经验。

第五部分："互联网+"背景下广西对东盟外贸发展方式转型升级的路径及保障措施。主要包括以下内容：①明确"互联网+"助推广西对东盟外贸发展方式转型升级的指导思想、总体思路、目标任务、基本原则。②设计不同路径促进"互联网+"助推广西对东盟外贸发展方式转型升级。③从组织领导、制度保障、数字支撑、资金支持、人才引领、宣传引导等方面提出相应的保障措施。

1.3.2　研究方法

1.3.2.1　多学科综合分析研究方法

研究对象涉及面广，需综合运用国际经济学、经济地理学、区域经济学、管理科学与系统科学等学科的理论、思维方法与技术手段，来指导本书整体研究工作。

1.3.2.2 理论分析与逻辑推理方法

主要用于沿边地区"互联网+外贸"发展方式的类型、阶段性特点、转型升级方向，以及"互联网+"推动沿边地区外贸发展方式转型升级的动力主体及组织过程、作用机理等内容的研究。

1.3.2.3 文献归纳演绎、间接考察与实地调研方法

文献归纳演绎、间接考察用于文献搜集分析、异地资料等搜集归纳，实地调研用于对国内外（含广西）重点地区和企业融合互联网转型升级实际情况与第一手资料等的获取。

1.3.2.4 定性分析与定量研究相结合的具体方法

定性分析在贯穿本书研究的基础上，对有必要的内容采用适宜的定量研究方法：对广西对东盟外贸规模、结构、质量等方面尽可能构建可量化指标，定量评价"互联网+"背景下广西对东盟外贸发展方式转型升级成效；对"互联网+"背景下广西对东盟外贸发展方式转型升级影响因素采用层析分析法进行。

1.3.2.5 综合咨询与科学论证相结合的方法

在设计转型升级路径与保障措施研究方面，通过咨询会议或意见征询等多种方式对有关专家学者、政府管理部门、重点企业负责人等进行多角度、多维度的咨询，再结合反复研讨论证。

第2章 "互联网+"推动沿边地区 外贸发展方式转型升级的机制研究

2.1 相关概念界定

2.1.1 "互联网+"

互联网（Internet）起源于美国，简单来讲是通过一组通用的协议将一台台计算机网络连接起来，经过不断发展、演绎，形成逻辑上单一的、能覆盖全世界的网络结构。在这个网络中有交换机、路由器等网络设备，各种不同的连接链路，种类繁多的服务器和数不尽的计算机、终端[①]。使用互联网可以将信息瞬间发送到千里之外的人手中，它是信息社会的基础。在商务领域，由于互联网在通信、信息检索、客户服务等方面具有巨大优势，因此无论是企业还是个人都在通过各种形式在互联网上开展商业活动。

至于"互联网+"，国内最早由易观国际董事长兼首席执行官于扬于2012年11月在易观第五届移动互联网博览会中提出。他认为今天世界上所有的传统和服务都应该被互联网改变，在未来，"互联网+"这样的公式应该是指我们所在的行业目前的产品和服务，在与我们未来看到的多屏全网跨平台用户场景结合之

---

① 百度百科.互联网［EB/OL］.https：//baike.baidu.com/item/互联网/199186? fr＝aladdin.

后产生的这样一种化学公式①。

2015 年 3 月，在"两会"上，全国人大代表马化腾提交了《关于以"互联网+"为驱动，推进我国经济社会创新发展的建议》的议案，认为"互联网+"是以互联网平台为基础，利用信息通信技术与各行业的跨界融合，推动产业转型升级，并不断创造出新产品、新业务与新模式，构建连接一切的新生态②。他希望这种生态战略能够被国家采纳，成为国家战略。

同月，李克强总理在十二届全国人大三次会议上作的《政府工作报告》中首次提出"互联网+"行动计划。提出"制定'互联网+'行动计划，推动移动互联网、云计算、大数据、物联网等与现代制造业结合，促进电子商务、工业互联网和互联网金融健康发展，引导互联网企业拓展国际市场"③。

在本书中，对"互联网+"的内涵界定采用国务院印发的《关于积极推进"互联网+"行动的指导意见》中关于"互联网+"的解释，即"互联网+"是把互联网的创新成果与经济社会各领域深度融合，推动技术进步、效率提升和组织变革，提升实体经济创新力和生产力，形成更广泛的以互联网为基础设施和创新要素的经济社会发展新形态④。

2.1.2 "互联网+外贸"发展方式

外贸发展是以外贸平稳增长为基础和前提，不断追求外贸结构优化，外贸经济社会效益提高以及适应资源环境约束下可持续发展能力提升的过程。要实现外贸发展的目标，一国或地区可以根据自身所处阶段和具备的禀赋条件，在综合判断外贸所处的国内外环境基础上，选择符合国情或区情特点的发展方法、手段和途径。本书认为外贸发展方式的含义为：在一定国际政治和经济环境背景下，一国或地区经济发展阶段表现出来的，在能够实现外贸平稳增长的基础上，不断追求外贸结构优化，外贸经济社会效益提高以及适应资源环境约束下可持续发展能

① 于扬. 所有传统和服务应该被互联网改变［EB/OL］.（2012-11-14）［2019-2-20］. https：// tech. qq. com/a/20121114/000080. htm.

② 马化腾. 关于以"互联网+"为驱动 推进我国经济社会创新发展的建议［EB/OL］. 央广网，（2015-03-06）［2019-2-20］. http：//finance. cnr. cn/gundong/20150306/t20150306_517911345. shtml.

③ 李克强. 政府工作报告（全文）——2015 年 3 月 5 日在第十二届全国人民代表大会第三次会议上［N］. 人民日报. 2015-03-17（001）.

④ 国务院. 关于积极推进"互联网+"行动的指导意见［EB/OL］.（2015-07-01）［2019-2-20］. http：//www. gov. cn/gongbao/content/2015/content_2897187. htm.

力提升的方式和途径。

本书主要探讨"互联网+"背景下的外贸发展方式，那么，根据前文对"互联网+"概念的理解，"互联网+外贸"应该是把互联网的创新成果与外贸领域深度融合，推动涉外领域技术进步、效率提高和相关组织变革，形成更广泛的以互联网为基础设施和创新要素的外贸发展新生态。与之对应，实现这种外贸发展新生态的方式和途径，即为"互联网+外贸"发展方式。具体包含外贸出口商品国内生产环节的资源利用方式，为获取进出口贸易收益所选取的市场开拓方式，为进一步扩大国际市场份额所采取的竞争方式，外贸国民收益的分配方式四方面内容。需要指出的是，"互联网+外贸"发展方式并不是简单的两者相加，而是充分利用信息通信技术以及互联网平台，让互联网与外贸进行深度融合，创造新的外贸发展生态。

上述关于"互联网+外贸"发展方式的四方面内容基本涵盖了外贸部门在互联网时代根据"创新、协调、绿色、开放、共享"新发展理念从事外贸活动所涉及的生产、贸易以及成果共享的各个环节，从而构成了"互联网+"背景下对外贸易发展方式的基本内容。其中，外贸出口商品的国内生产环节的资源利用方式是适应资源环境约束条件变化，实现外贸可持续发展的基础；为获取进出口贸易收益所选取的市场开拓方式和进一步扩大国际市场份额所采取的竞争方式是进入国际市场并提高外贸国际竞争力，提升产品附加值，赚取超额利润的保障；外贸国民收益的分配方式决定了外贸发展成果在分配环节是否惠及全民。

但并不意味着四者之间是相互孤立没有相互联系的，相反，它们存在着紧密的相互联系，表现为：一是出口生产的资源利用方式一方面在决定外贸商品结构和外贸商品质量之时，直接影响了外贸开拓国际市场及扩大市场份额竞争方式的选择，另一方面外贸商品生产的要素投入结构及其使用效率，决定了外贸增进国民收益的方式。二是外贸国际市场的开拓方式及扩大市场份额所采取的竞争方式对能否最大限度地实现外贸国民收益起到直接作用，一方面从收益总量上影响外贸增进国民收益的方式，另一方面从收益实现途径上影响外贸国内生产环节的要素投入方式及其效率增进的动力。三是外贸国民收益的分配方式对参与外贸经济活动的行为主体产生直接的激励作用，也就是说，无论是对外贸国内生产环节中投入要素的产权所有者而言，还是对参与国际市场竞争的主体来讲，不管是以何种分工方式参与外贸活动并获取相应收益都有利于提高要素使用效益，从而在更大意义上增进社会福利，也将对出口商品国内生产环节的资源利用方式和外贸经营者在国际市场的竞争方式产生重要影响①。这四者之间的相互关系如图2-1所示。

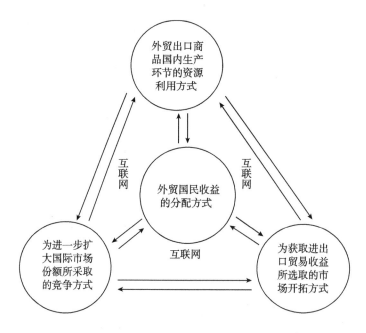

图2-1　"互联网+外贸"发展方式的内部构成及其相互关系

2.1.3　外贸发展方式转型升级

由于外贸在一个国家或地区经济发展的不同阶段或不同地区所扮演角色或发展侧重点不尽相同，那么，不同地区和不同发展阶段为促进外贸发展目标而采取的方式类型也会有所不同。因此，对一个国家或地区而言，其自身的外贸发展方式没有绝对优劣之分，只要这种发展方式能够适应国际环境变化，符合地区当前发展阶段的技术水平和经济发展要求，并且具有适时转变发展方式应对突发环境变化的能力，那么处于该发展阶段的外贸发展方式就不一定非要转变。但是，如果一个国家或地区外贸发展所面临的内外部环境已经发生变化，特别是现有外贸发展方式已经不能适应国际贸易新环境和经济发展新阶段，甚至成为束缚外贸创新发展和阻碍经济高质量发展、迈向更高水平的时候，一个国家或地区的外贸发

---

① 黄伟新. 新疆对外贸易发展方式转变研究［D］. 石河子：石河子大学，2015.

展方式就有必要进行转型升级了。

至于"互联网+"背景下外贸发展方式转型升级的内涵，根据前文对"互联网+外贸"发展方式的定义，外贸发展方式的转型升级应该在如下四个方面朝着更高水平、更高质量方向转变[①]：

第一，在外贸国内生产环节，把出口产品的资源利用方式从依靠资源、劳动和资金投入转变到依靠互联网平台和信息通信技术，提高科技含量和科技贡献率的轨道上来；把以往依靠高投入、低产出的粗放型资源利用方式转变到依靠技术进步，资源利用效率提高的集约型资源利用方式上来；把政府对资源配置过多的行政干预转变到发挥市场在资源配置中的基础地位上来。

第二，在外贸进入国际市场环节，拓展国际市场需要充分运用信息通信技术、互联网空间和新的贸易方式。为此，国际市场开拓方式的转变不仅包括通过境内外国际贸易中心的建设，发展边境贸易、转口贸易、出口展销、跨境电商等其他贸易方式，还包括通过企业的跨国经营，把生产性服务连接起来的供应链延伸到海外的各种目标市场和细分市场，通过内外贸一体化的供应链体系，增强出口商品的市场渗透力和竞争优势，把市场多元化提高到更高水平，最大限度地把潜在的外需转化为现实的外需市场，从而改变出口贸易停留在"离岸"贸易、境外市场开拓完全依赖境外服务供应商的状况。

第三，在参与国际市场竞争扩大国际市场份额环节，把以往单靠价格竞争方式转变到依靠非价格竞争方式以及这两种竞争方式的组合和创新使用的竞争方式上来；把以往利用企业的可控因素作为竞争手段转变到积极利用所有可控与不可控因素，充分发挥权力和公共关系等竞争新手段上来；把以往依靠企业单打独斗、被动参与国际竞争的纯竞争模式转变到依靠竞争主体通过主动建立网络系统，实现境内外连接各种生产性服务的商业机制和平台的一体化的既竞争又合作的混合模式上来。

第四，在外贸国民收益的分配环节，首先要认识到外贸国民收益不仅是以往所关心的国家外汇收入、税费增收以及产品附加值中所体现的商家利润，还包括开展进出口活动带来的就业岗位的增加、居民收入的增长、社会物资的补缺以及再投资（资本形成与积累）和经济增长等。因此，要转变外贸国民收益的分配方式，就要将外贸国民收益的分配从以往过度偏向为国家创汇和强调商家利润，

---

① 黄伟新. 新疆对外贸易发展方式转变研究［D］. 石河子：石河子大学，2015.

更多追求进出口规模与增速，转变到既要照顾局部地区、部分行业和企业以助推它们攀升价值链位次、提高产品质量和附加值，又要顾及国际分工的区域扩大以及中低端制造技术在更多行业和企业普及，实现从结构和质量上增进国民收益来源。

对于广西这样的沿海、沿江、沿边的西部地区而言，在"互联网+"已经成为不可逆转的时代潮流面前，一方面要面对当前全球新冠肺炎疫情蔓延，贸易保护主义抬头，周边国家政治复杂多变的国际环境；另一方面要抓住国家深化供给侧结构性改革和实施新一轮西部大开发的机遇，主动融入国内国际双循环的新发展格局，就必须要利用互联网平台和信息通信技术，在广西外贸发展方式中嵌入互联网的"基因"，加速广西外贸发展方式转型升级。

2.2 沿边地区"互联网+外贸"发展方式的类型与特点

2.2.1 沿边地区"互联网+外贸"发展方式的类型

关于沿边地区"互联网+外贸"发展方式的类型，采用不同维度的分析方法将有不一样的外贸发展方式类型。本书认为，要探讨"互联网+外贸"推动沿边地区外贸发展方式转型升级问题，可以选用沿边地区"互联网+外贸"发展中要素密集度情况进行划分。

2.2.1.1 劳动密集型的"互联网+外贸"发展方式

如前所述，传统外贸接入互联网之后，是要通过充分利用信息通信技术和网络空间系统，提升传统外贸行业的发展水平，形成更广泛的以互联网为基础设施和创新要素的外贸发展新生态。无论传统外贸加上互联网之后如何发展，其本质依然是"一个国家（地区）同其他国家（地区）进行商品、劳务和技术的交换，以及与此有关的经济往来"[①]。只不过"互联网+外贸"的发展特别强调对信息通信技术和网络空间系统的利用，而且最终目标是要实现更广泛的以互联网为基础

---

① 李琮.世界经济学大辞典［M］.北京：经济科学出版社，2000.

设施和创新要素的外贸发展新生态。至于为什么存在劳动密集型的"互联网+外贸"发展方式,原因在于,即使区域外贸发展开始采用信息通信技术和网络空间系统,但由于信息技术使用范围小、程度低,同时具体到外贸出口商品国内生产环节的资源利用方式、为获取进出口贸易收益所选取的市场开拓方式、为进一步扩大国际市场份额所采取的竞争方式、外贸国民收益的分配方式等外贸发展方式的四个方面,它们中的一个或多个乃至全部仍旧主要依靠劳动投入主导对应发展方式进而主导本地区外贸发展,那么,现阶段的"互联网+外贸"发展方式即表现为劳动密集型的"互联网+外贸"发展方式。比如具备一定互联网基础设施条件的沿边农村地区,这些地区以农业为主导,其对外贸易的农产品和手工制品采用的就是劳动密集型的"互联网+外贸"发展方式,主要表现为出口农副产品的国内生产环节主要依靠劳动力投入,开拓市场方式主要利用语言相通、习俗文化相近的优势,利用人力开展边境互市贸易。

2.2.1.2 资本密集型的"互联网+外贸"发展方式

在区域"互联网+外贸"发展过程中,如果其主要依靠资本的投入来驱动外贸发展,那么我们可以将这种"互联网+外贸"发展方式称为资本密集型的"互联网+外贸"发展方式。这种外贸发展方式的突出特点是:互联网仅是信息传播的工具,外贸发展成效主要取决于资本的投入和积累。具体表现为:互联网更多的是发挥信息传播的作用,区域内绝大多数的市场主体则是依据网上信息组织外贸活动,并在实施具体的外贸产品生产时主要依靠较为现代和先进的机械设备对能源、原材料或零部件进行组装或制造;至于外贸市场开拓以及国际市场竞争的方式,绝大多数的市场主体也同样仅利用互联网信息传播的功能,它们的外贸系列活动背后更多依靠资本投入来扩大经营规模,从而降低单位产品成本以获得市场份额、赚取利润。在外贸增进国民收益的活动中,外贸部门在接入互联网之后,外贸增进国民收益的方式是资本密集型的特征主要表现为外贸经营主体依靠互联网的较低层次利用实现产品附加值的提高并获得更多的营业利润,从而在资本积累方面增加了本地区国民收益,外贸部门也由此有更多资本,自然也主要利用资本扩展经营范围(无论是横向扩张还是纵向深入发展),从而在产业类别与结构方面构建相对全面的现代产业体系,区域内部的外贸地域格局也因此有所调整,最终外贸部门对区域就业效应、居民收入福利以及社会福利的积极贡献也随着外贸部门资本的扩张而增大。

2.2.1.3 技术密集型的"互联网+外贸"发展方式

关于技术密集型的"互联网+外贸"发展方式,顾名思义,就是主要依靠技术创新与发展驱动外贸发展，只不过这里能够驱动外贸发展的技术创新与发展更加强调与互联网的融合。为了能够较好地理解这种技术创新与发展驱动的"互联网+外贸"发展方式，我们首先需要了解企业外贸订单的产生与完成的一般过程，即企业具有产品进出口的需求—市场信息搜寻—与意向客户联系并进行磋商—订单确认并签订相关合同（比如买卖双方的商品买卖合同、与物流公司的运输合同、与银行签订的资金支付合同）—订单商品准备（涉及与商品有关的采购、物流与生产）—报关报检与产品运输—订单交付（外汇结算、关税缴纳与退税办理）—售后服务。从上述订单产生与完成的流程来看，在没有互联网的商业环境中，企业的外贸订单将由于信息缺乏导致订单数量和贸易地理范围受到较大制约，而且订单履行综合成本也比较高。那么，如果在互联网的世界中，沿边地区绝大多数企业订单各环节都能利用互联网获取各种相关信息，然后结合自身研发能力、对市场的了解以及财务能力和管理水平选取某个技术领域作为突破口，并运用互联网思维创新商业模式，那么，这时候外贸企业将因"互联网+"极易放大技术创新的效应并因此转型升级成功。进一步地，如果新能源、新材料、人工智能、区块链、物联网、云计算等现代技术能够应用到沿边地区外贸活动的方方面面，甚至即便是众多领域中的一个技术创新能够因为"互联网+"而成为沿边地区外贸发展的特色与优势，那么这时候沿边地区在"互联网+"背景下呈现技术密集型的外贸发展方式形态。

2.2.1.4　数据密集型的"互联网+外贸"发展方式

进入信息化时代，数据成为新的大宗商品，也开始作为关键投入要素驱动所有科技创新和经济发展。随着数据信息及其传送渗透进工农业生产以及服务业劳动，形成所谓的"互联网+"①，数据规模、数据种类在科学研究、互联网应用、电子商务等诸多应用领域，正在以极快的速度增长，大数据时代已悄然降临②。麦肯锡公司的报告指出，数据是一种生产资料，大数据是下一个创新、竞争、生产力提高的前沿。世界经济论坛的报告认定大数据为新财富，其价值堪比石油。英国《自然》杂志出版专刊指出，倘若能够更有效地组织和使用大数据，人类将得到更多的机会发挥科学技术对社会发展的巨大推动作用③。

在外贸领域，随着社交网络、物联网、云计算的飞速发展，从理论来看，政

---

① 裴长洪，倪江飞，李越.数字经济的政治经济学分析［J］.财贸经济，2018，39（09）：5-22.

② 马建光，姜巍.大数据的概念、特征及其应用［J］.国防科技，2013，34（02）：10-17.

③ 邬贺铨.大数据时代的机遇与挑战［J］.求是，2013（04）：47-49.

府、涉外企业和个人既可以产生和发布数据，也可以通过网络大规模地收集和分析数据，并将这些海量数据作为企业市场分析、改变生产经营方式、参与国际市场竞争方式以及政府宏观调控的重要资源。那么，在大规模生产、分享、应用数据的时代，如果沿边地区外贸发展将数据作为关键生产要素，并以数据信息及其传送作为驱动创新、竞争和生产力发展的重要技术手段，那么这时候沿边地区的外贸发展方式就是一种以"数据信息及其传送技术"为核心的、更高级的技术密集型发展方式，本书称之为数据密集型的"互联网+外贸"发展方式。至于这种发展方式的可能情形，将会是区域内绝大多数企业订单各环节都能实现"互联网+"，并且外贸所有部门能将移动互联网、大数据、云计算、物联网、虚拟现实、人工智能等相关技术广泛应用于外贸活动。具体来讲，最为可能的情形是进出口产品的生产是一种在大数据精准营销基础上的定制订单，然后依靠工业机器人实现智能制造，在外贸市场拓展环节又会是基于互联网的跨境电商模式，能够实现有网络的地方就有对应的业务活动，至于国际市场的竞争方式则是依托平台形成的综合生态竞争优势参与全球竞争，外贸部门对国民收益的增进方式也是在海量数据的智能分析与评判基础上，实现外贸发展成果因时因地因人的精准调控。

2.2.2 沿边地区"互联网+外贸"发展方式的特点

沿边地区外贸发展接上互联网的"翅膀"之后，外贸活动的范围和基础条件相比传统外贸都发生了一些变化，也呈现出与国内其他地区"互联网+外贸"发展方式不同的特点。以下四个特点在沿边地区是普遍存在的，但具体到每个阶段和发展类型的时候，就会出现一定程度上的不同（见表2-1）。

表2-1　沿边地区"互联网+外贸"发展方式各类型的主要特点

类型	贸易活动面向全球	以国内产业为支撑	以周边国家和地区为主要市场	以口岸城市信息化为主导	驱动外贸发展的生产要素
劳动密集型	贸易活动主要集中在工业比较发达的国家和地区	主要依靠本地产业，国内其他地区产业参与少	周边工业较为发达的国家和地区是主要市场	口岸城市信息化程度带来的影响不大	主要依靠劳动投入
资本密集型	贸易活动主要集中在发展中国家和少数发达国家	依靠全国业已成型的产业体系	政局动乱国家之外的周边所有国家都是重点市场	口岸城市信息化程度起到决定作用	主要依靠资本投入

类型	贸易活动 面向全球	以国内产业 为支撑	以周边国家和 地区为主要市场	以口岸城市 信息化为主导	驱动外贸发展 的生产要素
技术 密集型	贸易活动覆盖全球所有发展层次的国家	基于新技术和"互联网+"创新创业所形成的新产业	周边所有国家和地区只是其中一个较为重要的市场	口岸城市信息化仅仅是前提,背后是全域乃至全国信息化程度提高	主要依靠技术创新
数据 密集型	贸易活动覆盖全球所有发展层次的国家	主要依靠国内信息化产业及在此基础上形成的数字经济	周边所有国家和地区只是其中一个较为重要的市场	口岸城市信息化仅仅是前提,背后是全域乃至全国信息化程度提高	主要依靠数据赋能

2.2.2.1 贸易活动面向全球

互联网的一个突出特点是只要接入国际互联网,那么信息传播就不受时空限制,即互联网具有显著的全球开放性特征。沿边地区的外贸活动如果是利用互联网开展的,那么,在沿边地区就能通过互联网搜寻到全球各地产品和服务的供求信息,企业也能根据相关信息与国外客户取得联系,然后依据双方的贸易需求开展系列贸易活动。反过来,全球任何一个有网络的个人或企业也能够通过互联网了解到沿边地区当地的市场信息,并据此与沿边地区的外贸企业进行贸易洽谈与合作。

2.2.2.2 以国内产业为支撑

一个地区的外贸发展离不开区域外向型产业的支撑,但是外向型产业自身的发展又不是孤立于国内其他产业,它是在国内不断发展的产业体系中逐渐孕育而出并由弱变强,从而成为支撑地区外贸发展的重要力量。沿边地区的"互联网+外贸"同样需要依靠国内自身的产业链供应链才能参与全球竞争,但是沿边地区"互联网+外贸"发展方式所依靠的国内产业是布局于沿边地区本地还是国内其他地区,取决于企业组织与战略、国内需求、基础条件、主导产业和相关产业以及政府政策,有时甚至还需要发展机遇。无论这些产业布局在国内哪个地方、产业全球竞争力实力有多强,还是由于互联网本身的开放性和共享性,国内产业都能为沿边地区开展贸易活动提供产业基础。

2.2.2.3 以周边国家和地区为主要市场

沿边地区与周边国家和地区地理相近,在生活习惯、文化习俗等方面往往还具有相似性，这就在很大程度上使双方开展贸易活动具有天然的区位优势，结果自然会使周边国家和地区成为沿边地区对外贸易的主要市场。进入互联网时代后，沿边地区与周边国家的经贸往来只会更加频繁和便捷，只不过随着沿边地区"互联网+外贸"发展方式的转型升级，周边国家市场在沿边地区外贸市场份额的比重会有所调整，但是只要不出现双边敌视和闭关锁国状态，那么，以周边国家为主要市场将始终是沿边地区"互联网+外贸"发展方式中突出的特征。

2.2.2.4 以口岸城市信息化为主导

出于国家安全考虑，每个国家的进出口业务必须经过海关和边检部门的核验，且通过之后才能进出国门。在传统的进出口货物贸易中，沿边地区的开放口岸作为国家的对外开放门户，一般都会集中海关、边检等职能部门，所有货物、人员和运输工具都要途经口岸才能真正进入一个国家。口岸也因此成为沿边商贸最为活跃的地方，也往往发展为较为繁华的口岸城市。随着互联网和信息技术的发展以及沿边地区贸易便利化的需求，在沿边地区口岸城市的信息化建设会获得更多的政府资源和社会力量的投入，从而使口岸城市的信息化程度也普遍高于沿边地区中的其他地方，所以口岸城市也自然主导了沿边地区"互联网+外贸"发展方式的模式和转型升级的进程与方向。这一特点在沿边地区"互联网+外贸"发展方式不同类型中虽然程度不同，但由于路径依赖，以口岸城市信息化为主导的特点在每种类型中同样非常突出。

2.3 "互联网+"推动沿边地区外贸发展方式转型升级的动力机制

要掌握"互联网+"推动沿边地区外贸发展方式转型升级的机制，首先需要理解什么是机制。所谓机制，原指机器内部构造的运行原理，现从经济学角度看就是在一定经济体制下各构成要素之间的相互关系和作用的制约关系及其功能[①]。根据系统论的观点，沿边地区的外贸发展方式本身就是一个系统，只不过在互联网时代，随着互联网和信息技术的发展，其不管是主动还是被动，互联网已经融入沿边地区外贸发展方式的各环节，并推动着沿边地区外贸发展方式演变

---

① 厉以宁．市场经济大辞典［M］．北京：新华出版社，1993.

为 "互联网+" 的新形态，而且这种新的发展形态还在不断发展变化。

根据前文对机制和 "互联网+外贸" 发展方式的理解，那么，在 "互联网+" 背景下要厘清 "互联网+推动" 沿边地区外贸发展方式转型升级的机制就等同于要阐述清楚沿边地区 "互联网+外贸" 发展方式转型升级的动力机制。本书认为，沿边地区 "互联网+外贸" 发展方式转型升级的动力机制，就是沿边地区为了实现 "互联网+外贸" 发展方式的迭代升级，沿边地区外贸发展方式在互联网环境下各种关键因素的作用原理与传导过程。沿边地区 "互联网+外贸" 转型升级的动力主体包括政府、经济组织和居民，在原本竞争激烈的国际市场中，它们又面临着互联网对发展环境的重塑所带来的种种压力与挑战。这些由互联网引起的环境变化及由此带来的压力与挑战同时也成为沿边地区 "互联网+外贸" 发展方式转型升级的动力。

2.3.1 动力主体：政府、经济组织和居民

沿边地区 "互联网+外贸" 发展方式转型升级的动力主体包括政府、经济组织和居民，其中经济组织主要包括涉外企业和促进外贸发展的行业组织。这些动力主体在沿边地区 "互联网+外贸" 发展方式中各有自己的利益诉求但又相互联系和作用，也正是有了它们为了自身利益而不断进行的创新和追求，才推动着沿边地区 "互联网+外贸" 发展方式的转型升级。

2.3.1.1 政府

政府可以被看成是一种制定和实施公共决策、实现有序统治的机构，它泛指各类国家公共权力机关，包括一切依法享有制定法律、执行和贯彻法律，以及解释和应用法律的公共权力机构，即通常所谓的立法机构、行政机构和司法机构。狭义的政府是指国家权力的执行机关，即国家行政机关[①]。政府的职能一般包括政治职能、经济职能、文化职能和社会公共服务职能。

在沿边地区 "互联网+外贸" 发展方式转型升级中，政府的作用主要在于经济职能的发挥，也即各级政府有目的地引导沿边地区利用互联网和信息技术推动地区外贸发展，而对沿边地区外贸活动进行的管理。特别是政府制定和实施的一系列促进 "互联网+外贸" 发展决策，对推动沿边地区 "互联网+外贸" 发展方式转型升级起到重要的推动作用。

---

① 李鹏. 公共管理学 [M]. 北京：中共中央党校出版社，2010.

2.3.1.2 企业

企业一般是指以盈利为目的,运用各种生产要素(土地、劳动力、资本、技术和企业家才能等)向市场提供商品或服务,实行自主经营、自负盈亏、独立核算的法人①。企业是沿边地区进出口活动的主要参与者,也是推动沿边地区外贸发展方式转型升级的微观主体。在互联网时代,沿边地区的涉外企业能够以较低成本获取市场信息,高效率地组织各种生产要素用于企业生产经营,企业与企业之间的有序竞争则有利于提高沿边地区外贸行业的整体竞争力,实现沿边地区"互联网+外贸"发展方式朝着更高水平演进。

2.3.1.3 行业组织

行业组织是指由作为行政相对人的公民、法人或其他组织在自愿基础上,基于共同的利益要求所组成的一种民间性、非营利性的社会团体②。行业组织是行业成员利益的代言人和维护者,同时,也是行业成员与政府之间的沟通者和协调者。就沿边地区而言,依靠企业在国际市场上单打独斗推动地区外贸发展显然不是一种合理的外贸发展方式;此外,企业与企业之间未加约束的无序发展也同样不利于沿边地区外贸行业发展。所以要实现沿边地区"互联网+外贸"发展方式的转型升级,离不开行业组织的参与。在互联网经济中,如果行业组织能够有效引导行业成员开展"互联网+"行动,推动政府支持沿边地区"互联网+外贸"发展,那么,行业组织无疑是重要的推动力量。比如中国贸促会及其地方贸促会利用互联网,与各有关国际组织、各国各地区贸易投资促进机构、商协会组织和工商企业界建立和保持广泛联系,组织开展与行业"互联网+"相关的、多种形式的交流合作,给予企业大力度服务,就能够很好地推动中国和沿边地区的外贸发展。

2.3.1.4 居民

这里的居民指的是固定居住在一个国家和地区的个人。由于居民具有生存和发展的需要,所以在进出口贸易活动中,居民既可能充当进口产品的消费者,也可能是出口企业的劳动者,或是进出口企业的投资者。居民为了改善自身生存与发展环境,有强烈的需求和动机通过互联网获取国外的产品和服务,也同样会应用互联网技术开展出口贸易获取利益,一旦这种行为成为沿边地区居民习惯的活

---

① 百度百科. 企业 [EB/OL]. https://baike.baidu.com/item/企业/707680.
② 百度百科. 行业组织 [EB/OL]. https://baike.baidu.com/item/行业组织.

动，那么沿边地区的外贸发展方式也就演化成为本书所谓的"互联网+外贸"发展方式，如果沿边地区的居民能够不断利用先进的互联网技术提升自身参与进出口贸易活动的效益，那么居民及其群体将是沿边地区"互联网+外贸"发展方式转型升级的直接推动力量。

2.3.2 组织过程：从自发无序到组织有序

在前文的定义中，本书认为"互联网+外贸"是一种把互联网的创新成果与外贸领域深度融合，推动涉外领域技术进步、效率提高和相关组织变革，形成更广泛的以互联网为基础设施和创新要素的外贸发展新生态。对应地，在"互联网+"背景下，沿边地区实现这种外贸发展新生态的方式和途径，称为沿边地区"互联网+外贸"发展方式。由于现在的新技术发展日新月异，在互联网催化作用下其驱动企业商业模式迭代的速度越来越快，同时，新技术的生命周期也越来越短，这就使沿边地区外贸发展方式转型升级中最为重要的一个动力主体——企业必须将创新作为第一生产力，才有可能在激烈的国际市场环境中存活下来。

当新技术刚刚出现的时候，作为市场中最为敏感的企业往往会利用自身资源和优势将新技术及其商业应用转为企业商业秘密或专利，从而构筑市场进入壁垒以获取最大利润。然而，从行业发展的角度来看，上述情况并不是行业内所有企业商量好的一致行动，而是少数一家或几家企业率先发现商机而将新技术商业化，然后才有越来越多的投资者进入该领域并将行业做大做强。只不过，产业发展周期理论指出，这种新技术的出现与行业应用在产业发展的初期，特别是成长期基本上处于无组织状态，这时候企业受到市场规律的作用有进有出，政府出于政治目的也不会过多干预，居民则少有顾忌地享用新技术带来的创新成果。于是在利益驱使下行业发展的无序竞争开始出现，随后行业产能过剩，成为社会和生态的负担，甚至传导到政治层面影响了政局稳定。进入这种状态，行业组织也随之成立和发挥作用，政府也开始重新考虑行业的未来发展，各种规划意见以及政策法规逐步引导行业朝着有序的方向发展演变。

当然，按照事物发展的一般规律，事物发展总是从无序朝着有序、从低级向高级方向发展，这个过程还可能存在许多困难和曲折，但是时代潮流不会逆转。也就意味着，沿边地区"互联网+外贸"发展方式转型升级的动力主体及其相互关系与作用的组织过程也必然是一个从自发无序到组织有序的过程，但是这个过程一定是随着技术创新与迭代而出现自组织过程与被组织过程的相互交替，并逐步朝着高质量的方向发展。

2.3.3 系统动力：INGEST 分析框架

由于对外贸易是面向国际市场的商业活动，所以沿边地区的外贸发展需要时刻紧跟国际市场环境变化，并适时做出发展方式的准确转变才能促进地区外贸发展。本书从系统适时主动求变的视角构建了沿边地区"互联网+外贸"发展方式转型升级动力机制的 INGEST 分析框架（见图 2-2），本书将其称为"摄食者"模型，该模型认为"互联网+"背景下沿边地区外贸发展方式转型升级的动力主体分别受政府调控、经济开放、社会参与、技术创新以及互联网互动、自然回报等因素的影响，并因此而做出决策和行动，推动着在"互联网+"背景下沿边地区的外贸发展方式转型升级。INGEST 分析框架各要素对沿边地区"互联网+外贸"发展方式转型升级的作用原理和传导过程分析如下：

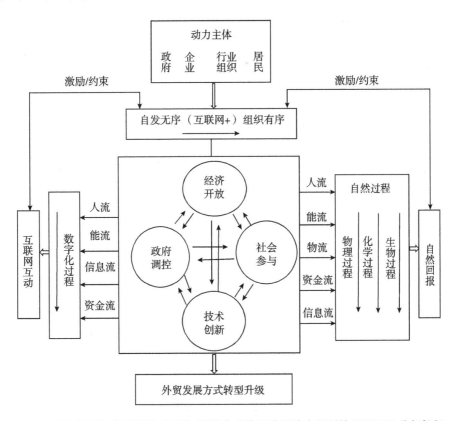

图 2-2 沿边地区"互联网+外贸"发展方式转型升级动力机制的 INGEST 分析框架

2.3.3.1 互联网互动（Internet Interaction）

由于互联网和信息技术的发展，特别是随着以云计算、大数据、物联网、移动物联网、人工智能、区块链、虚拟现实/增强现实/混合现实为代表的新一代信息技术的成熟和产业化，以数字化的知识和信息作为关键生产要素的数字经济[①]成长迅速，沿边地区"互联网+外贸"也逐步呈现数字经济所具有的颠覆性创新不断涌现、平台经济与超速成长、网络效应与"赢家通吃""蒲公英效应"与生态竞争等新特征[②]。其中，数字经济所具备的网络效应使企业在具有网络效应的市场中竞争时，如果一家企业的产品或服务能够更快地获得足够数量的用户或供应商，那么正反馈机制就会发生作用：更多的用户或供应商使该平台的价值更大，从而进一步吸引更多的用户或供应商入驻该平台。反之，如果该企业不能够获得足够数量的用户或供应商，负反馈机制就会发生作用，从而在竞争中落败。

对沿边地区外贸发展方式而言，由于互联网本质具有开放、互动、共享的特征，使沿边地区外贸发展方式转型升级的取向、过程、效果在网络环境下不仅能够广泛吸引网络用户的注意，而且也需要接受网络用户主动给予评论、转发、分享等网络互动行为。只不过网络环境中的网络用户互动行为对沿边地区外贸发展方式的转型升级是具有激励作用还是具有约束作用，关键在于网络互动的主题是否有利于沿边地区的外贸发展，因为数字化处理后的信息在互联网平台上能够大范围、快速地传播，这时候一个善意的反馈信息可以获得无数的表扬，企业在产品市场、资本市场中也因此获得丰厚回报，可一条负面信息加上不恰当的回复也会因互联网被极大扩散，甚至还可能被恶意扭曲事实，带来不可估计的损失。这也就意味着，如果沿边地区外贸企业由于正确有效利用互联网快速获得足够数量的用户或供应商，那么正反馈机制就能够启动，进而利用网络效应实现企业的快速成长，由此带动沿边地区外贸发展方式转型升级；可如果沿边地区外贸企业或其他转型升级的动力主体未能注意到互联网存在的互联互动效应，或者当出现不利于自身发展的负面信息时不能正确引导网络用户的行为，那么沿边地区外贸发展方式很快就会遭受各界质疑，从而不利于沿边地区外贸发展方式的转型升级。

---

① 数字经济定义是指以使用数字化的知识和信息作为关键生产要素、以现代信息网络作为重要载体、以信息通信技术的有效使用作为效率提升和经济结构优化的重要推动力的一系列经济活动。转引自 G20. 二十国集团数字经济发展与合作倡议 ［EB/OL］.（2016-09-20）［2021-03-30］. http://www.g20chn.org/hywj/dncgwj/201609/t20160920_ 3474. html.

② 李晓华. 数字经济新特征与数字经济新动能的形成机制 ［J］. 改革，2019（11）：40-51.

2.3.3.2 大自然回报（Nature Repay）

人是从自然界中生成的，自然界是人必须与之不断交往的无机的身体，人、自然和社会是互相包含、渗透、交融的整体存在①。在这个"人、自然、社会"的系统中，作为人的实践活动之一的外贸发展方式转型升级，它属于社会生产的范畴，这时"人和自然，是同时起作用的"②。具体来讲，由于人的生产实践是作为对自然的分化和改造，那么，地区居民为了谋求生存和实现外贸发展，必然要对既有生态系统进行调整，使新的生态系统得以生成。又因为人类从大自然中获取的生存资料的多寡和质量直接取决于自然环境的状况，取决于自然生态环境是否有利于人类的生存与发展③，因此"保护生态，生态也会回馈你"④。对于沿边地区"互联网+外贸"发展方式，无论其处于何种阶段、转型升级朝着哪个方向发展，只要人的生产实践和外贸活动不停止，外贸部门都会源源不断地向自然界输出物质和能量，如果再加上资本助推的作用，外贸部门的人类活动更能加快物质和能量的自然转换过程，只不过这个过程中，假如沿边地区发展对外贸易能够一直保护生态环境，就是在不断保护自然价值和增值自然资本，那么，这时候绿水青山便是"金山银山"，生态本身也就是一种经济，外贸发展也在持续积蓄发展潜力和后劲。可如果自然生态环境在发展对外贸易过程中，遭到了人类的严重破坏，不仅地区居民无法获取足够、安全的生存资料，而且外贸活动也终因自然的报复而停止。

诚然，由于资本内在的无限扩展需要，国际贸易活动不会绝对停止，所以无论沿边地区的自然环境如何变化，它和全世界其他国家和地区的自然环境一样，都是随着"人的交往世界化、生产世界化和消费世界化而突破地域性和民族性演变为世界性的自然生态环境"⑤，然后在这个世界性的自然生态环境中，环境对沿边地区外贸发展的正面影响即前文提到的生态回馈，其负面影响除了直接影响到外贸活动所需资料的获取外，间接影响主要表现为各国和地区为了避免环境遭受破坏而采取的环境保护措施影响到沿边地区的对外贸易。对沿边地区来讲，现

---

①③　何建华.略论生产活动中人与自然的和谐关系［J］.中共浙江省委党校学报，2010，26（04）：13-17.

②　马克思恩格斯全集（第 23 卷）［M］.北京：人民出版社，1972.

④　习近平：保护生态　生态也会回馈你［EB/OL］.（2020-03-31）［2020-04-10］.https：//baijiahao.baidu.com/s？id=1662642097315232941&wfr=spider&for=pc.

⑤　蒋明伟.自然与人、资本的辩证关系——马克思的生态辩证法管窥［J］.社科纵横，2013，28（04）：122-125.

行的环境保护规范在引导商品生产和保护环境方面起到了重要的作用，但在实践中这些规范却被大量地滥用。一些国家借保护环境之名，行贸易保护之实，而且有愈演愈烈之势①。如此，为了能够继续获取外贸收益，面对大自然直接或间接、正向或负向的回报，"互联网+"背景下沿边地区外贸发展方式都有动力适时转型升级。

2.3.3.3 政府调控（Government Regulation）

前文提到，政府可以被看成是一种制定和实施公共决策，实现有序统治的机构。经济学中的"制度"是指对物质资本、人力资本及技术水平等生产要素产生影响的规则、规定、法律和政策。那么，基于制度视角，上述定义中的政府则能够推动和形成影响一个国家和地区对外贸易活动的正式制度安排，从而会对该国和地区的贸易规模、贸易多样性及贸易结构产生深刻影响。至于其中的内在机理主要在于：制度质量会对企业行为和贸易的开展提供一种极强的对外约束规则和博弈规则，故而对比较优势的形成和贸易活动的开展产生影响②。

对于沿边地区"互联网+外贸"发展方式，其要实现转型升级也同样要在政府制定的规则、规定、法律和政策框架下进行。当然，站在政府的角度，为了维护执政党利益、国家主权和社会稳定，政府往往会主动采取调控措施，推动本国和沿边地区的外贸发展方式转型升级以适应外贸发展面临的互联网环境。所以"互联网+"背景下的政府调控行为构成沿边地区"互联网+外贸"发展方式转型升级的重要推动力量。其中的深层原因是：政府的调控措施能够形成良好的制度环境，这样有助于政府、经济组织和居民之间建立较为稳定和可预期的关系，也能推动稀缺资源进入沿边地区诸多外贸活动中边际贡献较高的领域，以及提高资源的使用效率，或直接或间接降低沿边地区外贸企业生产产品和提供服务的单位成本。特别在沿边地区外贸发展中有形要素的边际效益出现递减，相关行业的比较优势开始弱化乃至消失的时候，政府高效有益的调控措施将有助于引导有形要素利用"互联网+"在沿边地区涉外企业和行业重新调整和从结构上纠偏有形要素的边际收益，进而可以促使沿边地区外贸领域企业和相关产业的比较优势得以升级，甚至还可以促进某一产业新的比较优势的形成。如此，当沿边地区所有的外贸活动都能够在政府调控下高效开展"互联网+"行动的时候，沿边地区"互

---

① 李泊溪. 环境与国际贸易的内在冲突与融合 [J]. 国际经济评论, 2002（Z1）: 19-23.

② 邱斌, 孙少勤, 唐保庆. 制度因素、对外贸易与中国新型比较优势构建 [M]. 北京: 科学出版社, 2017.

联网+外贸"发展方式转型升级将会水到渠成。但需要注意的是，如果政府的调控措施不得当，形成的制度体系不完善，那么这样的政府调控将会阻碍沿边地区"互联网+外贸"发展方式的转型升级。

2.3.3.4 经济开放（Economy Open）

在市场规律作用下，一个地区开放程度越高越有利于各种生产要素的流动和实现资源的优化配置。反过来，如果过多限制要素的流动，资源配置就不能得到有效利用，乃至出现分配不公而引发社会矛盾。就沿边地区而言，区域"互联网+外贸"发展方式转型升级内在地需要一个开放的经济环境，因为对外贸易本身从一定程度来讲就是经济开放的代名词，而且也只有在一个开放经济环境中，才可能获取国际国内两种资源，并在国际市场舞台比拼发展方式的优劣，然后取长补短地实现更大进步。

那么，沿边地区"互联网+外贸"发展方式转型升级需要的是什么样的开放经济环境呢？本书认为，沿边地区属于一个国家开放前沿，其需要的是这样一个开放度较高的经济系统，它以地区在整体范围内开放为前提，然后通过对外开放和对内开放进行不同经济主体之间的要素充分双向流动和一体化内外衔接，从而达到国际、国内两种资源在国际、国内两个市场优化配置的同时，还拥有培育未来强大市场竞争力的高科技战略型产业底蕴的经济。这样的开放型经济具有市场化程度高、要素充分自由流动、具备孕育强竞争力战略型产业的 3 个基础主要特征[①]。首先，在市场化程度高的经济环境中，市场规律主导资源配置，非经济手段只能有限使用，这样一来落后企业就必须依靠自身努力、不断转型升级才能实现可持续发展，如果行业企业都有居安思危的意识和敢于竞争的行动，那么这将形成沿边地区外贸发展方式转型升级的持续动力。其次，如果在开放经济中要素能够充分自由流动，那么，在利益驱动下，原本依附于管理不善、效益低下的组织之上的生产要素将会流动到更有效益、更富有文化底蕴的经济组织中去，假设这种现象出现在沿边地区的外贸部门，无疑这也会引导沿边地区"互联网+外贸"发展方式朝着更高级的方向转变。最后，开放环境中具备孕育强竞争力战略型产业的基础，也就意味着沿边地区具有催生新的强竞争力主导产业的条件，那么，只要未来外贸发展的环境发生变化，那么沿边地区就能够依托快速培育出的

---

① 黄伟新，龚新蜀．我国沿边地区开放型经济发展水平评价及影响因素的实证分析［J］．经济问题探索，2014（01）：39-45．

具有国际竞争力的主导产业引领地区"互联网+外贸"发展方式转型升级。

2.3.3.5 社会参与（Social Participation）

从字面上看，参与即是指介入、参加。经济学意义上的参与是指为了实现组织目标和个人的多种需要，组织管理者组织其他成员和非组织成员广泛地介入组织目标确立、决策形成、利益分配以及经贸关系协调等方面活动的行为。关于社会参与，参考 Adler 对公民参与的定义[①]，本书认为社会参与是公民和组织参与到社会、社区等共同体的生活中以便改善他人的境遇或是改变共同体的未来。其中"公民"强调现代社会中的公民性，即"人们定义'良好公民'的一系列规范"[②]；"组织"是那些没有政治目的的民间生活中的组织[③]。社会参与机制则是以公民和组织对自身利益的关心和对社会公共利益、公共事务的自觉认同为基础，通过对社会发展活动的积极参与实现发展的过程和方式。

在沿边地区外贸发展活动中，除了政府的调控措施能够影响到沿边地区"互联网+外贸"发展方式转型升级之外，当地居民的主动社会参与也是不可忽视的重要力量。这是因为，社会是以一定的物质生产活动为基础而相互联系的人类生活共同体，那么，根据这一定义，沿边地区的外贸发展方式本质上就是沿边地区居民和非本地居民围绕沿边地区的进出口贸易活动而形成的相互联系的人类生活共同体。所以沿边地区"互联网+外贸"发展方式转型升级中的社会参与一般将遵循如下过程：随着时代的发展，沿边地区的外贸发展方式不能适应变化的环境，本地外贸发展成果蒙受损失，如此区域经济发展目标和人民利益也将无法保证，这时候包括本地居民和非本地居民在内的广大居民和社会组织就会有压力和动力去关心沿边地区的外贸发展，假如广大居民和社会组织还能进一步在"互联网+"背景下就沿边地区外贸发展目标确立、"互联网+外贸"行动方案的形成、外贸发展收益分配以及国际经贸关系协调等方面都能主动参与，并能够发挥积极作用，那么这种类型的社会参与无疑会推动沿边地区"互联网+外贸"发展方式转型升级。需要指出的是，公民和组织的社会参与具有自愿性和选择性，它们的参与程度，在"互联网+"背景下既取决于当地的互联网普及程度和应用水平，

---

① Adler, R. P. , Goggin J. . What Do We Mean by "Civic Engagement"? ［J］. Journal of Transformative Education, 2005, 3（03）: 236-253.

② Dalton, R. J. Citizenship Norms and the Expansion of Political Participation ［J］. Political Studies, 2008, 56（01）: 76-98.

③ Ben Berger. Political Theory, Political Science, and the End of Civic Engagement ［J］. Perspectives On Politics, 2009, 7（02）: 335-350.

更取决于公民和组织在社会参与活动中是否得到充分、有效、平等的表达机会和行动自由，对此要求沿边地区在重视互联网基础设施建设的同时，还要将本地居民当作沿边地区外贸发展方式转型升级的出发点和落脚点。

2.3.3.6 技术创新（Technology Innovation）

经济学意义上的创新概念最早由美籍奥地利经济学家约瑟夫·熊彼特在其1912 年出版的著作《经济发展理论》中提出。他认为，所谓创新就是一种生产函数的变动，或是一种生产要素与生产条件的重新组合，其目的在于获取潜在的超额利润，引入一种新的产品或提供一种产品的新质量、采用一种新的生产方法、开辟一个新的市场、获得一种原料或半成品的新的供给来源、实行一种新的企业组织形式等都属于创新的内容[①]。关于技术创新的内涵，并未形成统一的意见。本书认为，我国在 1998 年 8 月发布的《关于加强技术创新、发展高科技、实现产业化的决定》中指出，技术创新概念适用于探讨沿边地区外贸发展方式转型升级问题，即技术创新是指企业应用创新的知识和新技术、新工艺，采用新的生产方式和经营管理模式，提高产品质量，开发生产新的产品，提供新的服务，占据市场并实现市场价值[②]。

按照上述我们对技术创新的理解，沿边地区的企业如果能够利用互联网平台及其创新要素开发出新的出口产品或提供更精细的服务，那么"互联网+"背景下的技术创新推动沿边地区外贸发展方式转型升级机制就如同技术进步影响对外贸易机制一样（见图 2-3），技术创新也能通过影响沿边地区的贸易基础和贸易格局来发挥作用。在决定贸易基础方面，技术创新首先能够改变土地、劳动、资本在沿边地区企业生产中的相对比例关系，并提高各种资源的利用效率。其次在此基础上，依次影响到贸易产品、企业自身、地区产业的实力，并最终产生产品、企业、产业的比较优势，形成沿边地区的综合竞争优势，从而夯实沿边地区外贸发展的贸易基础。最后在现有贸易基础上，沿边地区"互联网+外贸"发展方式转型升级中要回答的生产什么、出口什么与进口什么等问题也就找到了努力的方向。与此同时，沿边地区"互联网+外贸"发展方式加速转型升级需要推动各级政府出台相关产业政策和贸易政策予以支持。

① ［美］约瑟夫·熊彼特. 经济周期循环论——对利润、资本、信贷、利息以及经济周期的探究［M］. 叶华，译. 北京：中国长安出版社，2009.

② 科技部. 中共中央、国务院关于加强技术创新、发展高科技、实现产业化的决定［EB/OL］.（2002-03-15）［2021-03-15］. http：//www.most.gov.cn/gxjscykfq/wj/200203/t20020315_ 9009.htm.

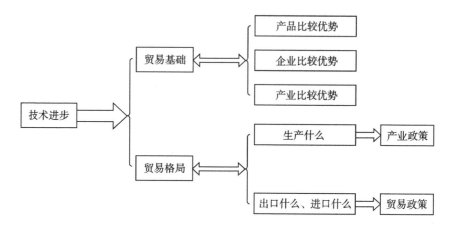

图2-3　技术进步影响对外贸易的机制

资料来源：董秘刚. 技术进步与国际贸易——中国对外贸易增长模式研究［M］. 北京：中国经济出版社，2011.

2.4　"互联网+"推动沿边地区外贸发展方式转型升级的趋势

　　回顾"互联网+"的发展历程，可以根据互联网技术的发展水平，大体划分为怀胚阶段、萌芽阶段、起步阶段、快速发展阶段。在"互联网+"发展的各个阶段，沿边地区的外贸发展方式均受到上述六个动力因素的影响，只不过受制于每个阶段的技术条件，这些因素影响沿边地区外贸发展方式运行的力度在"互联网+"发展各阶段表现不一，同时还会随着时代的变迁而此消彼长（见表2-2），而沿边地区的外贸发展方式在"互联网+"发展各阶段呈现的主导类型各不相同，但总体而言，无论是处于特定时代，还是从更长周期时代变迁的视角来看，沿边地区"互联网+外贸"发展方式都会随着互联网技术的变化从较为低级的发展方式向更高级的发展方式转变。

表 2-2 "互联网+"发展历程及其推动下沿边地区外贸发展方式的转型升级

"互联网+"发展阶段	技术条件	动力作用						转型升级主流趋势	成果核心指标
		网络互动	自然回报	政府调控	经济开放	社会参与	技术创新		
怀胎阶段（1965~1982 年）	Arpanet+无网络操作系统 ●网络协议：网络控制协议 NCP ●广域网、移动通信网络、无线网络均未涉及 ●无线局域网：Aloha Net ●接入设备：大型机	·	−	·	+	·	·	劳动密集型↓资本密集型	贸易规模
萌芽阶段（1983~1994 年）	局域网+服务端计算 ●网络协议：TCP/IP ●移动通信网络：1G ●无线局域网：Aloha Net、蓝牙 ●接入设备：大型机、中型机等服务器设备	·	−	·	+	·	+	资本密集型↓技术密集型	贸易规模、增速
起步阶段（1995~2012 年）	Internet/万维网+网格计算 ●Internet 网络协议：TCP/IP、IPv4 ●移动通信网络：2G/2.5G/3G ●无线局域网：Wi-Fi、蓝牙 ●接入设备：PC、服务器	·	−	+	+	·	+	资本密集型↓技术密集型	贸易结构
快速发展阶段（2013 年至今）	高速移动通信网+云计算 ●Internet 网络协议：TCP/IP、IPv6…… ●高速移动通信网络：4G/5G/…… ●无线局域网：Wi-Fi、蓝牙、ZigBee…… ●接入设备：PC、手机、PAD、智能电视、智能硬件、可穿戴设备等	+	·	·	+	+	+	技术密集型↓数据密集型	贸易质量

注："+"代表正向的强作用力，"·"代表作用力一般，"−"代表负向的作用力。

2.4.1　"互联网+"怀胚阶段的外贸发展方式转型升级趋势

在"互联网+"怀胚阶段（1965～1982 年），支持外贸发展的互联网技术还处于摸索阶段，而且主要应用在军事领域，商用范围较小，因此沿边地区的外贸发展方式基本还是按照传统的方式运行。又由于在这一阶段世界经济刚从第二次世界大战恢复过来，世界上多数边境接壤国家从军事方面考虑往往将本国的工业中心布局在远离边境的国内地区。与此同时，全球贸易在少数几个发达资本主义国家主导下，更多的是以货物贸易为主，并形成以发达国家依靠资本与技术开拓市场获取收益，其他国家更多时候依靠资源和劳动投入换取外贸收益的格局。在这种时代背景下，主要包含沿边地区外贸出口商品国内生产环节的资源利用方式、为获取进出口贸易收益所选取的市场开拓方式、为进一步扩大国际市场份额所采取的竞争方式、外贸增进国民收益的方式四个方面，它们在具体运作时主要依靠劳动和资本的投入，而资本在其中发挥作用的能力随着区域开放程度提高和企业资本的积累越来越突出，与此同时，相对于经济开放对资本能力发挥的强大促进作用，与外贸发展相关的技术创新对外贸发展方式转型升级的作用力相对不明显，整个社会参与的程度也不高，政府也没有强烈的意愿和动力去规划"互联网+外贸"发展，自然环境与国际贸易的相互关系也不被重视，互联网互动由于技术条件局限还未能高效进行，如此这就使"互联网+"怀胚阶段的沿边地区的外贸发展方式基本上按照劳动密集型向资本密集型的发展方向转变（见图 2-4）。

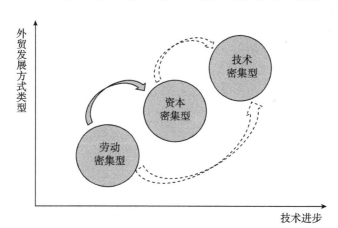

图 2-4　"互联网+"怀胚阶段的外贸发展方式转型升级趋势

注：实线箭头表示主流转型升级方向，虚线箭头表示非主流转型升级方向。

2.4.2 "互联网+" 萌芽阶段的外贸发展方式转型升级趋势

在 "互联网+" 萌芽阶段（1983~1994 年），推动沿边地区 "互联网+外贸" 发展方式转型升级的技术来自 "局域网+服务端计算"，移动通信网络和无线局域网也都刚起步，但经济开放带来的巨大利益和可预见的技术创新高效益极大地推动着沿边地区外贸发展方式向更高层次转型，期冀能够带来区域进出口贸易规模的快速扩大和贸易增速的快速提高。只不过这一阶段的全球贸易依旧由少数发达的市场经济国家主导，国际上对自然环境与国际贸易之间关系虽有关注但仍然不够，政府力量作用于沿边地区 "互联网+外贸" 发展强度相对一般，昂贵的互联网使用成本和低效的互动效果也使社会民众参与 "互联网+外贸" 的意愿和能力不强。另外，这一阶段沿边地区的外贸发展方式在经济开放下因资本的作用更能获取丰厚利益，然后也因看到技术进步带来的高附加值，区域内外贸主体普遍有动力推动沿边地区外贸发展方式从资本密集型向技术密集型转变（见图 2-5）。

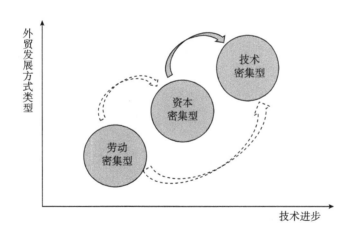

图 2-5　"互联网+" 萌芽阶段的外贸发展方式转型升级趋势

注：实线箭头表示主流转型升级方向，虚线箭头表示非主流转型升级方向。

2.4.3 "互联网+" 起步阶段的外贸发展方式转型升级趋势

"互联网+" 起步阶段（1995~2012 年）也是经济全球化的快速发展时期，这个阶段在跨国公司的推动下，一些外向型制造业与 "Internet/万维网+网格计算" 的网络技术相结合，如此，通过发达的信息设施和通信技术进一步加强全球经济联系。企业层面的动力主体是跨国公司，政府层面关注到互联网与信息技术带来的革命性变化，频繁出台相关政策法规、指导意见引导外贸行业信息化发展，而技术创新也因为信息技术的变革仍旧扮演"互联网+外贸"发展核心动力角色。如新加坡在 1986~1996 年就对外贸易领域推行电子数据交换（EDI），建成了连接新加坡海关、税务等 35 个政府部门的计算机网络和全国性 EDI 贸易网 Trade Net，在政府和企业之间开展电子数据交换，实行无纸化贸易，进口、出口（包括转口）贸易有关的申请、申报、审核、许可、管制等全部手续均通过贸易网进行①。在外贸行业中，外向型制造业由于能够容纳更多的就业人口，所以能够引发社会民众参与外贸发展的热情，甚至还能够利用互联网参与外贸活动而获益。但是外贸行业在缓解一部分社会问题的同时，由于本身对生态环境有较大负面影响，使国际社会对生态环境的关切得到前所未有的关注，从而使自然环境一方面构成了沿边地区外贸发展的瓶颈，另一方面也催促沿边地区朝着更加集约的技术密集型发展方式转变。需要指出的是，在这一阶段，由于互联网的普及化使用使网络平台上积累了庞大的数据，但受限于网络计算能力水平不高、云计算使用范围不广，以大数据为关键生产要素的外贸发展方式类型才初见端倪，所以现阶段的外贸发展方式转型升级主流趋势还是从资本密集型向技术密集型转变（见图 2-6）。

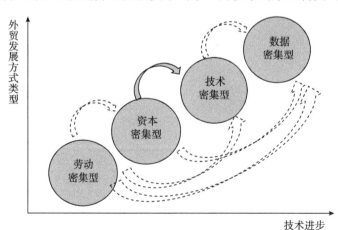

图 2-6　"互联网+"起步阶段的外贸发展方式转型升级趋势

注：实线箭头表示主流转型升级方向，虚线箭头表示非主流转型升级方向。

---

① 雷巧冰. 借鉴新加坡经验　扎实推进"电商广西—电商东盟"工程——新加坡信息化建设经验对广西商务信息化建设的启示 [J]. 广西经济，2013（12）：55-57.

2.4.4 "互联网+"快速发展阶段的外贸发展方式转型升级趋势

在"互联网+"快速发展阶段（2013 年至今），跨国公司依旧是推动经济全球化的核心力量，因为只有在一个开放的全球市场发展才能更有助于跨国公司实现自身价值，这就是说坚持开放发展的沿边地区既有利于区内企业走出去做大做强，也将更有吸引力引来国外资源。进一步地，在这一阶段，由于高速移动通信网的普及以及云计算技术的日渐成熟与商业化推广，结果使互联网一方面极大促进了网络用户全球范围内的相互联系与沟通，高效赋能网民参与包括外贸事务在内的经济社会发展各类活动；另一方面也为外贸企业商业模式创新和政府管理积累了海量的、多样化的数据，如果加上大数据、人工智能、物联网等技术的创新与发展，那么，沿边地区"互联网+外贸"发展方式就会加速从较为低级的发展方式类型经过一次或多次跳跃，然后最终向数据密集型的发展方式转变。

至于沿边地区外贸发展方式的转型升级到底是从哪种类型开始，同时要经过几次跳跃才能向数据密集型方式转变，取决于沿边地区外贸发展在"互联网+"发展的现阶段所采取的发展方式以及具备的技术条件，但现阶段由于"互联网+"对技术创新与传播的放大效应以及"互联网+"创新创业成为时代潮流，使沿边地区多属于从技术密集型的外贸发展方式向数据密集型发展方式转变，然后其他情况，则是沿边地区从低层次的外贸发展方式直接向数据密集型发展方式转变（见图 2-7）。需要注意的是，上述描述的情形在现阶段还不能很快实现，一是因为自然环境由于人类早期活动的过度破坏且现在尚未得到完全修复，所以生态环境对外贸发展方式转型升级的压力仍旧巨大，庆幸的是保护生态已经成为一种共识，然后一些地区的生态已然成为一种经济。二是因为现有技术如新能源、新材料、人工智能、区块链、物联网等虽有进步，但距离大范围商用还有一段时间，再加上沿边地区的数字化基础设施多是比较落后，所以这一阶段要实现数据密集型发展将是漫长的过程，然而在这种时代变更的关口，政府已经觉察未来的趋势，所以为了在激烈的国际竞争中占据一席之地，政府已经采取相应的调控措施推动区域外贸发展方式转型升级。

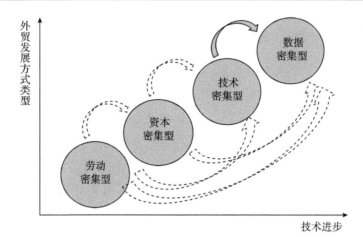

图 2-7 "互联网+"快速发展阶段的外贸发展方式转型升级趋势

注：实线箭头表示主流转型升级方向，虚线箭头表示非主流转型升级方向。

第3章 "互联网+"背景下广西对东盟外贸发展方式转型升级状况

自1994年互联网开始较大范围商业应用,全球"互联网+"开始萌芽并由此备受世界瞩目,之后伴随移动通信技术的不断发展和网络信息输入输出设备的改善,区域外贸发展方式也随之被快速推动演进。直至以4G为代表的移动互联网在我国经济社会各领域普及,并加上大数据和云计算赋能,我国的"互联网+"进入快速发展阶段。本章首先回顾广西对东盟外贸发展履经的"互联网+"发展历程,然后详细分析"互联网+"快速发展阶段广西对东盟外贸发展方式转型升级现状。

3.1 广西对东盟外贸中"互联网+"的发展历程

3.1.1 "互联网+"闪亮起步阶段(1995~2000年)

进入20世纪90年代,特别在1994年中国科技网开通国际出口,次年中国电信开始向社会提供互联网接入服务器后,对标发达国家信息化建设水平,广西在"九五"时期就开始谋划网络经济的发展蓝图,实施了政府上网工程以及"金税""金关"等"金"字一系列工程,旨为跟上时代步伐,积极发展网络经济。于是1996年广西开始建设China Net省网(163网)一期工程。

1997年3月，广西建成公用计算机互联网，5月China Net省网（163网）投入试运行，12月启动广西互联网络中心建设，开始实施政府上网工程。1998年，先后开通运行169窄带多媒体通信网、宽带公众多媒体通信网等，在年底实现互联网用户1.04万户。1999年1月，广西科技信息网开通，同时该网站及其所属的中国水果网、易通农业信息网、中越贸易网等具备电子商务网站的网上交易功能。

在流通领域，广西流通业广泛采用信息技术，大中型商业企业在商品购进、仓储、销售中，普遍使用了计算机管理系统、支付系统。广西食糖商务网于1999年10月开通，网络覆盖全国，主要营销中心近30个，设置交易席位270多个，实现了食糖购销的电子化。

在金融领域，广西范围内的银行、保险、证券等行业利用数据传输网相互联网开展网络金融、网络证券、网络保险服务。与外贸发展直接相关的外汇业务处理也实现了电子化，人民银行南宁中心支行实现了外汇交易的实时处理，各商业银行外汇结算业务也都实现了计算机处理。

2000年2月，建成自治区级信息网络平台，接入了40多个自治区厅局及南宁市政府、南宁地区行署等有关单位，并开发了中国广西招商网、广西壮族自治区政府网、广西党政首脑网、VOD点播等应用系统。2000年，中国联通公共计算机互联网登录广西，截至2000年底，广西在各类网站注册的WWW站点数2152个，CN下注册域名数835个[①]。

这一发展阶段，依托广西实施的"金税""金关"等"金"字一系列工程，广西对东盟开展的对外贸易活动更加便利。广西的县（区）级以上国税机关在"九五"期间基本完成了计算机局域网的建设，截至2000年底，82%以上的纳税户和75%以上的税款已纳入计算机网络管理，实现了税务管理的网络化，为广西对东盟国家进出口商品税费征缴、退还提供了便利。广西检验检疫局于2000年8月开始建设"三电工程"（电子签证、电子报检、电子转单），建成了区局与口岸各局城域网中心机房，配置了服务器和相关设备，实现了区局与南宁海关与国家局的联网，外贸企业也因此获益显著，比如广西粮油进出口公司率先使用电子签证、电子报检、电子转单后极大提高了报检效率，缩短了通关时间。总体而言，受益的广西一些政府部门开始连接互联网，以及政务工作的电子化和网络

① 龙裕伟. 广西网络经济发展现状分析［J］. 学术论坛，2002（02）：81-85.

化，"互联网+"在广西开始有了示范，广西对东盟外贸发展方式的"互联网+"也因此获得了经验与启示。

但由于"互联网+"在我国从 1994 年之后才兴起，同时广西自身互联网基础设施比较落后，产业发展水平低，特别是数字经济产业生态链十分脆弱，再加上诸如技术条件、消费观念与习惯等因素的影响，使这一阶段广西对东盟外贸发展方式的"互联网+"仅处于自发萌芽阶段。与此对应，由于当时科学技术水平还比较落后，"互联网+"与各行业的融合在广西起步也比较晚，因此这阶段广西与东盟国家开展对外贸易相关的产品生产、运输以及对外贸易还主要依靠劳动力和资本投入才能实现。

3.1.2 "互联网+"趋于停滞阶段（2001~2002 年）

进入 21 世纪，随着美国互联网经济泡沫破裂，中国互联网经济在 2001~2002 年进入低谷期，广西除了政府上网工程继续推进之外，互联网商业化发展也进程缓慢。据统计，截至 2002 年 7 月，广西区内注册 CN 域名（不含 EDU）达 983 个，WWW 站点 2450 个，其中电子商务网站涉及金融、贸易、商业、旅游等领域，这与 2000 年相比增幅不大。同时，据 2002 年广西统计局对企业进行的抽样调查结果显示，有 81.1% 的企业从来没有做过电子商务，只有 7.3% 的企业做过电子商务，有 11.6% 的企业正在做电子商务。在参与电子商务活动的企业中，以网上信息发布为主的占 80% 以上，参与网上交易的有 14% 左右[①]。

3.1.3 "互联网+"快步再起动阶段（2003~2008 年）

2003 年非典疫情暴发，在一定程度上促使互联网在广西的广泛使用，从而使包括广西在内的整个中国互联网行业在疫情中获得快速发展，截至 2003 年，在美国纳斯达克上市的国内门户网站新浪、搜狐、网易因"移动梦网"继 2002 年四季度之后再度盈利，腾讯 QQ、百度搜索被广泛使用，博客激增 20 万用户并让普通人在互联网释放出巨大能量，阿里巴巴"诚信通"服务初见成效、个人网上交易平台淘宝网开通，第三方支付平台支付宝也随之推出，广交会第一次推出网上交易会并获得 5900 万的点击量，外贸企业也由网络获得大量订单，迟迟没有发展起来的

---

① 中国电子商务年鉴编辑部. 中国电子商务年鉴（2003）［M］. 北京：中国国内贸易年鉴社，2003.

"电子商务"因疫情引起的正常交易与商务活动阻断而迅速崛起。

继2003年底携程网在纳斯达克上市之后,中国各传统行业开始探索"互联网+",一方面创建虚拟市场和利用网络平台为用户提供增值服务,另一方面深挖传统产业的利益结合点重塑比较优势,如此不少企业摸索出创新的商业模式,推动了中国互联网公司第二轮海外上市的热潮,然后在资本推动下,中国互联网也进入了繁荣发展阶段。2004年中国有7家内地互联网公司在美国纳斯达克成功上市,这些企业分别是人才招聘网站"前程无忧"、财经门户网站"金融界"、标榜中国第四门户网站的"TOM在线"、网络游戏公司"盛大""第九城市",还有以无线业务上市的掌上灵通、空中网。2004年6月,中国内地最大即时通信产品QQ供应商腾讯控股在香港挂牌上市。2005年8月为中国1亿用户提供网络搜索技术服务的百度在美国上市。也是在2004年,全球最大的个人交易网站eBay继续投资易趣网培育中国电子商务的未来,被当当网拒绝收购的B2C大鳄亚马逊收购中国网上书籍与音像零售商卓越网进入中国,使卓越网成为当时亚马逊第七个全球网站,与此同时,"京东多媒体网"上线并依靠良好的口碑呈现不可抑制的生长态势,在中国企业进出口和国内贸易领先的阿里巴巴通过募集战略投资加大淘宝网投入以抗衡eBay,并于2004年12月推出支付宝网站让其独立运营,同年中国第一个B2B跨境电子商务平台敦煌网开通,上述国内外电商企业的比拼,极大地提升了中国在线客户的体验,也成就了中国电子商务的发展。

进入2005年,在博客中国的示范与引导下,中国掀起了博客大众化运动,2005年6月,腾讯QQ推出Q-zone,9月,新浪推出Blog2.0,各种博客大赛更是层出不穷,网民也因此学会更加自主地发布图文、视频、音频,表达自己观点乃至用于商业活动,"芙蓉姐姐"就是在2005年从1亿网民中由默默无闻摇身变为网红的最具代表性的例子。然而,互联网在诞生之时,就具备双刃性,因为每个人在网上浏览和发布信息之时,也会有意无意在网上留下个人信息,如果是正面行为可以获得巨大褒奖,可如果出现有悖伦理的行为将被"人肉搜索"而身败名裂,2006年关于一组虐猫图片和视频引发的全民搜索行为就是中国互联网历史上第一次大规模"人肉搜索"。

2007年初,中共中央政治局进行了主题为互联网的第38次集体学习,胡锦涛总书记提出"必须以积极的态度、创新的精神,大力发展和传播健康向上的网络文化,切实把互联网建设好、利用好、管理好"。之后各地省委书记发帖向网民拜年,中国开启了公共事务元年。2008年,互联网对中国政治领域的渗透又深一层,进一步变革政府官员们的思维、理念和行为,比如这一年 6 月,胡锦涛在人民网强国论坛同网友交流,广东省委书记汪洋、省长黄华华联名发帖邀请网民"灌水拍砖"并组织 26 名网友面对面座谈。

3.1.4 "互联网+"嵌入移动互联网基因起步再加速阶段（2009~2012 年）

2009 年 1 月,工信部向移动、联通、电信三家运营商颁发 3G 牌照,标志着中国进入 3G 时代。在国外,脸谱网成了全球最大的 SNS 网站,拥有全球 30 多个国家和地区超过 2 亿的使用者,诞生于 2006 年的推特（Twitter）在 2009 年成为世界最流行的一个词,同年 3 月尼尔森公司宣称社交网络已经取代电子邮件成为最流行的互联网活动。中国在 2009 年前后,出现了前所未有的社交网络热,微博也迎来等待已久的春天。诞生于 2008 年 3 月的开心网快速发展,在 2009 年 12 月初拥有注册使用者近 7000 万,页面浏览量超过 20 亿,并在 2009 年跃居中国 SNS 网站第一名。2009 年 8 月新浪微博上线,并迅速成为中国最具影响力的微博,随后综合门户网站微博、垂直门户微博、新闻网站微博、电子商务微博、SNS 微博、独立微博客网站纷纷成立,甚至电视台、电信运营商也开始涉足微博业务,到 2011 年,各微博平台更是成为网络舆情的起源地。2009 年 11 月 11 日,淘宝商城（天猫）举办网络促销活动大获成功,从此每年"双十一"成了商家和网络消费者的网购节日①。

进入 2010 年,看到美国团购网站 Groupon 商业模式大获成功,国内首个团购网站"满座"于 1 月 16 日上线,随后美团、拉手、糯米等众多团购网站上线,团购行业快速膨胀,O2O（线上到线下）市场被激活,甚至涌现出千余家团购网站。2010 年 4 月,阿里全球速卖通上线,这是阿里巴巴帮助中小企业接触终端批发零售商,小批量多批次快速销售,拓展利润空间而全力打造的融合订单、支付、物流于一体的外贸在线交易平台。2010 年 5 月 31 日,腾讯推出涵盖 360 安全卫士所有主流功能、用户体验与 360 几乎并无二致的"QQ 电脑管家",随后引发与 360 公司的"3Q 大战",无数网络用户被迫选择"卸载 360 还是 QQ",这场争斗直到 11 月 20 日工信部和公安部正式介入才平息。不过,也正因经历此次事件,中国互联网开始从封闭走向开放,互联网巨头也纷纷探索开放平台模式。

2011 年 1 月,微信 1.0 上线并在 2012 年 3 月底实现用户量破亿,12 月微信

---

① 郭万盛. 奔腾年代:互联网与中国:1995-2018 [M]. 北京:中信出版社,2018.

推出国际版 WeChat，不到半年时间就登上东亚、东盟国家 App store 社交类榜首。2011 年 8 月，小米手机诞生，结束了"手机就是奢侈品"的时代，也加速推进了中国移动互联网普及化的进程。

2012 年 6 月，手机网络用户首次超越 PC 端用户，标志着中国从传统的互联网时代进入移动互联网时代，互联网企业无论大小都纷纷探索如何将移动互联网与传统行业嫁接起来，传统企业也因互联网探寻转型升级的方式，海尔在这方面于 2014 年就完成了从封闭的科层制组织向开放的创新平台转型。2012 年 8 月，商务部颁布了《关于利用电子商务平台开展对外贸易的若干意见》，大力支持跨境电商新兴业态的发展以及积极引导跨境电商运营的规范化；同月，一款基于数据挖掘的信息推荐引擎产品"今日头条"上线，颠覆了原来信息传播链条上所有角色；也在这个月，微信推出微信公众号，创新了网民与信息的连接方式，2014 年 9 月，微信推出支付功能，又将用户与商业连在一起，微商群体也因此快速成长起来。2012 年 9 月，滴滴打车上线，到 2014 年注册用户超过了 1 亿，而微信用户在 9 月则突破 2 亿，成为中国最广的移动互联网应用。2012 年 12 月，新当选的中共中央习近平总书记赴广东考察，特地去腾讯公司进行了考察，认可腾讯占有了充分的数据，并能做出最客观、精准的分析，并指出"现在人类已经进入互联网时代这样一个历史阶段，这是一个世界潮流，而且这个互联网时代对人类的生活、生产、生产力发展都具有很大的进步推动作用"，还提出今后互联网的发展与建设，希望互联网企业有更多建言献策。此后，中国互联网企业家们备受中央决策者重视，并在一些重要场合参政议政，马化腾、雷军作为两会代表，李彦宏、陈天桥作为政协委员出席了 2013 年的"两会"，马云则 2013 年两次走进中南海参加总理召开的座谈会。

3.1.5 "互联网+"快速发展阶段（2013 年至今）

2013 年 9 月首批 4G 手机通过入网许可，12 月工信部正式发放 4G 牌照，标志着中国进入 4G 时代，随着 4G 开始广泛应用，互联网变得与工业、金融、通信、文化等行业须臾不可分离，"互联网思维"成为 2014 年的年度热词。

进入 2015 年，互联网被赋予全新的历史使命，"互联网+"被写入《政府工作报告》，上升到国家发展战略地位。7 月国务院印发了《关于积极推进"互联网+"行动的指导意见》（以下简称《意见》），明确"互联网+"重点发展的 11 个领域，包括创业创新、协同制造、现代农业、智慧能源、普惠金融、益民服务、高效物流、电子商务、便捷交通、绿色生态、人工智能。《意见》指出，到2025 年，网络化、智能化、服务化、协同化的"互联网+"产业生态体系基本完善，"互联网+"新经济形态初步形成，"互联网+"成为经济社会创新发展的重要驱动力量。此后，政府还出台了《促进大数据发展行动纲要》《国务院关于大力发展电子商务加快培育经济新动力的意见》等相关文件支持"互联网+"发展，互联网企业也开始加速在各地各行业进行战略性布局。

2016 年，中国进入直播时代，企业界大佬、影视明星、草根网红纷纷成为直播的主角，到 2016 年 12 月，中国网络直播用户规模更是达到 3.44 亿，占网民总数的 47.1%；同年 4 月，摩拜在上海投放第一辆共享单车，此后共享单车行业快速发展，业务迅速布局全国乃是国外，共享经济这种全新的商业模式开始被视为中国经济新旧动能转换的新动力。

2017 年，以抖音、快手为代表的短视频社区平台异军突起，当年快手更是成为继微信、腾讯 QQ、微博之后的第四大社交平台；同年 5 月，中国围棋高手柯洁"0∶3"输给人工智能机器人阿尔法狗，引起全社会对人工智能的关注，国务院还在 2017 年 7 月印发了《新一代人工智能发展规划》。至今，无人机物流、无人工厂、无人驾驶汽车、无人超市、无人酒店等开始陆续出现，互联网的新纪元正向人类走来。

2019 年是 5G 商业的第一年，6 月，工业和信息化部正式向中国移动、中国联通、中国电信和中国广播电视发放 5G 运营商许可证；11 月，三大运营商正式推出 5G 商业套餐，标志着 2019 年 5G 商业时代的正式进入，人工智能也将迎来真正的爆发。

2020 年新冠肺炎疫情暴发，被限制在家的人们开始适应网络办公、在线教育、社区团购、线上娱乐等工作学习生活方式，企业数字化时代也加速到来，"云办公""云社交""云购物""云作业"成了 2020 年主流趋势，直播带货、社区团购行业直至如今也激战正酣。

在外贸领域，传统零售商、海内外电商巨头、创业公司、物流服务商、供应链分销商纷纷入局。2013 年 3 月，Wish 加入商品交易系统，进入外贸电子商务领域，该平台依靠大数据利用推送算法，通过手机 PC 端销售。在外贸政策方面，2013 年 12 月，财政部国家税务总局下发了《关于跨境电商零售出口税收政策的通知》，明确了从事跨境电商零售企业退免税的条件。2014 年 7 月，海关总署颁布的《关于跨境贸易电子商务进出境货物、物品有关监管事宜的公告》和

《关于增列海关监管方式代码的公告》，从政策层面上承认了跨境电子商务，也同时认可了业内通行的保税模式，从此中国跨境电商开始进入法制化、正规化发展阶段。而后的 2015 年至今，跨境电商发展愈加红火，成为外贸发展的新动力。

3.2 "互联网+" 兴起以来广西对东盟外贸发展方式转型升级现状

自 1996 年广西相继实施 "金桥""金卡""金关""金税""金宏""金卫" 等一系列 "金字工程" 后，广西初步具备了开展 "互联网+" 行动的条件。互联网应用到广西对东盟进出口活动并有效促进地区外贸发展方式转变，这个过程并非从互联网在广西兴起那一刻就很快完成，而是随着国内互联网的不断发展，以及互联网开始融入外贸发展方式各个领域才开始显现 "互联网+" 的作用。"互联网+" 推动广西对东盟外贸发展方式的转型升级，只有从外贸出口商品国内生产环节的资源利用方式、为获取进出口贸易收益所选取的市场开拓方式、为进一步扩大国际市场份额所采取的竞争方式、外贸增进国民收益的方式四方面内容进行全方位剖析才能厘清 "互联网+" 兴起以来广西对东盟外贸发展方式转型升级现状。

3.2.1 出口产品国内生产环节的资源利用方式转型升级状况

自 1996 年广西相继实施一系列 "金字工程" 后，广西各企业纷纷尝试和努力使用互联网和通信技术助推本地出口产品区内生产环节资源利用方式的转型升级。但受限于广西经济发展方式资本密集型的特征，从 "互联网+" 启动伊始，资本和劳动就一直是广西经济增长的主要推动力，其中资本投入在 "互联网+" 快速发展阶段对广西经济增长的贡献率更是长期相对于劳动和技术长期保持领先①。于是在 "互联网+" 快速发展阶段，我们观察到，广西在科技活动领域不断加大投入力度，以进一步增强技术创新对经济发展的作用。据统计，2013～2019 年，广西在科技活动人员数相对稳定情况下，研究与发展经费内部支出和

---

① 梁腾坚. 广西经济增长的源泉分析基于新古典生产函数 [D]. 桂林：广西师范大学，2014.

新产品开发经费支出不断加大，结果使地区科技活动产出成绩显著，特别在专利申请和拥有有效发明专利方面都实现了快速增长，其中全区专利申请数从 2013 年的 4468 项增加到 2019 年的 6373 项，增长了 42.64%；全区拥有有效发明专利数从 2013 年的 1889 项增加到 2019 年的 8176 项，增加了 4.33 倍（见表 3-1）。

表 3-1 2013~2019 年广西科技活动投入与产出基本情况

单位：万人，亿元，项

年份	科技活动投入			科技活动产出	
	科技活动人员	研究与发展经费内部支出	新产品开发经费支出	专利申请数	拥有有效发明专利数
2013	5.37	81.71	84.94	4468	1889
2014	5.48	84.88	85.05	4840	2670
2015	4.83	76.92	90.40	4613	3731
2016	4.98	82.72	90.55	5555	6010
2017	4.88	93.60	112.00	5428	6557
2018	4.72	89.10	109.10	6239	6846
2019	5.57	104.47	144.52	6373	8176

资料来源：《广西统计年鉴》。

同时，广西深入实施企业"上云用数赋智"行动，建成并运行了中国—东盟工业互联网标识解析二级节点，并于 2019 年开始组织认定一批数字广西建设标杆引领重点示范项目、企业和支撑平台，推进数字广西和中国—东盟信息港建设，促进互联网和信息通信技术与产业加速融合，使广西对东盟外贸出口商品的国内生产环节，其出口产品的资源利用方式开始更多依靠互联网平台和信息通信技术。比如在工业领域，有广西柳工机械股份有限公司的柳工智能管家服务云平台、桂林国际电线电缆集团有限责任公司的智能工厂、桂林优利特医疗电子有限公司的数字化车间等；在农业领域，有广西壮族自治区农业信息中心的广西农业大数据管理平台；在服务业领域，则有一批大数据与服务业深度融合重点示范项目，如广西电子口岸跨境电商大数据中心、西部陆海新通道物流大数据平台、广西—东盟跨境电商智能信息处理平台、基于东南亚语言大数据的智能技术研发与应用、基于北斗的中国—东盟跨境物流大数据云服务平台应用示范等，第一批数字广西建设标杆引领重点示范项目如表 3-2 所示。2020 年还认定数字广西标杆引领重点示范项目（企业、平台）314 个，组织了第一批自治区数字经济示范区认定，中国—东盟区块链创新中心、华为人工智能创新中心等一批数字技术创新平台赋能作用日益增强①。2019～2020 年经认定的数字广西建设标杆引领重点支撑平台如表 3-3 所示。

表 3-2　2019 年第一批数字广西建设标杆引领重点示范项目

序号	大数据与工业深度融合重点示范项目	大数据与农业深度融合重点示范项目	大数据与服务业深度融合重点示范项目
1	MCO 环保装备智能制造生产线	广西农业大数据管理平台	西部陆海新通道物流大数据平台
2	柳工智能管家服务云平台	广西国家储备林大数据平台	云商标人工智能生态平台
3	运营决策大数据智能平台	乡村振兴服务平台	广西—东盟跨境电商智能信息处理平台
4	基于工业云平台的整车线束智能化生产建设及示范应用	黄羽鸡养殖产业链与信息化融合	基于东南亚语言大数据的智能技术研发与应用
5	制糖生产指标与生产工艺大数据评估系统	广西糖料蔗订单农业大数据平台	广西金融综合服务平台
6	基于工业大数据的水泥智能制造应用示范	广西数字农业 AI 大脑	基于北斗的中国—东盟跨境物流大数据云服务平台应用示范
7	南宁卷烟厂"互联网+"智能工厂建设	优质水稻产业化与互联网技术融合	广西物流公共信息服务平台
8	富士康工业互联网标杆平台	基于北斗导航定位技术的甘蔗作业设备大数据收集及调度指挥系统综合应用	广西机场管理集团协同决策（A-CDM）应用系统及配套设施建设
9	基于云架构的数字化供应链协同制造平台	"互联网+集群式楼房养猪场"智慧养殖关键技术的研发与示范应用	科技创新知识产权大数据深度开发与示范应用
10	基于消费者需求的日化产品全价值链管理云平台建设	渔业信息化平台研发与示范应用	广西电子口岸跨境电商大数据中心
11	桂林机床电器智能化生产装备提升应用示范		食糖交易仓储融资一站式服务平台

①　覃冠玉，谢燕，黎尧，等.2020 年广西数字经济发展评估报告［EB/OL］.（2021－04－21）［2021-06-30］.http：//gxxxzx.gxzf.gov.cn/jczxfw/dsjfzyj/t8709236.shtml.

续表

序号	大数据与工业深度融合重点示范项目	大数据与农业深度融合重点示范项目	大数据与服务业深度融合重点示范项目
12	智能输配电设备工业互联网平台测试床		盛源行泰滴出行网约车管理平台
13	植物提取产业数字化转型升级示范		广西整省（区）广播电视无线发射台站运行支撑管理系统
14	智能工厂智能化物联网管理平台		基于大数据的农村产业供应链金融示范应用
15			基于容器技术的商务云平台
16			南宁市民卡互联网综合服务平台
17			一键游桂林
18			大皇蜂无车承运人平台
19			广西全域旅游直通车

资料来源：广西大数据发展局网站。

表 3-3 2019~2020 年经认定的数字广西建设标杆引领重点支撑平台

	平台名称	申报单位
大数据产业园区	中国—东盟数字贸易中心	广西贸促会
	南宁—中关村创新示范基地	南宁中关村信息谷科技服务有限责任公司
	桂林华为信息产业生态合作区	桂林经济技术开发区管理委员会
	钦州华为数字小镇	广西钦州高新技术产业开发区投资有限公司
	京东云（东盟）云计算大数据产业基地	广西京东云浩云计算有限公司
	中国电子北部湾信息港	中国电子北海产业园发展有限公司
大数据创新创业中心	中国—东盟（华为）人工智能创新中心	数字广西集团有限公司
	中国—东盟新型智慧城市协同创新中心	南宁云宝智城数据服务有限责任公司
	桂林理工大学大数据创新创业中心	桂林理工大学
	广西大学科技园大数据创新创业中心	广西大学科技园投资管理有限责任公司
	联讯 U 谷创新创业孵化基地	广西联讯投资有限公司
	中盟科技园	南宁泛北城市信息技术有限公司
	梧州大数据生态基地	广西梧州优易数据技术有限公司

续表

	平台名称	申报单位
大数据 人才培养 基地	中国—东盟网络安全交流培训中心	广西数字奇安技术服务有限公司
	玉林师范学院大数据人才培养基地	玉林师范学院
	广西民族大学华南区块链大数据人才培养基地	广西民族大学
	桂林理工大学测绘地理信息学院	桂林理工大学
	广西科技大学启迪数字学院	广西科技大学
	南宁师范大学曙光大数据学院	南宁师范大学
	南宁学院科大讯飞人工智能学院	南宁学院、科大讯飞股份有限公司
大数据 研发中心	中国—东盟信息港大数据研究院	广西大学
	桂电大数据研发中心	桂林电子科技大学、曙光信息产业股份有限公司
	广西交科智慧高速大数据研发中心	广西交科集团有限公司
	昊华特种设备大数据研发中心	广西昊华科技股份有限公司
	数字化近地面气温高级平台	广西壮族自治区气象科学研究所
	城市科技与区域创新发展大数据研究和评估中心	广西民族大学
大数据中心	中国—东盟信息港南宁五象远洋大数据中心	广西远洋金象大数据有限公司
	桂林华为云计算数据中心	林市高新技术产业发展集团有限公司
	忠德粤桂云数据中心项目（一期）	广西忠德科技集团有限公司
	广西电子政务外网云计算中心	广西壮族自治区信息中心
	中国电信黄茅坪数据中心	广西壮族自治区公众信息产业有限公司
	中国移动五象大数据中心	中国移动通信集团广西有限公司
大数据 专业服务 机构	华蓝设计（集团）有限公司	华蓝设计（集团）有限公司
	广西通信规划设计咨询有限公司	广西通信规划设计咨询有限公司
	广西恒传数字信息设计院有限公司	广西恒传数字信息设计院有限公司
	广西鑫瀚科技有限公司	广西鑫瀚科技有限公司
	广西华南通信股份有限公司	广西华南通信股份有限公司
	广西联信科技顾问有限责任公司	广西联信科技顾问有限责任公司
	广西太极肯思捷信息系统咨询有限公司	广西太极肯思捷信息系统咨询有限公司

资料来源：广西大数据发展局网站、广西壮族自治区数字广西建设领导小组办公室。

由此，在广西不断加大科技投入和加速推动企业"上云用数赋智"的努力下，自 2001 年开始，广西对东盟外贸出口行业的资源利用效率稳步提高，广西外贸出口产品的每万元价值能耗量则呈现显著下降趋势（见图 3-1）。由此反映出自"互联网+"兴起以来，广西对东盟外贸出口产品的区内生产环节已经开始从以往依靠高投入、低产出的粗放型资源利用方式逐步转变到依靠互联网平台和技术进步的集约型资源利用方式上来。

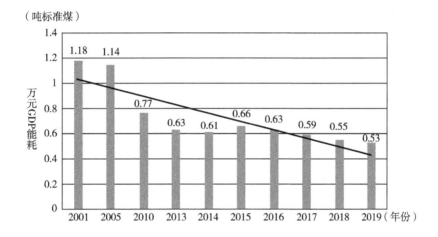

图 3-1 2001~2019 年每万元地产品出口价值能耗量变化趋势

注：每单位地产品出口价值能耗量其计算公式为：（X/Y×E）/X＝E/Y。其中，X 表示广西地产品总出口价值，Y 表示广西国内生产总值，E 表示广西国内生产总值能耗总量。由此，广西每单位地产品出口价值能耗量用广西每万元 GDP 能耗量表示。

资料来源：《广西统计年鉴》。

3.2.2 获取进出口贸易收益所选取的市场开拓方式转型升级状况

随着广西与东盟贸易合作的不断深化，为尽可能在东盟市场获取更多的进出口贸易收益，在外贸开拓东盟市场方式方面，广西除了采用传统的边境贸易（含边民互市贸易）、一般贸易之外，还根据需要采用了加工贸易、进出口展销、海关特殊监管区物流、跨境电商、对外工程承包出口以及其他贸易等现代市场开拓方式，以此改变出口贸易停留在"离岸"贸易、境外市场开拓过度依赖境外服务供应商的状况。据统计，2019 年广西进出口贸易中就有 16.82% 的进料加工贸易和 12.92% 的海关特殊监管区域物流货物，还有一定比例的对外承包工程出口货物和来料加工装配贸易，以及 8.52% 的其他贸易（见图 3-2）。受益于图 3-2 所示国际市场开拓方式积累的经验以及 "互联网+" 的发展，广西企业愈加重视互联网空间和信息通信技术在开拓东盟市场中的创新运用，以下为转型升级的基本状况：

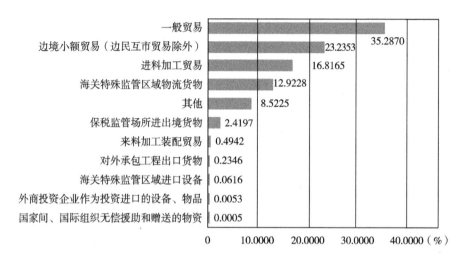

图 3-2　2019 年广西外贸进出口贸易方式比重

资料来源：《广西统计年鉴》。

3.2.2.1　市场开拓加速融合互联网和信息通信技术

早在 1997 年 3 月，广西经济信息网就通过 Cisco 交换机、防火墙与国际互联网连接，成为广西最早接入国际互联网的大型经济信息网。1999 年广西科技信息网及其所属的中国水果网、易通农业信息网、中越贸易网等利用卫星、地面 DDN 专线构成互联网的出口，开展电子商务活动。2000 年，在广西各类商业网站中有 282 个各类公司，一些大中型企业建立了本企业网站，广西流通业中的一些企业更是在商品交易的销售、仓储等过程使用了互联网管理系统以及支付系统。比如广西食糖商务网于 1999 年 10 月开通，网络覆盖全国，主要营销中心近 30 个，设置交易席位 270 多个，实现了食糖购销的电子化。在广西柳州市，截至 2001 年中，就有近 40 家企业建立了关于企业各种信息的网站，在柳州市经济贸易信息网上，则有 200 多本地企业在上面发布信息。

至于广西企业应用互联网开拓东盟市场的实践，在 2013 年广西启动 "电商东盟、电商广西" 工程之前，我们观察到中国 "互联网+" 进程对广西外贸拓展东盟市场的影响（见表 3-4）。这段时期内，早期的市场开拓方式主要是当时的各部门和企业注册和接入互联网，想尽办法利用互联网与国际商家和消费者进行商贸信息互动，并开展销售活动。特别在政府上网工程的推动下，2000 年广西建立了政府网站，很多地市级乃至镇政府也纷纷上网，由此形成示范效应，间接带动企业和个人上网，尤其是自中国加入世界贸易组织之后，互联网和广西传统的外贸企业开始紧密结合起来，促成广西传统的对外贸易企业利用计算机网络寻求商机，开展网上贸易。比如，2002 年必多盈电子商务网作为一个为中小企业跨地区销售提供在线进、销、存管理和处理办公业务的商务管理平台，发展成为广西唯一的基于互联网的电子商务应用服务提供商。据《中国电子商务年鉴2003》报告，该网站在 2002 年就有企业会员 220 多个，商品种类 2600 多个，发布供求信息 26000 多条，可以供包括东盟国家在内全世界网络用户查看和交流，促成网上交易 1 亿多元。又比如，广西玉林兴业县一位朴素的农民黎树明于 2001 年 3 月，在家乡开通了灵通信息、服务公司等网络项目，还利用互联网做生意，在互联网上，他可以每天收集来自世界各地和中国国内的农副产品的供求信息，然后根据收集的供求信息，把兴业县的农副产品，如八角、木薯、三黄鸡等发布在网上，调整自己的价格与网上信息相匹配，每天的成交额突破 100 万元，到2001 年 5 月短短的 2 个月，已实现农副产品成交额 5000 多万元①。此外，广西还有一批中小企业和个人利用敦煌网、亚马逊、阿里巴巴、Lazada、世界工厂网等现成跨境电子商务平台开展面向东盟的跨境电商，更有一批企业建立中国糖网、中国茧丝交易网、中国凭祥红木交易网等一批网站。正是借力互联网，广西传统的外贸企业超越时间、空间的限制，涌入全球贸易的潮流中。与此同时，国外商家和互联网用户也能够借助互联网技术和广西网络资源开拓广西乃至中国市场，从而加快广西与东盟"互联网+外贸"的进程。

表 3-4 "互联网+"快速发展对广西外贸拓展东盟市场的影响

时间	重要事件	对广西外贸开拓东盟市场的影响
2003 年	因非典疫情引起的正常交易与商务活动阻断电子商务在国内迅速崛起；腾讯 QQ、百度搜索被广泛使用；阿里巴巴"诚信通"服务初见成效、淘宝网开通、支付宝也随之推出	电子商务在国内兴起，广西外贸企业开始探索利用电商开拓东盟市场

① 龙裕伟. 广西网络经济发展研究（中）[J]. 社科与经济信息，2002（11）：58-63.

续表

时间	重要事件	对广西外贸开拓东盟市场的影响
2004 年	eBay 继续投资易趣网培育中国电子商务的未来；亚马逊收购中国网上书籍与音像零售商卓越网；中国第一个 B2B 跨境电子商务平台敦煌网开通	广西外贸企业拓展东盟市场有了多个电商渠道选择
2005~2006 年	博客中国掀起了博客大众化运动；腾讯 QQ 推出 Q-zone；新浪推出 Blog2.0；一组虐猫图片和视频引发全民搜索行为	广西网民学会更加自主地发布图文、视频、音频，表达自己观点乃至用于面向东盟市场的进出口活动
2007~2008 年	中共中央政治局进行了主题为互联网的第 38 次集体学习；各地省委书记发帖向网民拜年	互联网加速变革政府官员们的思维、理念和行为
2009 年	工信部向移动、联通、电信三家运营商颁发 3G 牌照；社交网络取代电子邮件成为最流行的互联网活动；新浪微博上线；淘宝商城（天猫）双十一首次举办网络促销活动大获成功	广西出现了前所未有的社交网络热，"双十一"至今成为广西外贸企业和网络消费者的网购节日，微博平台更是成为网络舆情的起源地
2010 年	美团、拉手、糯米等众多团购网站上线；阿里全球速卖通上线；腾讯与 360 公司展开 "3Q 大战"	团购行业快速膨胀，O2O（线上到线下）市场被激活，阿里巴巴成为广西外贸企业接触终端批发零售商，小批量多批次快速销售，拓展利润空间的外贸在线交易平台，中国互联网开始从封闭走向开放，互联网巨头也纷纷探索开放平台模式
2011 年	微信 1.0 上线；国际版 WeChat 登上东亚、东盟国家 App store 社交类榜首；小米手机诞生	"手机就是奢侈品"的时代结束，广西移动互联网普及化的进程加速推进；微信成为广西外贸企业了解东盟市场的首选社交 App
2012 年	中国手机网络用户首次超越 PC 端用户；今日头条上线；滴滴打车上线；微信推出微信公众号；商务部颁布《关于利用电子商务平台开展对外贸易的若干意见》	广西互联网企业无论大小都纷纷探索如何将移动互联网与传统行业嫁接起来，传统外贸企业也因互联网探寻转型升级的方式；广西发展跨境电商新兴业态有了政策指引

资料来源：笔者整理。

2013 年广西启动了"电商东盟、电商广西"工程，此后通过申报国家跨境电子商务综合试验区, 引入知名跨境电商企业, 出台政策指导广西区内跨境电子商务的发展, 以及政府组织学习跨境电子商务相关知识等方式, 促进企业利用"互联网+"拓展东盟市场, 广西跨境电子商务也从由市场自发转入政府大力推动发展的新阶段。比如通过引进国内互联网企业美丽传说股份有限公司, 2013年就构建了首家立足南宁、布局广西、辐射东盟的跨境 B2B2C 电商平台——美丽湾东南亚进口商品网上商城, 目前美丽湾 B2B2C 电商平台已经与越南、马来西亚、泰国等 7 个东盟国家建立起合作关系, 向国内提供优质的东盟产品, 形成了广西网上销售东盟产品的主渠道①。2015 年, 广西出台了《关于促进跨境电商健康快速发展的实施意见》促进跨境电子商务的发展。2018 年 7 月和 2020 年 5 月, 广西南宁市和崇左市申报成功国家级跨境电商综试区; 2020 年 1 月, "Lazada 越南年货节"跨境电商直播开播, 吸引了来自越南、泰国、印度尼西亚等东盟国家的 30 余名优秀主播为直播促销助力, 这是广西跨境电商直播的首秀②。2020 年 1 月, 北海、钦州、崇左三市获批开展跨境电商零售进口试点, 同年 8 月, 南宁海关关区获批开展跨境电商 B2B 出口试点。据悉, 自南宁跨境电子商务综合试验区开区运营以来, 陆续建成了大数据中心、直购中心、公共保税仓等一批重点项目, 开通了顺丰南宁—胡志明全货机航线, 稳定了中越跨境公路运输通道通关环境, 吸引了阿里巴巴集团东南亚旗舰电商平台 Lazada 跨境生态创新服务中心等一批龙头企业落户。与此同时, 南宁邮局海关创新实施国际邮件、跨境电商、国际快件"三合一"集约式监管模式, 启动跨境电商出口退货模式, 提高跨境电商进出口通关效率和企业竞争力。截至 2020 年 7 月, 南宁跨境电子商务综合试验区就实现跨境电商进出口货值 7.07 亿元, 实现了逆势上扬, 业务量排中国跨境电商综试区前列③。此外, 广西沿边沿海城市运用自身的区位条件, 通过互联网与东盟国家进行商品交易, 初步形成了具有当地特色的跨境电商体系。

3.2.2.2 传统市场开拓方式占据绝对地位, 线上展销成为突出亮点

数据显示, 按贸易方式划分, 广西外贸开拓东盟市场的方式仍旧以传统的贸

① 佚名. 跨境电商中的黑马: 东南电商美丽湾 [EB/OL]. http://www.china.com.cn/v/news/2014-02/26/content_ 31605793.htm.

② 佚名. 广西首场跨境电商直播开播 开启东盟跨境电商网络直播新时代 [EB/OL]. https://nn.focus.cn/zixun/5c059d97aa8fac3b. html.

③ 广西商务厅. 广西力推中国—东盟跨境电商产业发展 [EB/OL]. http://swt.gxzf.gov.cn/zwgk/zwdt/gxsw/t6237990. shtml.

易方式为主。具体来讲, 2019 年广西对东盟外贸出口主要是边境小额贸易, 以这种方式出口的产品总额占到广西出口贸易总额的比例高达 75.59%, 出口贸易额占比排在第二名的是一般贸易, 其比重为 17.56%, 两者合计占到广西外贸出口总额的比例为 93.51%。通过与 "互联网+" 快速发展阶段的 2014 年比较, 可以发现, 2019 年广西对东盟边境小额贸易出口占广西出口贸易总额的比例下降了 6.46 个百分点, 一般贸易出口占比增加了 9.37 个百分点, 两者合计增加了 3.27 个百分点 (见表 3-5)。

表 3-5 2014 年和 2019 年广西对东盟外贸进出口贸易方式比重变化

单位: 亿元,%

	出口			进口			进出口		
	2014 年	2019 年	增幅	2014 年	2019 年	增幅	2014 年	2019 年	增幅
总金额	1049	1403	354	173	932	759	1222	2335	1113
边境小额贸易占比	82.05	75.59	-6.46	25.56	3.25	-22.31	74.06	46.72	-27.34
一般贸易占比	8.19	17.56	9.37	55.31	18.42	-36.89	14.85	17.91	3.05
其他贸易占比	6.20	1.57	-4.63	0.71	40.07	39.36	5.42	16.93	11.51
海关特殊监管区域物流货物占比	1.75	2.61	0.86	9.67	35.42	25.75	2.87	15.70	12.84

资料来源:《广西统计年鉴》。

不过, 我们也应看到, 虽然目前广西企业开拓东盟市场仍旧以传统的方式为主, 但是在 "互联网+" 背景下, 上述各种市场开拓方式也已经嵌入互联网 "基因", 开始使用互联网和信息通信技术完成外贸进出口各项活动, 从而极大地提高了贸易效率, 并降低了贸易成本, 取得了可观的收益。比如位处越南边境的东兴市, 就是广西外贸市场开拓方式转型升级的缩影。据《人民日报》记者报道, 在东兴, 有的商家从 2002 年就在淘宝注册网店从事电商, 从越南进货过来卖到东兴、卖到全国。也有一些外贸从业者在东兴市做边贸, 早些年一般都是从摆地摊做起, 甚至连货币兑换也是在 "地摊银行" 上, 如今像一把贝壳制成的小咖啡勺, 直接由越南厂家送来手工艺品样板, 然后有客户选用体验, 如果客户满意, 直接在网上下单, 货物就会通过快巴直达东兴商店。更有境外创业者在东兴互市贸易区利用互联网完成与国内外客户贸易洽谈和钱货交割。也有很多东兴本地人也利用边民优惠政策,从传统边贸向跨境电商转型。同时,传统加工企业也在转型路上,如东兴市怡诚食品开发有限公司是东兴的海产品加工龙头企业,以海产品加工为主,生产原料来自本地及越南,产品远销东南亚①。

需要特别指出的是,自中国—东盟博览会落户南宁以来,东盟博览会展销成为广西企业开拓东盟市场的突出亮点。根据广西国际博览事务局公布的数据,截至 2020 年,中国—东盟博览会已经举办 17 届,除了第 17 届东盟博览会因新冠肺炎疫情影响不得不减少实体展位数,而采用"实体展+云上东博会"办展形式,此前的 16 届中国东盟博览会东盟国家展位数都在不断增加(见图 3-3),且参展企业总数和参展参会客商人数也屡破纪录。另外,第 17 届博览会首次举办了"云上东博会",运用先进的云计算、大数据、虚拟现实等先进信息技术在线上分别举办了商品贸易、服务贸易、投资合作等 5 个展览专题(见表 3-6),据统计,有中国、东盟及"一带一路"沿线国家近 1956 家企业参加了云上博览会,并有近 2500 万访问量。可以说,依托家门口的国际展销会,广西企业和产品不仅增加了品牌曝光量,更是直接获取了不少东盟国家的外贸订单和投资合作项目,东博会已然成为广西拓展东盟市场的重要渠道。

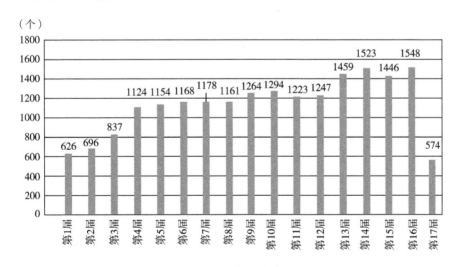

图 3-3 历届中国—东盟博览会东盟国家展位数

资料来源:广西国际博览事务局。

---

① 庞革平. 广西电商 风生水起 [EB/OL]. (2016-05-10) [2019-12.20] . http://finance.people.com.cn/n1/2016/0510/c1004-28336991.html? t=1462844421886.

表3-6　2020年首届"云上东博会"展览专题及其展览内容

展览专题	参展单位国别	展览内容
商品贸易专题	中国、东盟及"一带一路"沿线国家	1. 农产品、食品及饮料：休闲食品、清真食品、保健食品、冷冻/冷藏食品、农副产品、调味品、咖啡、茶、酒类、其他
		2. 生活消费品：木制家具、家具半成品及零配件、清洁用品、洗浴用品、护理用品、一般家居用品、家居装饰品、日用品、母婴用品、手工艺品、艺术品、礼品、化妆品、玉器、宝石、珠宝首饰、益智玩具、休闲体育用品、其他
		3. 大宗商品：大米、橡胶、棕榈油、其他
		4. 机械设备：智慧能源及电力、工程机械及运输车辆、食品加工及包装机械、其他
		5. 电子电器：通信设备及智能系统、智能家电及消费电子、气象设备及技术、其他
		6. 建筑材料：门窗幕墙、室内装饰材料、其他
		7. 公共防疫及卫生：防护用品及装备、防护材料与生产设备、防疫消毒及清洁用品、防护设备及软件系统、其他
投资合作专题	中国、东盟及"一带一路"沿线国家	1. 国际经济与产能合作：国际工程承包、劳务合作、资源开发、能源开发、基础设施建设、园区招商、其他
		2. 农业合作：中国—东盟农业合作成就、现代农业示范园区、农业高新技术和投资项目、物流和冷链运输、其他
		3. 国际陆海贸易新通道：沿线省区相关建设成果、园区、物流、港口、基础设施、其他
		4. 省市投资合作推荐
		5. 三企入桂：央企、民企、湾企
先进技术专题		生物医药、数字经济、人工智能、先进制造、智慧城市、东盟科技创新、其他
服务贸易专题		1. 金融服务：金融机构跨境业务产品及配套服务、贸易金融、财资供应链金融、其他
		2. 电子商务
		3. 旅游合作
魅力之城专题		国家/城市形象展示

资料来源：广西国际博览事务局。

3.2.2.3　企业走出去开拓东盟市场迈出新步伐

近年来，广西出台了《关于加快实施"走出去"战略的意见》《关于贯彻落实"一带一路"战略推动企业"走出去"的指导意见》等政策措施，通过设立对外投资合作专项资金、简化出国（境）审批手续、落实税收优惠等措施，积极鼓励和支持企业"走出去"开拓海外市场。在各项政策支持下，广西企业走出去开拓东盟市场，也从设立单一企业到打造工业园区，从原来单纯的进出口贸易，快速发展到投资、合资、跨国并购、对外承包工程、战略联盟等多种形式转变。而且"走出去"的企业既有广西柳工、北部湾港务、广西农垦等国有大型企业，又有福沃得农业、力顺机械、中豪矿业等民营中小企业①。其中，上汽通用五菱印度尼西亚制造基地的投产及其境外营销渠道建设，不仅是带动广西汽车集团、柳州双英等 10 多家广西汽配企业入驻中国·印度尼西亚经贸合作园区，而且把广西区内生产性服务连接起来的供应链延伸到了海外，通过内外贸一体化的供应链体系，增强广西汽车及其零部件等出口商品的市场渗透力和竞争优势，最大限度地把东盟市场的潜在外需转化为现实外需市场。

3.2.3　进一步扩大国际市场份额所采取的竞争方式转型升级状况

长久以来，为争夺东盟市场和进一步扩大在东盟市场的贸易份额，广西依托邻近东盟的区位优势，不断挖掘本地自然资源和充足劳动力的优势，实现了对东盟贸易规模快速增加。但是，经广西进入东盟市场的产品已经连续多年以低附加值的劳动密集型产品和低技术含量的机电产品为主，且其中的广西本地产品相对较少。同时，由于东盟国家整体比较落后，然后对中国产品有广泛和大量的需求，因此，广西多数外贸企业能够以较低的门槛进入东盟市场并且获得相当丰厚的回报，这使广西企业在东盟市场的竞争更多侧重于价格方面的因素，然后忽视非价格因素的作用。不过，随着东盟国家的经济发展，当地居民生活水平的提高，以及互联网在东盟国家和中国国内的普及，广西也开始注意到企业在东盟市场的竞争已经日趋激烈，并开始利用互联网在如下几个方面助推外贸竞争方式转变：

3.2.3.1　非价格竞争愈受重视，且通过互联网与价格竞争组合创新使用

为推动广西外贸做大做强，广西积极利用互联网，加快实施品牌战略，推动标准制定和提升产品质量以及完善外贸服务体系等举措，促进广西外贸企业从依靠价格竞争转变到依靠品牌、产品质量、行业标准和产业服务等非价格因素以及

---

① 皮小明，周吉意. 发挥"两国双园"优势引导广西企业"走出去"对策建议［J］. 市场论坛，2018（03）：14-18+24.

这两种竞争方式的组合与创新使用方向上来。

在品牌培育方面，广西一直注重商标品牌在引领外贸转型升级中的积极作用，针对广西品牌"数量少，质量低"的痛点和堵点，于 2016 年出台了《关于深入实施商标品牌战略意见》，将推进品牌国际化建设作为广西品牌战略的其中一个重点工作。此外，还建立自治区主席质量奖重点培育组织库，创新开展"八桂优质"广西区域高端品质认证，深入实施商标品牌强桂战略，开展"广西品牌神州行""广西商标品牌扶贫成果展"等活动。在一系列促进活动下，广西各类市场主体申请商标注册数多年连续递增，"广西产品"也慢慢开始向"广西品牌"转变。据统计，截至 2019 年底，全区累计有效注册商标 235568 件，比上年增长了 36.66%；有效期内广西名牌产品数为 517 个，是 2013 年的 2.27 倍；累计制、修订地方标准数 2082 个，是 2013 年的 2.16 倍；地理标志保护产品也从2013 年的 38 个增加到 2019 年的 92 个，增加 2.42 倍（见表 3-7）。在品牌战略推动下，2013 年开始，广西每隔三年就对新申报企业和申报达标企业开展重点外贸品牌认定。据广西商务厅发布的近三年"广西重点培育和发展的外贸品牌"企业评选结果，截至 2020 年，广西已有 53 家企业被认定为自治区重点外贸品牌企业（见表 3-8）。然后，在这些企业的示范引领下，广西诸多企业在东盟市场逐渐改变以往以价取胜的竞争策略，开始注重自身研发创新能力、经营管理水平、境外商标注册及国际认证资质、全球化经营、合法经营和社会评价等非价格因素，并且不断拓展这两种竞争方式的组合与创新使用。

表 3-7　2013~2019 年广西品牌建设情况　　　　　　　　单位：个

年份	累计商标有效注册量	累计制、修订地方标准数	有效期内广西名牌产品数	地理标志保护产品
2013	57656	965	228	38
2014	68258	1165	265	42
2015	84887	1316	326	47
2016	103135	1500	390	56
2017	127544	1657	495	68
2018	172376	1938	637	91
2019	235568	2082	517	92

资料来源：历年《广西知识产权保护状况白皮书》、历年《广西壮族自治区国民经济和社会发展统计公报》。

表 3-8　近三年"广西重点培育和发展的外贸品牌"企业

2018 年	2019 年		2020 年	
北海市万景海产有限公司	柳州欧维姆机械股份有限公司	北海绩迅电子科技公司	北海强盛进出口贸易有限公司	广西南丹南方金属有限公司*
广西丹宝利酵母有限公司	南南铝业股份有限公司	东风柳州汽车有限公司	广西桂合集团有限公司	广西建工集团第一安装有限公司*
广西桂林华海家居用品有限公司	上汽通用五菱汽车股份有限公司	广西北海利博盛安全用品有限公司	广西金海盈食品有限公司	北海东红制革有限公司*
广西农垦永新畜牧集团有限公司	梧州神冠蛋白肠衣有限公司	广西建工集团建筑机械制造有限责任公司	广西蓝星大华化工有限责任公司	桂林裕祥家居用品有限公司*
广西钦州力顺机械有限公司	桂林橡胶机械有限公司	广西金桂浆纸业有限公司	广西柳州银海铝业股份有限公司	桂林智神信息技术股份有限公司*
桂林广陆数字测控有限公司	中国重汽集团柳州运力专用汽车有限公司	广西梧州日新塑料实业有限公司	广西一品鲜生物科技有限公司	广西侨旺纸模制品股份有限公司*
玉林市富英制革有限公司	桂林莱茵生物科技股份有限公司	广西柳工机械股份有限公司	广西怡凯家居用品有限公司	桂林吉福思罗汉果有限公司*
	桂林漓佳金属有限公司	广西三环企业集团股份有限公司	桂林毛嘉工艺品有限公司	桂林市晶瑞传感技术有限公司*
	桂林飞宇科技股份有限公司	广西天山电子股份有限公司*	桂林市啄木鸟医疗器械有限公司	
	桂林光隆科技集团股份有限公司	广西利升石业有限公司*	桂林优利特医疗电子有限公司	
	桂林国际电线电缆集团有限公司	广西梧州双钱实业有限公司*	桂林南药股份有限公司	
	广西玉柴机器股份有限公司	桂林鸿程矿山设备制造有限责任公司*	合浦果香园食品有限公司	
	中国有色集团（广西）平桂飞碟股份有限公司*	广西远大玻璃节能科技股份有限公司*		
共 7 家	共 26 家（其中 5 家新申报）		共 20 家（其中 8 家新申报）	

注：带"＊"的为新申报企业，主要评审研发创新能力、境外商标注册及国际认证资质、全球化经营、国际竞争力和社会评价 5 项指标；其他未带符号的是申报达标评定企业，主要评价企业经营状况、营收、注册商标、国际认证、合法经营情况 5 项指标，同时对企业外贸品牌培育工作书面报告进行综合评价。

资料来源：广西壮族自治区商务厅网站。

3.2.3.2 以往依靠企业单打独斗、被动参与国际竞争的纯竞争模式已经逐渐转变为依靠网络空间和政府权力，企业主动与境内外各种生产性服务连接融合的竞合模式

在以往参与东盟市场的竞争中，广西企业多是依靠自身行业经验和自身实力单枪匹马地开辟市场并与国内外企业开展竞争。有时候甚至是因为国内竞争对手的挤压而迫不得已选择进入国际市场，并在激烈竞争的国际市场中采用各种手段予以应对。但这种市场生存方式无论是主动还是被动，都是属于因为竞争而竞争的纯粹竞争模式。进入"互联网+"时代后，广西日渐注意到互联网对外贸企业和管理部门的赋能，因为就外贸企业而言，企业所在行业可以通过网络空间连接并演变成一个产业互联网，如果还能够融入国外相关生产性服务业，那么外贸企业将因互联网与整个产业中境内外的所有成员形成既竞争又合作的新模式；对于外贸管理部门而言，利用互联网可以低成本、高效率地服务市场主体，也可以较好地掌握市场动态和获得社会反馈，从而采取有效的行政手段帮助企业应对变化，助力企业参与国际市场竞争。

就广西目前的情况而言，在政府层面，各级政府和相关部门的权力因为互联网赋能，有效增强了本地外贸企业的国际竞争力。广西实施"电商广西、电商东盟"工程、出台了《关于加快广西电子商务发展的若干意见》、发布了《中国（南宁）跨境电子商务综合试验区实施方案》、申报获批中国（广西）自由贸易区试验区等举措，在互联网平台上不仅获得广泛关注，也加速了本地外贸产业的集聚，面向东盟的跨境电商集聚区、区域物流集散中心和海外保税仓聚集地正在形成。此外，为了品牌企业能够健康成长，打造国际知名品牌，广西以驰名商标、地理标志商标、涉外商标为重点，引入司法保护制度，强化与公安、海关、质监等部门的执法协作，严厉打击侵犯注册商标专用权等假冒伪劣行为，切实维护好企业的品牌"奶酪"。同时，还推动各类资源向优势商标品牌企业聚集，据悉自 2016 年以来，自治区工商局就在全区省级工业园区内牵头指导建立商标品牌指导服务站，由工商系统商标工作者、专家学者、律师、商标代理服务机构从业人员共同组成志愿服务队，免费为企业提供"一对一"的商标注册指导、实施商标战略等咨询服务。又如在新冠肺炎疫情发生后，为了帮助企业复工复产和助推广西企业抢抓 RCEP 政策机遇，南宁海关从 2020 年 12 月至 2021 年 5 月，通过在线访谈的形式开展了"南宁海关推动落实惠企税收政策助力企业复工达产""聚焦广西保税业务创新发展""助推广西企业抢抓 RCEP 政策机遇"共 3 期

"关企面对面"活动，活动中邀请海关主要领导和业务负责人、广西外贸企业和主流媒体参加，借助自治区政府门户网站、广西新闻网、《中国日报》、广西卫视等媒体渠道，让社会和广西外贸企业不仅了解广西外贸发展的机遇，也获悉了政府支持外贸的政策和帮扶举措。

在企业层面，广西企业利用互联网平台，发挥地区面向东盟的区位优势和逐步完善的政策优势，融入面向东盟的相关跨境电子商务产业链中并不断成长壮大，逐步增强了国际市场竞争力。这些企业包括南宁"美美购"、"海购365"平台、蚂蚁洋货、华南城"东盟购"、北港优选等一批本地跨境电子商务平台，还有阿里巴巴一达通外贸综合服务平台、中国老牌网络社区"猫扑"、中国东盟最大电子商务平台"美丽湾"、京东商城中国特产·广西馆以及跨境通等一批区外落户广西的电商企业或其打造的跨境电商平台。

最值得关注的是，广西正在大力推进建设的外贸转型升级基地已经成为本地外贸企业集聚、齐力拓展东盟市场较为有效的竞争与合作载体。据统计，截至2020年广西在建的国家外贸转型升级基地有11个，自治区级外贸转型升级基地有9个（见表3-9），通过这些基地建设，广西培育了一批在本领域具有国际竞争力的外贸企业，从而极大地改变了广西对东盟的外贸以往依靠企业单打独斗、被动参与国际竞争的局面。比如2012年就获得国家外贸转型升级专业型示范基地的桂林荔浦衣架基地，通过依靠龙头企业的技术研发、业务培训等方面成果推广，基地公共服务平台已经覆盖全县90%以上的工业企业，同时，原来一些没有自己出口权的荔浦企业，通过基地的建设，也获得了自我发展和参与外贸活动的新机会。再比如桂林生物医药基地打造了广西医药国际营销公共服务平台，该平台通过信息网络系统、营销服务支持系统和集成软服务系统为广西区内企业开拓国际市场提供公共服务[1]，目前，医药产业作为桂林的绝对支柱产业，是桂林乃至广西的出口大户。此外，2021年7月，广西新获批的3个国家外贸转型升级基地在培育本地企业外贸竞争力方面也有很好表现，比如梧州循环经济产业园区外贸转型升级基地（再生资源），已基本形成再生铜、再生铝、再生铅锌、再生塑料、再生不锈钢、再制造、电子信息及宝玉石产业八大循环经济产业链，2020年园区规模以上工业企业共有34家。中国—马来西亚钦州产业园区外贸转型升级基地（农产品加工），重点

---

① 吴思思. 桂林两家基地获评国家外贸转型升级基地，整个广西仅四个［EB/OL］. http：// news. guilinlife. com/n/2018-05/11/413271. shtml.

发展燕窝、榴莲、棕榈油等产品，据估算，年加工毛燕能力可达 500 吨左右，平果市外贸转型升级基地（生态铝），形成了"铝土矿—氧化铝—电解铝—铝精深加工—固废综合利用"的完整产业链条，铝工业总产值占比达 85% 以上，2020年铝材进出口总额达 7.5 亿元。可以相信，随着国家和自治区各级政府对外贸转型升级基地建设的重视，以及互联网和现代信息技术应用到园区建设，广西外贸将快速转变到依靠企业主动与境内外各种生产性服务连接融合的竞合模式上来。

表 3-9　2018~2020 年广西经认定的国家和自治区外贸转型升级基地名单

国家外贸转型升级基地			自治区外贸转型升级基地		
基地名称	地区	年份	基地名称	地区	年份
桂林市国家外贸转型升级基地（生物医药）	桂林	2018	桂林市自治区外贸转型升级基地（橡胶工业）	桂林	2019
荔浦市国家外贸转型升级基地（衣架）	桂林	2018	桂林市自治区外贸转型升级基地（电线电缆工业）	桂林	2019
北海市国家外贸转型升级基地（水海产品）	北海	2018	藤县自治区外贸转型升级基地（钛白粉）	梧州	2019
北流市国家外贸转型升级基地（陶瓷）	玉林	2018	北海市自治区外贸转型升级基地（烟花爆竹）	北海	2019
桂林高新区国家外贸转型升级基地（电子产品）	桂林	2019	玉林市博白县自治区外贸转型升级基地（竹木草制品）	玉林	2019
北海工业园国家外贸转型升级基地（消费类电子产品）	北海	2019	百色市自治区外贸转型升级基地（生态铝）	百色	2019
南宁高新区国家外贸转型升级基地（电子信息）	南宁	2020	北海市自治区外贸转型升级基地（皮革制品）	北海	2019
横县国家外贸转型升级基地（茉莉花产品）	南宁	2020	扶绥县自治区外贸转型升级基地（建材）	崇左	2019
桂林经济技术开发区国家外贸转型升级基地（橡胶产业）	桂林	2020	梧州市自治区外贸转型升级基地（再生资源）	梧州	2020
柳州市国家外贸转型升级基地（汽车及零部件）	柳州	2020			
北海市海城区国家外贸转型升级基地（电子信息）	北海	2020			

注：桂林市自治区外贸转型升级基地（橡胶工业）于 2020 年 12 月被认定为国家级外贸转型升级。

资料来源：广西壮族自治区商务厅网站。

3.2.4 外贸国民收益分配方式转型升级状况

前文提到，开展对外贸易所获取的外贸国民收益，不仅是以往所关心的国家外汇收入、税费增收以及产品附加值中所体现的商家利润，还包括开展进出口活动带来的就业岗位增加、居民收入增长、社会物资的补缺以及再投资（资本形成与积累）和经济增长等。那么，据此可以观察到，随着"互联网+"的兴起和发展，广西对东盟进出口活动所获取的外贸国民收益在市场主体之间、区域之间以及行业之间的分配格局陆续呈现出一些新的变化。

3.2.4.1 市场主体对外贸国民收益的贡献越大其得到的收益越多

1949~1978 年，我国的外贸经营实行高度集中的国家统一经营，对外贸易行为按照国家下达的指令性计划进行，这一时期的外贸国民收益主要是为国家创汇和获取国内紧缺的生产生活物资。进入 20 世纪 80 年代，国家推动改革开放，外贸经营权审批权限开始由经贸部审批逐步下放至省、市级外经贸主管部门，1994 年颁布实施了《对外贸易法》，确立了外贸经营权许可制度，但是在 80 年代到 90 年代中期这段时期，广西具备外贸经营权且能够开展对东盟进出口业务的企业也只有部分国有大中型企业及其在广西各地的分公司，而且多数还是属于工贸分离状态，结果是外贸国民收益来源单一，而且只有少数国企分配得到其中的利益。

随着"互联网+"的兴起和加速发展，以及为了履行加入世界贸易组织的承诺，国家外贸经营权体制改革开始由审批制转向备案登记制，特别在 2004 年修订了《对外贸易法》，正式将外贸经营权管理由审批制改为备案登记制，规定可以从事对外贸易经营活动的经营者除了法人、其他组织，还包括个人，这就从制度上保证了各市场主体参与外贸活动的权益，从而充分释放了民营企业的活力和民众参与对外贸易活动的热情。于是我们看到广西不少民营企业开始进入东盟市场，与越南的边民互市贸易蓬勃发展，而且有的企业和个人已经尝试利用互联网开展对外贸易活动。尤其在进入"互联网+"快速发展阶段之后，由于广西众多大中小微民营企业的参与以及它们主动利用互联网提前推动企业转型升级，广西外贸企业拓展国际市场的渠道愈加丰富，跨境电子商务模式也在不断创新，所以，2013 年开始，我们看到市场主体对广西外贸国民收益的贡献越大其得到的收益也会越多。从表 3-10 可知，2013~2019 年，广西不同类型的所有制企业在全区进出口总额中的比例中，广西私营企业出口总额占全区出口总额从 2013 年的 67.03% 增加到 2019 年的 81.17%，与此同时，其进口总额占全区进口总额也从 2013 年的 25.58% 增加到 2019 年的 42.32%；相反，同期的国有企业其进出口总额占全区的比重都下降了近 10 个百分点，外商投资企业的情况也出现了不同程度的下降。与全区情况基本一致，各类市场主体在参与广西与东盟外贸收益创造和分享中也因贡献越多而获益越多。据南宁海关统计，早在 2013 年上半年，广西民营企业对东盟进出口就达 43.5 亿美元，增长 20.9%，占比 71%[①]，当前，随着西部陆海新通道、粤港澳大湾区等国家重大战略的实施和中国（广西）自由贸易试验区的设立，广西对接东盟的区位优势逐步呈现，广西各类民营经济市场主体和从业人员数量快速增长，民营企业对广西与东盟外贸发展的贡献也进一步扩大，相应地，私营企业、个体工商户和农民专业合作社等民营经济市场主体及其从业人员也在参与广西与东盟进出口活动中享受到了更多的回报。

表 3-10　2013~2019 年广西不同类型的所有制企业在全区进出口总额中的比例

单位:%

		国有企业	民营企业			外商投资企业		
			集体企业	私营企业	个体工商户	合作企业	合资企业	独资企业
2013 年	出口	12.76	0.58	67.03	0.02	0.14	9.28	10.20
	进口	32.87	0.49	25.58	0.00	0.09	21.29	19.68
2014 年	出口	12.72	0.51	68.79	0.01	0.10	8.92	8.94
	进口	33.34	0.08	28.17	0.00	0.03	22.46	15.92
2015 年	出口	10.63	0.46	72.57	0.02	0.07	8.58	7.16
	进口	24.20	0.03	26.63	0.00	0.04	14.77	10.65
2016 年	出口	10.80	0.40	65.22	0.02	0.08	9.97	8.57
	进口	21.17	0.01	21.03	0.00	0.03	13.80	7.96
2017 年	出口	6.78	0.28	70.08	0.01	0.05	11.79	8.49
	进口	24.79	0.01	17.19	0.00	0.01	20.29	8.53
2018 年	出口	3.75	0.16	72.80	0.01	0.03	7.88	14.47
	进口	21.89	0.01	21.95	0.00	0.01	14.15	15.00

---

① 佚名. 广西对东盟进出口增长迅猛　成第一大贸易伙伴［EB/OL］.（2013-07-22）［2020-08-23］. http://www.huaxia.com/tslj/rdqy/xb/2013/07/3440233.html.

续表

		国有企业	民营企业			外商投资企业		
			集体企业	私营企业	个体工商户	合作企业	合资企业	独资企业
2019 年	出口	2.70	0.14	81.17	0.01	0.03	3.85	11.18
	进口	21.78	0.00	42.32	0.00	0.01	6.50	11.46

资料来源: 根据历年《广西统计年鉴》相关数据计算得到。

3.2.4.2 全区各地利用互联网参与外贸国民收益创造并享受到相应福利

在改革开放之前,广西各地参与创造外贸国民收益更多时候是为了完成国家下达的计划任务,而且对于所创造的外汇收入和完成的税收无论多少都不可以自由支配,而是由国家统筹安排。改革开放后到 20 世纪 90 年代末广西接入互联网之前,这段时期广西各地陆续获得一定的外贸经营权审批权限,于是沿边地区利用区位优势组织本地企业率先发展与越南的进出口贸易,南宁、柳州、桂林等地则围绕自身产业发展需要,与东盟国家也开展了相关经贸往来。但对于一些远离口岸的地区,由于当地外贸基础薄弱,有很长一段时间都缺乏组织企业开展对东盟外贸活动的主动性和积极性。

进入 21 世纪后,在政府上网工程推动下,广西各地开始利用互联网推动本地对东盟外贸发展,但受限于全国互联网发展环境,在 2013 年之前,广西各地主要发展面向国内的电子商务,在推动面向东盟的地区"互联网+外贸"发展方面缺乏较好的经验。直到 2013 年,以跨境电商为代表的"互联网+外贸"在广东、浙江、上海等省份蓬勃发展,广西各地开始重视本地区跨境电商的发展,并推动"互联网+"在本地对东盟对外贸易活动中的应用,结果也为本地经济发展做出了积极贡献(见表 3-11)。其中,凭祥、东兴等边境城市探索"互市贸易+跨境电商"新模式,建设线上边民互市综合管理信息平台和线下跨境电商监管中心,推动边境产业转型升级。南宁不断完善自身政策优势,吸引各类跨境电商企业集聚,其中,美美购、海购 365、蚂蚁洋货、华南城"东盟购"等一批本地跨境电子商务平台发展壮大,一个面向东盟的跨境电子商务产业链正在形成,目前也逐渐成为广西各地消费者购买跨境进口产品的重要消费地。钦州充分挖掘平台优势,在钦州保税港区国际商品直销中心开设线下体验店 30 多家,业务拓展到江西、四川、湖南等省份。柳州拥有扎实的产业基础与众多的优质产品,该市建有柳州市跨境电子商务产业园,与阿里巴巴开展战略合作,帮助"柳商"和"柳州制造"通过电子商务平台走出国门,据统计,截至 2018 年 7 月,在阿里巴巴国际站开拓海外市场的柳州本土企业数量由原来的 40 家增至 100 多家，增幅达 150%①。桂林市联合敦煌网和广西四熙网络科技有限公司，于 2017 年成立了"桂林跨境电商交流服务中心"，为桂林跨境电商企业提供了一个集交流、学习、培训的平台②，经过多年发展，"电商桂林"初具形态。在梧州，珠江—西江经济带（梧州）跨境电商综合产业园依托跨境通关报关、国际物流等产业配套服务，助力本地企业转型发展，其中，园区培育的广西睿奕新能源公司，已在广西北部湾股权交易所挂牌，公司的电器产品畅销世界各地。如今，梧州工业园区及周边的传统制造业、外贸企业，可以迅速对接电商产业链条，突破传统外贸模式限制，及时、高效拓展海外市场，使"梧州制造"真正走出去③。百色充分发挥广西百色重点开发开放试验区对东盟特别是对越南合作的独特优势，正在按照《国务院关于同意设立广西百色重点开发开放试验区的批复》要求，着力提升跨境电商综合服务能力，畅通中国—中南半岛"数字丝绸之路"。综合来看，正是由于广西各地纷纷抢抓"互联网+"机遇，大力发展"互联网+外贸"，各地区在发展与东盟的进出口贸易中找到了新的突破口并取得了一定成绩，这个过程中各地也因外贸发展带动了本地区产业升级发展和人民生活水平的提高。

表 3-11　2013~2020 年广西各地区外贸依存度情况

年份	2013	2014	2015	2016	2017	2018	2019	2020
全区	7.82	8.99	12.22	11.41	10.65	10.5	10.99	10.72
南宁	9.65	9.36	11.10	11.24	14.74	18.38	16.59	20.86
柳州	8.78	6.29	6.25	5.47	6.25	5.68	7.00	7.18
桂林	3.41	3.16	3.07	2.84	3.42	3.62	3.35	3.39
梧州	10.89	7.20	5.47	3.45	4.50	4.93	6.64	5.85
北海	22.47	25.01	27.41	20.33	18.77	26.42	22.61	21.00
防城港	50.11	56.83	89.38	85.62	103.63	103.18	114.79	96.83
钦州	28.66	38.19	39.80	26.51	25.99	17.60	15.06	15.68

---

① 雷媛媛. 骄傲！"柳州制造"走出国门，预计今年跨境电商出口额达 3000 万元 [EB/OL].
(2018 - 08 - 17) [2021 - 05 - 13]. http://www.lznews.gov.cn/article/d86419bd - f1f9 - 4922 - 94c9 -
e18659450837/67383. aspx.

② 吴思思. 桂林成立"跨境电商交流服务中心"助推企业走出国门 [EB/OL]. (2017 - 12 - 20)
[2021-05-13]. http://news. guilinlife. com/n/2017-12/20/406525. shtml.

③ 康安，祝琳. 梧州跨境电商产业园力推"梧州制造"走出去 [EB/OL]. (2016-01-21) [2021-
05-13]. https://v. gxnews. com. cn/a/14310002.

续表

年份	2013	2014	2015	2016	2017	2018	2019	2020
贵港	1.82	2.33	2.40	1.96	2.21	2.36	3.09	2.62
玉林	2.13	2.22	2.01	1.72	1.98	2.16	2.39	1.78
百色	4.55	4.86	10.80	12.39	13.84	18.46	20.81	24.97
贺州	2.88	2.36	1.42	1.00	0.88	1.64	2.05	2.30
河池	5.57	4.88	4.09	2.76	2.66	3.49	3.45	4.85
来宾	1.42	1.19	0.78	1.00	1.16	1.21	1.40	1.57
崇左	107.58	138.41	190.18	160.63	147.51	145.14	248.98	227.83

资料来源：根据历年《广西统计年鉴》和前瞻数据库相关数据计算得到。

3.2.4.3　开展进出口活动的相关行业均从中获益

一般而言，每个国家和地区的行业都遵循比较优势的原则开展对外贸易并从中受益，然后在市场规律作用下动态调整自身比较优势，从而在一些国家或地区会出现产业结构的调整或转型升级。在对东盟贸易合作方面，广西相关行业开展对东盟的进口贸易多是为了促进国内产业发展和满足国民消费需求，对东盟国家出口贸易则都是基于国内和广西所具备的产业优势，资料显示，近几年广西批发和零售业几乎所有产业门类都开展了进出口贸易活动（见表3-12），而且都得到了一定的贸易收益，并带动了上下游相关产业的发展。区别在于有些行业还是一直依靠传统的资源和劳动力优势，从事与东盟国家的贸易活动，但由于未能将贸易和生产在广西本地很好融合，使广西可用于分配的外贸国民收益范围和数量不是特别理想，比如纺织服装行业。然后对于另外一些行业，则能较好地利用国际国内、线上线下分别对应的两种资源、两个市场，逐步融入了全球国际分工的格局，因此在开展对外贸易活动中形成了具有一定竞争优势的跨境产业链供应链价值链，带动了本地区产业结构升级。比如，通过电子信息产品和技术的进出口，南宁—桂林—梧州—北海—钦州电子信息产业带发展态势良好，广西电子信息产业优势愈加明显。据统计（见表3-13），2020年广西进口总金额排名前十的进口商品中包括能够促进广西电子信息产业发展所需的自动数据处理设备及其零部件（其中，存储部件占该类产品当年出口总额的93.89%，下同）、电子元件（集成电路占比66.17%）、电工器材（电线及电缆占比60.73%）、液晶显示板四类商品，而且这四类产品的进口额相比于2019年都有较大幅度大增长。与此同时，我们发现，在2020年广西出口额排名靠前的十类产品中，出口最多的产品是自动数据处理设备及其零部件（存储部件占比 75.42%、中央处理部件占比 12.09%），这类富含高新技术的机电产品出口总额相比 2019 年增长了 25.11%，占当年广西全区出口商品总额的 10.50%。然后，电子元件（集成电路占比 22.05%、印刷电路占比 7.56%）、电工器材（电气控制装置占比 36.02%、电线及电缆占比 32.12%）这两类产品出口额也比 2019 年分别增长了 29.77% 和 50.49%%。再比较上述几类产品的进出口差额，除了电子元件的进口远大于出口（其中，2019 年贸易逆差 125.33 亿元，2020 年的贸易逆差为 101.94 亿元），其他几类产品已经从 2019 年的贸易逆差转为贸易顺差。以上结果表明，通过开展进出口贸易，广西已经融入全球电子信息产业链供应链价值链，然后还将部分进口产品和技术加以消化和应用到区内更多产业中，从而以电子信息产业为核心的全区产业数字化正在加速。

表 3-12   2014 年和 2019 年广西限额以上批发和

零售业进出口情况   单位：亿元

行业		2014 年		2019 年	
		进口	出口	进口	出口
	农、林、牧、渔产品批发业	0.125	1.571	6.288	9.019
	食品、饮料及烟草制品批发业	1.287	5.091	22.056	78.654
	纺织、服装及家庭用品批发业	5.100	24.219	20.941	43.810
	其中：服装批发业	0.307	3.152	23.370	2.440
	文化、体育用品及器材批发业	0.000	1.680	0.000	2.025
	医药及医疗器材批发业	0.414	5.498	4.592	0.000
	矿产品、建材及化工产品批发业	64.007	35.391	91.791	54.007
批发行业	其中：煤炭及制品批发业	12.698	5.832	51.003	0.024
	石油及制品批发业	0.114	0.000	2.922	1.446
	金属及金属矿批发业	47.780	11.771	30.313	6.654
	建材批发业	0.487	5.988	5.898	20.456
	化肥批发业	0.057	2.220	0.000	0.168
	机械设备、五金产品及电子产品批发业	1.467	18.758	6.460	75.673
	其中：汽车及零迎件批发业	0.000	0.000	0.240	11.765
	计算机、软件及辅助设备批发业	0.039	0.000	0.299	0.731
	贸易经纪与代理	0.088	13.738	0.439	0.759
	其他批发业	0.277	1.705	0.109	1.286
	小计	72.766	107.650	152.680	265.230

续表

行业		2014 年		2019 年	
		进口	出口	进口	出口
零售行业	综合零售业	0.704	0.000	1.158	1.101
	其中：百货零售业	0.307	0.000	1.052	1.040
	超级市场零售业	0.001	0.000	0.019	0.002
	食品、饮料及烟草制品专门零售业	0.106	0.000	0.334	0.191
	纺织、服装及日用品专门零售业	0.035	0.000	0.005	0.094
	文化、体育用品及器材专门零售业	0.111	0.000	0.000	0.210
	医药及医疗器材专门零售业	0.280	0.000	0.160	0.001
	汽车、摩托车、零部件和燃料及其他动力零售业	27.718	0.000	27.360	0.010
	其中：汽车新车零售业	25.815	0.000	27.066	0.010
	家用电器及电子产品专门零售业	0.023	0.002	0.150	0.264
	其中：汽车新车零售业	0.023	0.002	0.000	0.000
	计算机、软件及辅助设备零售业	0.000	0.000	0.080	0.000
	五金、家具及室内装饰材料专门零售业	0.100	0.000	0.000	0.000
	货摊、无店铺及其他零售业	0.057	0.000	0.087	0.267
	小计	29.132	0.002	29.254	2.138
批发零售合计		101.900	107.650	181.930	267.370

资料来源：《广西统计年鉴》。

表 3-13　2020 年广西进出口金额排名前十的商品　单位：亿元,%

序号	进口产品				出口产品			
	商品名称	进口额	同比增长	占商品进口总额比重	商品名称	出口额	同比增长	占商品出口总额比重
1	金属矿及矿砂	509.74	15.02	23.67	自动数据处理设备及其零部件	284.46	25.11	10.50
2	自动数据处理设备及其零部件	279.24	23.93	12.97	服装及衣着附件	196.15	7.16	7.24
3	电子元件	258.87	9.01	12.02	纺织纱线、织物及其制品	174.39	3.88	6.44

续表

序号	进口产品				出口产品			
	商品名称	进口额	同比增长	占商品进口总额比重	商品名称	出口额	同比增长	占商品出口总额比重
4	粮食	187.19	18.69	8.69	电子元件	156.93	29.77	5.79
5	鲜、干水果及坚果	82.54	2.17	3.83	塑料制品	113.50	19.28	4.19
6	电工器材	62.75	10.66	2.91	电工器材	107.96	50.49	3.99
7	煤及褐煤	42.03	−22.73	1.95	灯具、照明装置及其零件	66.21	−36.10	2.44
8	液晶显示板	39.83	439.59	1.85	陶瓷产品	65.86	−34.38	2.43
9	未锻轧铜及铜材	26.32	27.47	1.22	鞋靴	55.25	33.09	2.04
10	纸浆、纸及其制品	13.17	−38.7	0.61	蔬菜	48.06	−12.19	1.77
	合计	1501.68	33.62	69.72	合计	1268.77	16.66	46.85

资料来源：南宁海关。

3.3 "互联网+"背景下广西对东盟外贸发展方式转型升级的成效

3.3.1 进出口规模扩大及增速变挡

3.3.1.1 进出口规模持续扩大

随着广西与东盟经济的不断发展，双边贸易需求持续增加。特别是受益于互联网在对外贸易活动中的应用，广西企业能够及时了解东盟国家市场需求，并且可以通过互联网平台与政府部门、国内外企业甚至个人进行沟通，从而在一定程度上使广西能够源源不断地获得东盟国家的外贸订单。从表3-14给出的数据来看，自2000年广西开始较大范围应用互联网之后，广西对东盟进出口贸易规模已经从 2000 年的 36.38 亿元持续增加到 2020 年的 2375.70 亿元,对东盟国家进出口总额占广西外贸进出口的比重也从 2000 年的 21.57% 变成 2020 年的 48.87%。尤其我们关注到,从 2013 年国内提出"互联网+"方案之后,广西对东盟"互联网+外贸"也在不断升级,这使进入经济发展新常态后的广西企业在开展东盟外贸活动时,对东盟外贸信息流和资金流能够加速流转,互联网追踪外贸物流订单的及时性和准确性进一步提升,货物清关速度也在加速,从而保证了广西对东盟外贸进出口规模的持续扩张,东盟也由此持续多年成为广西最大的贸易伙伴。尤其是在新冠肺炎疫情最为严峻的 2020 年,跨境电商这种最为典型"互联网+外贸"模式在广西实现贸易额成倍增长,据统计,2020 年广西全区跨境电商进出口实现 32.8 亿元,同比增长 3.6 倍①。

表 3-14　2000~2020 年广西对东盟进出口情况　　　　单位:亿元,%

年份	对东盟进出口总额			比上年同期增长率			占广西进出口比重		
	进出口	出口	进口	进出口	出口	进口	进出口	出口	进口
2000	36.38	25.67	10.71	19.1	7.4	61.5	21.57	20.77	23.75
2005	100.27	68.04	32.23	22.2	30.5	7.7	23.62	28.87	17.07
2010	441.75	310.61	131.14	32.0	27.1	45.2	36.86	47.75	23.93
2013	973.35	769.63	203.72	32.10	34.80	22.80	48.47	67.31	23.55
2014	1221.77	1049.02	172.75	23.80	34.40	-16.40	49.04	70.18	17.34
2015	1807.69	1206.58	601.10	48.00	15.00	248.00	56.66	69.35	41.44
2016	1839.23	995.71	843.52	1.80	-17.40	40.40	58.08	65.55	51.20
2017	1893.85	1062.46	831.39	3.70	6.70	0.00	48.98	57.27	41.34
2018	2061.49	1259.80	801.69	6.30	13.90	-3.70	50.20	57.89	41.53
2019	2334.65	1402.98	931.68	13.30	11.40	16.30	49.73	54.02	44.42
2020	2375.70	1533.82	841.88	1.70	9.33	-9.77	48.87	56.64	39.10

资料来源:《广西统计年鉴》和南宁海关。

3.3.1.2　进口增速起落较大,出口增速相对稳定

从表 3-14 和图 3-4 可知,2000~2015 年广西对东盟外贸进出口保持着较高

---

① 廖欣. 广西力争今年实现电商交易额增长 12% 以上[EB/OL]. (2021-03-02)[2021-07-01]. https://www.163.com/dy/article/G43LAF4U0514R9NP.html.

的增速，其中 2000 年的增速为 19.10%，2005 年的增速为 22.20%，2010 年的增速为 32.00%，2015 年这一增速达到最高峰，为 48.00%。之后受到欧债危机影响，广西对东盟外贸进出口增速开始大幅下滑，然后于 2019 年出现较大增幅，但随着新冠肺炎疫情的蔓延，广西对东盟的外贸进出口勉强维持了正增长。从出口的表现来看，除了 2016 年出现负增长外，广西对东盟的出口增速一直保持较高增速，特别在 2020 年仍然实现了 9.33% 的增长速度，这表明广西对东盟外贸出口的韧性。但是对进口而言，广西对东盟的进口增速表现并不稳定，能够在 2015 年实现 248% 的增长速度，也于 2014 年、2018 年和 2020 年出现了负增长。

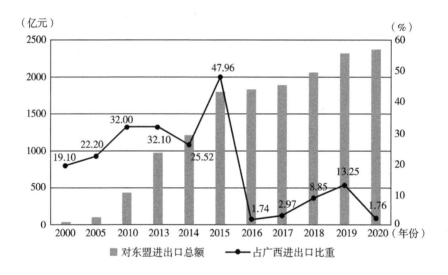

图 3-4　广西对东盟外贸进出口总额及所占比重

资料来源：《广西统计年鉴》和南宁海关。

3.3.2　对外贸易结构持续调整

3.3.2.1　贸易方式愈加丰富

随着地区外贸管理体制改革的不断深入和外贸数字化步伐加快，广西各类外贸主体一方面在发挥地缘优势，利用互联网技术推动广西对越南边境小额贸易、边民互市贸易、一般贸易等传统贸易方式做细做优；另一方面还依托国家综合保税区、出口加工区、保税物流中心以及广西自由贸易试验区等海关特殊监管区域，大力发展对东盟的进出口贸易。同时，为了能够充分利用国际国内两个市场、两种资源，基于跨境电商平台的"互联网+外贸"、进料加工贸易、来料加工装配贸易、对外承包工程货物出口以及外商投资企业作为投资的设备和货物进口等多种贸易方式也在广西与东盟贸易合作中有所应用。特别地，在中国—东盟博览会、中国—东盟商务与投资峰会以及国内外各类大型展会上，广西众多企业也在探索通过线上线下展销、电商直播等方式开拓东盟市场。据统计，经过多年的发展，广西对东盟边境小额贸易进出口金额占全区对东盟进出口总额的比重已经从 2014 年的 74.06% 下降到 2019 年的 46.72%，一般贸易进出口金额占全区对东盟进出口总额的比重几经调整后从 2014 年的 14.85% 增加到 2019 年的 17.91%。与此同时，广西对东盟进出口贸易中海关特殊监管区域物流货物占全区对东盟进出口货物的比重则从 2014 年的 2.87% 大幅增加到 2019 年的 15.70%，其他贸易方式也合计上升了 11.51 个百分点（见表 3-15）。

表 3-15　2014～2019 年广西对东盟外贸
进出口贸易方式比重　　　　　　　　　单位：亿元，%

年份	2014	2015	2016	2017	2018	2019
总金额	1222	1807	1835	1894	2061	2335
边境小额贸易占比	74.06	58.60	42.87	44.16	52.20	46.72
一般贸易占比	14.85	9.78	8.29	13.24	13.67	17.91
其他贸易占比	5.42	—	36.34	33.45	26.27	16.93
海关特殊监管区域物流货物占比	2.87	5.87	7.86	3.55	—	15.70

资料来源：根据《广西统计年鉴》相关数据计算得到，其中"—"表示数据缺失。

从表 3-16 可知，广西对东盟的出口贸易方式相对单一且变化不大，然后对东盟的进口贸易方式出现较大变化且朝着多元化方向发展。具体来看，在出口贸易方面，边境小额贸易方式一直是广西对东盟出口贸易的绝对首选，截止到 2019 年，这种出口贸易方式在广西对东盟出口贸易活动中的比重为 75.59%，相比 2014 年降低了 6.46 个百分点；一般贸易方式的比重有所提高，从 2014 年的 8.19% 增加到 2019 年的 17.56%。在进口贸易方面，通过一般贸易和小额边境贸易从东盟进口的比重均有大幅度下降，其中一般贸易占比下降了 36.89 个百分点，边境小额贸易占比下降了 22.31 个百分点；与此同时，依托海关特殊监管区的贸易方式已经顶替一般贸易，成为首要选择，这种进口贸易方式在全区对东盟进口货物中的比重已经从 2014 年的 9.67% 提升到 2019 年的 35.42%；其他贸易方式几乎从无到有，然后多路发力，促进了广西对东盟进口贸易发展，截止到 2019 年，这些贸易方式在全区对东盟进口贸易中的比重合计达 40.07%。

表 3-16　2014 年和 2019 年广西对东盟外贸
进出口贸易方式比重变化　　　　　　单位：亿元,%

	进出口			出口			进口		
	2014 年	2019 年	+/-	2014 年	2019 年	+/-	2014 年	2019 年	+/-
总金额	1222	2335	1113	1049	1403	354	173	932	759
边境小额贸易占比	74.06	46.72	-27.34	82.05	75.59	-6.46	25.56	3.25	-22.31
一般贸易占比	14.85	17.91	3.05	8.19	17.56	9.37	55.31	18.42	-36.89
其他贸易占比	5.42	16.93	11.51	6.20	1.57	-4.63	0.71	40.07	39.36
海关特殊监管区域物流货物占比	2.87	15.70	12.84	1.75	2.61	0.86	9.67	35.42	25.75

资料来源：根据《广西统计年鉴》相关数据计算得到。

3.3.2.2　出口国别结构总体稳定，进口国别结构明显调整

在"互联网+"时代，虽然广西与东盟国家之间网络互联互通水平日益提高，但是决定广西对东盟各国贸易需求的最主要决定因素还是广西与对应贸易伙伴各自的产业基础和经济发展水平。东盟十国中除了新加坡、文莱属于高收入国家之外，其余国家的经济发展水平都比较落后，尤其是缅甸、老挝、柬埔寨三国尚处于低收入国家行列。就广西而言，广西在全中国的经济发展水平排名处于相对靠后的位置，高质量产业不多，居民消费水平总体不高。综合来看，依靠国内经济腹地，利用广西与越南陆海相连的地理优势，大力发展对越南双边贸易是广西与东盟贸易合作的最佳选择。再通过与东盟其余国家之间的贸易往来不断满足广西产业发展和人民生活消费的需要。如此一来，就出现了表 3-17 给出的东盟各国对广西外贸进出口的份额情况。从表 3-17 可知，2014~2020 年广西外贸进出口总额中东盟十国所占比重总体保持稳定，多年维持在近 50% 的水平。具体到各国，广西对越南的贸易份额在东盟十国中始终排名第一，截止到 2020 年，广西对越南的进出口总额占全区的比重为 36.25%，占广西与东盟国家外贸进出口总额的 74.18%；广西对泰国的进出口总额占全区比重有较大提升，已经从 2014 年的 1.43% 增加到 2020 年的 7.83%，增加 6.4 个百分点；广西对印度尼西亚和

新加坡的进出口总额占全区比重为 1.17% 和 0.89%，分别下降了 1.37 个百分点和 1.23 个百分点；其他国家的贸易份额近几年则都没有较大变化。

表 3-17 2014~2020 年广西进出口贸易中东盟各国所占比重　　　　单位:%

国家	进出口			出口			进口		
	2014 年	2019 年	2020 年	2014 年	2019 年	2020 年	2014 年	2019 年	2020 年
文莱	0.01 (0.01)	0.01 (0.01)	0.004 (0.01)	0.004 (0.01)	0.01 (0.01)	0.00 (0.00)	0.01 (0.06)	0.01 (0.02)	0.00 (0.00)
缅甸	0.09 (0.18)	0.13 (0.26)	0.14 (0.28)	0.15 (0.21)	0.21 (0.38)	0.13 (0.18)	0.01 (0.03)	0.03 (0.07)	0.03 (0.07)
柬埔寨	0.11 (0.22)	0.11 (0.21)	0.13 (0.27)	0.06 (0.08)	0.18 (0.33)	0.08 (0.11)	0.19 (1.08)	0.02 (0.04)	0.02 (0.05)
印度尼西亚	2.54 (5.18)	1.62 (3.25)	1.17 (2.39)	2.24 (3.18)	1.39 (2.57)	0.52 (0.76)	3.00 (17.28)	1.90 (4.27)	1.70 (4.34)
老挝	0.16 (0.32)	0.03 (0.07)	0.12 (0.25)	0.03 (0.04)	0.05 (0.10)	0.05 (0.07)	0.36 (2.05)	0.01 (0.02)	0.19 (0.50)
马来西亚	1.28 (2.61)	1.79 (3.59)	1.74 (3.56)	0.86 (1.22)	2.12 (3.93)	0.50 (0.71)	1.91 (11.04)	1.37 (3.09)	1.10 (2.81)
菲律宾	1.02 (2.07)	0.59 (1.18)	0.59 (1.21)	0.44 (0.63)	0.42 (0.78)	0.77 (1.10)	1.88 (10.83)	0.79 (1.78)	0.74 (1.90)
新加坡	2.12 (4.33)	1.32 (2.65)	0.89 (1.82)	2.89 (4.12)	2.04 (3.78)	2.52 (3.63)	0.97 (5.58)	0.42 (0.95)	0.39 (0.99)
泰国	1.43 (2.91)	6.79 (13.65)	7.83 (16.01)	0.63 (0.90)	1.22 (2.26)	0.90 (1.30)	2.62 (15.12)	13.68 (30.80)	15.50 (39.64)
越南	40.30 (82.16)	37.36 (75.12)	36.25 (74.18)	62.89 (89.61)	46.38 (85.86)	63.89 (92.13)	6.40 (36.93)	26.19 (58.96)	19.44 (49.71)
合计占全区比重	49.04	49.73	48.87	70.18	54.02	69.35	17.34	44.42	39.10

注：括号中的数值为广西对东盟各国的贸易额占广西与东盟十国贸易总额的比重。

资料来源：南宁海关。

在出口方面，东盟国家中越南对广西的重要性更为明显，表现为：2014 年广西对越南出口占全区的比重为 62.89%，这一比重到 2019 年下降到了 46.38%，下降 16.51 个百分点，而且这一降幅甚至是其余 9 个东盟国家在广西外贸进出口总额中比重之和（合计为 7.64%）的两倍还多，可见相对于东盟以外市场，广西外贸结构调整的幅度相当大。但是，随着新冠肺炎疫情的暴发，全球贸易受阻，2020 年，广西外贸出口保持正增长的同时，广西对越南出口占全区比重又大幅回调到 63.89%，占广西出口东盟国家总额的比例更是高达 92.13%，足见越南市场对广西出口的重要性。由于越南在广西出口贸易中占据绝对地位，其他国家之间的结构调整相比而言就没那么明显。

相对于出口而言，广西对东盟十国的进口贸易结构调整就比较明显。总的来看，广西对东盟进口占全区的比重从 2014 年的 17.34% 增加到 2020 年的 39.10%，增加了 21.76 个百分点。分国别来看，相比 2014 年，2020 年广西对越南和泰国的进口占全区的份额都实现了正增长，分别增加 13.04 个百分点和 12.88 个百分点，其余国家则都出现比重的下调。对应地，广西对东盟各国的进口贸易额占广西与东盟十国进口贸易总额的比重也出现了变化，其中越南在东盟国家中的份额从 2014 年的 36.93% 提升到 2019 年的 49.71%，泰国从 2014 年的 15.12% 提升到 2019 年的 30.80%；份额下降较多的国家中，印度尼西亚从 2014 年的 17.28% 缩减为 2019 年的 4.27%，马来西亚从 2014 年的 11.04% 缩减为 2019 年的 3.09%，菲律宾从 2014 年的 10.83% 缩减为 2019 年的 1.78%，新加坡从 2014 年的 5.58% 缩减为 2019 年的 0.95%。

3.3.2.3 进出口商品结构持续优化

一般认为，一个国家和地区会出口本国具有禀赋优势的产品，进口本国禀赋劣势的产品，然后随着科技进步以及本国经济发展水平的提升，贸易双边将会出现要素禀赋结构的变化进而出现本国进出口商品结构的动态调整，而且这种商品结构的变化往往顺着劳动密集型为主到资本密集型为主再到技术密集型为主的产品结构变动。就广西而言，与大多数东盟国家相比，近些年，广西积累了相当数量的资本和技术要素，尤其在汽车、工程机械以及电子信息制造等领域，所以 2014~2020 年广西外贸出口产品结构总体上以机电产品为主，然后高新技术产品的比重在持续提高，劳动密集型产品和农产品的比例呈现下降趋势，至于文化产品的比重虽然目前份额较低，但在 2020 年也达 4.05%（见图 3-5）。在这种趋势影响下，广西对东盟出口的商品结构中机电产品和高新技术产品的比重在持续提高，其中制糖、食品、电力、建材等行业装备类大型成套设备随着广西企业"走出去"与东盟企业开展国际产业链分工合作进入了东盟市场；同时，塑料制品、灯具和照明装置等产品销量排名大幅提升，服装及衣着附件、纺织纱线及其织物与制品、陶瓷产品、鞋帽、玩具等传统行业劳动密集型产品的档次和附加值则在不断提升。

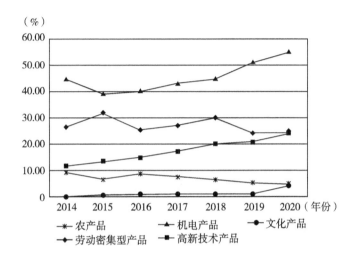

图 3-5　2014~2020 年广西主要出口产品占全区比重变化趋势

资料来源：根据南宁海关网发布的统计数据计算得到。

在进口商品结构调整上，广西同样遵循上述商品结构变化规律。从表 3-18 可知，2014 年广西进口产品以农产品所占份额最高，为 27.082%，其次是机电产品为 19.993%，到 2015 年，农产品在广西进口商品中的比重已经下降到 17.925%，机电产品在广西进口商品中的比重则提高到 22.725%，经过几年的发展，农产品在广西进口商品的比重一直保持在 15% 左右，而机电产品所占比重已经在 2020 年达 38.035%，同时广西高新技术产品进口的比例也从 2014 年的 10.950% 增加到 2020 年的 28.155%。广西从东盟进口的商品，在结构方面不同于广西外贸进口商品的总体情况，目前主要以资源能源产品和农产品为主，主要原因在越南、泰国、印度尼西亚、马来西亚、菲律宾、老挝、缅甸、柬埔寨等国家自然资源和劳动力相对于广西更为富足，所以从战略层面以及经济性方面，广西主要从这些国家进口金属矿及矿砂、煤及褐煤、木材等资源能源产品，以及鲜干水果及坚果、食糖、水海产品等农产品，特别是随着国内电子商务和冷链物流的迅速发展，来自东南亚的水果、红木家具及其他特色产品经由广西进口，再通过电商渠道畅销全国。此外，随着广西生产消费需求升级，新加坡在港航、金融、信息、高科技、旅游和会展等产业具有优势，马来西亚、泰国等国家的电子信息制造、旅游等方面也有一定优势，所以也有一定比例的先进技术、重要装备和关键零部件以及相关知识技术密集型服务从上述国家进口，然后"新马泰"以及越南也一直是广西人境外旅游消费的热点。

表 3-18　2014~2020 年广西主要进口产品占全区比重　　　　　单位:%

年份	农产品	劳动密集型产品	机电产品	高新技术产品	文化产品
2014	27.082	0.043	19.993	10.950	——
2015	17.925	0.208	22.725	17.134	0.003
2016	15.364	0.040	19.643	14.418	0.005
2017	19.386	0.033	17.584	11.166	0.004
2018	18.571	0.032	19.679	14.895	0.004
2019	14.631	0.044	33.042	23.358	0.007
2020	16.977	0.363	38.035	28.155	0.031

资料来源：根据南宁海关网发布的统计数据计算得到。

3.3.2.4　区内布局稳步调整

在广西对东盟外贸发展的区内布局中，崇左、防城港、百色 3 个市与越南接壤，拥有 12 个边境口岸和 26 个对越边民互市贸易点，具备开展对越边境小额贸易和边民互市贸易的优越区位条件。随着国家"一带一路"和"两廊一圈"建设的不断推进，以及广西区内交通物流基础设施的不断完善，加大沿边地区电子口岸、跨境经贸合作区、跨境电子商务综合试验区、外贸出口转型升级基地等各级各类平台建设，强化崇左、防城港和百色的区位优势，大力发展对越南的边境小额贸易和边民互市贸易是广西与越南经贸合作优先安排。事实上，通过崇左、防城港和百色 3 个市开展的对越南边境贸易就占同期广西对越南进出口总值的八成以上，于是崇左、防城港和百色在广西外贸发展格局中具有重要地位，甚至这些边境地区还分别影响到它们所在的北部湾经济区（"4+2"个市）、桂西资源富集区（3 个市）、珠江—西江经济带（7 个市）等国家战略区域的外贸发展。从表 3-19 可知，近些年崇左外贸进出口总额占全区的比重一直居于首位，而且呈现上升趋势，截止到 2020 年，该市外贸进出口总额占全区的比重为 37.91%；防城港外贸进出口总额占全区的比重先升后降，在 2017 年达到峰值的 19.88%后回落到 2020 年的 14.60%；百色市外贸进出口总额占全区的比重从 2014 年的 1.80%持续上升到 2020 年的 6.85%。然后，北部湾经济区（"4+2"个市）、桂西资源富集区（3 个市）、珠江—西江经济带（7 个市）也因为包含崇左、防城港和百色三个城市中的一个或者两个出现外贸进出口总额占全区的比重有所调整。同时，我们还注意到，南宁作为广西壮族自治区首府，是中国—东盟博览会和中国与东盟商务与投资峰会的永久举办地，"南宁渠道"已经成为广西外贸拓展东盟市场的强大动力，随着强首府战略的实施，南宁对东盟的外贸竞争优势越发突出，南宁在广西与东盟贸易发展格局中的地位也将愈加凸显。至于广西区内其他地区对东盟的进出口贸易情况，各地都将发展与东盟经贸合作作为重要战略，推动本地区外贸发展方式转型升级。其中，目前柳州市的工程机械、新能源汽车、旅游装备等工业产品在东盟市场备受欢迎，北海正在大力开展新材料、石化、大宗农产品、林浆纸、高端玻璃及光伏材料等加工贸易业务，钦州市的原油、石化、林浆纸、大宗农产品等加工贸易业务也在大力推进。桂林、梧州两市则联合南宁、北海、钦州等地发展面向东盟的电子信息产业。结果呈现出如图 3-6 所示的广西各地级市进口贸易和出口贸易发展差异变化趋势，具体表现为地区之间出口贸易的差异大于进口贸易，然后区域间的出口贸易差异在小幅调整中呈现缩小态势，同时区域进口贸易差异在加速扩大后缓缓回调。

表 3-19 2014~2020 年广西各地区进出口总额占全区比重 单位:%

年份	2014	2015	2016	2017	2018	2019	2020
全区合计	100.00	100.00	100.00	100.00	100.00	100.00	100.00
北部湾经济区（4 个市）	47.15	46.99	47.06	50.36	48.90	43.69	44.87
北部湾经济区（"4+2"个市）	84.59	87.14	86.72	85.86	85.70	84.88	83.42
桂西资源富集区（3 个市）	39.22	43.24	43.75	40.01	41.91	46.55	45.69
珠江—西江经济带（7 个市）	59.60	60.81	62.63	62.03	65.61	68.93	72.00
南宁	11.87	11.45	13.13	15.70	18.03	15.93	20.28
柳州	5.59	4.34	4.27	4.45	4.22	4.67	4.69
桂林	2.33	1.80	1.86	1.81	1.77	1.50	1.48
梧州	3.08	1.78	1.28	1.56	1.24	1.40	1.30

续表

年份	2014	2015	2016	2017	2018	2019	2020
北海	8.63	7.39	6.46	5.97	7.81	6.26	5.52
防城港	13.49	16.78	18.26	19.88	17.52	17.15	14.60
钦州	13.16	11.37	9.21	8.81	5.54	4.35	4.48
贵港	0.75	0.63	0.59	0.62	0.67	0.83	0.73
玉林	1.20	0.88	0.84	0.87	0.85	0.86	0.64
百色	1.80	3.20	4.36	4.87	5.29	5.58	6.85
贺州	0.43	0.20	0.16	0.13	0.24	0.31	0.36
河池	1.18	0.76	0.57	0.51	0.67	0.65	0.93
来宾	0.26	0.13	0.19	0.20	0.20	0.19	0.23
崇左	36.24	39.27	38.82	34.63	35.95	40.33	37.91

注：北部湾经济区4个市分别是南宁、钦州、北海、防城港；北部湾经济区"4+2"个市包括南宁、钦州、北海、防城港和玉林、崇左；桂西资源富集区3个市指的是河池、百色、崇左；珠江—西江经济带7个市包括南宁、柳州、梧州、贵港、来宾、百色、崇左。

资料来源：根据《广西统计年鉴》和南宁海关网发布的统计数据计算得到。

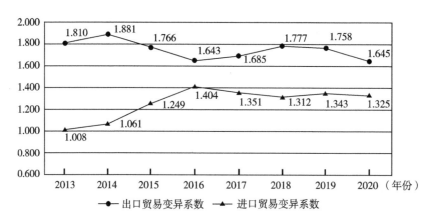

图3-6 2013～2020年广西各地级市进口贸易和出口贸易发展差异变化趋势

注：变异系数的计算公式为：变异系数 =（标准偏差/平均值）。

资料来源：根据《广西统计年鉴》和南宁海关网发布的统计数据计算得到。

3.3.3 外贸发展质量不断提升

3.3.3.1 高质量产品不断增多

经过多年的改革创新，广西外贸行业在国内外先进的信息技术加持下，全区出口东盟市场的产品质量、档次以及附加值都在不断提高，而且随着互联网在全区数字政府和产业数字化的深度应用，全区外贸进出口质量安全风险预警和快速反应监管体系得以加快建设和优化，使广西对东盟外贸进出口通关时间一再缩短，并且企业服务质量还在持续提升。从图 3-7 可知，自国内"互联网+"行动计划推行以来，近五年广西高新技术产品出口额快速增加，到 2020 年，广西高新技术产品已经占到全区外贸出口产品的 24.29%。具体到商品层面，从表 3-20 可知，相比于 2014 年广西外贸出口额排名前十的产品，2019 年，自动数据处理设备及其部件的出口贸易额已经跃居第一位，出口额相比 2014 年增加了 166.86亿元，集成电路也成为新的出口明星产品，出口额 46.04 亿元，其他排名前十的出口产品中还出现了灯具、照明装置及零件和玩具、塑料制品等富含资本和技术含量的产品。另外，从排名前十的出口产品占全区比重来看，出口份额排名第一的自动数据处理设备及其部件，其占广西出口总额的比重仅为 8.32%，相比2014 年出口份额排名第一的服装及衣着附件的比重要少 5.32 个百分点，同时比同期排名第十的产品比重仅多出 6.55 个百分点，这说明广西外贸出口产品的种类相比之前更加丰富，结构更加均衡，如此也使广西在与东盟贸易合作中有更多可供选择的富有竞争力产品，同时也增强广西应对东盟市场风险变化的能力。

图 3-7 2014~2020 年广西高新技术产品出口额及其占广西外贸出口比重

资料来源：南宁海关网。

表3-20 2014年和2019年广西外贸出
口额排名前十的产品及其占比   单位：亿元，%

序号	2014年			2019年		
	产品类别	出口额	占广西出口总额的比重	产品类别	出口额	占广西出口总额的比重
1	服装及衣着附件	204.63	13.69	自动数据处理设备及其部件	216.10	8.32
2	纺织纱线、织物及制品	128.46	8.59	服装及衣着附件	185.48	7.14
3	成品油	79.31	5.31	纺织纱线、织物及制品	168.14	6.47
4	自动数据处理设备及其部件	49.24	3.29	灯具、照明装置及零件	103.61	3.99
5	二极管及类似半导体器件	41.28	2.76	陶瓷产品	100.37	3.86
6	陶瓷产品	36.94	2.47	玩具	63.11	2.43
7	水海产品及其制品	35.84	2.40	塑料制品	61.52	2.37
8	鞋类	31.31	2.09	鞋类	59.62	2.30
9	蔬菜	29.53	1.98	蔬菜	54.73	2.11
10	电容器	26.09	1.75	集成电路	46.04	1.77
	合计	662.62	44.33	合计	1058.73	40.77

资料来源：《广西统计年鉴》。

3.3.3.2 疫情之下对经济增长的贡献突出

广西外贸的高质量发展还表现在对地区经济发展的贡献上。近些年，广西经济发展进入新常态，地区经济增长速度从2013年的10%一路下调到2019年的6.0%，2020年受新冠肺炎疫情冲击，广西经济增长速度更是滑落到3.7%的历史低位。但由于广西与东盟一直保持良好的经贸合作关系，同时广西积极融入互联网时代，持续推动广西对东盟外贸发展方式转型升级，我们看到广西对东盟的外贸发展为广西经济的平稳发展提供了高质量的支撑。从表3-21可知，自2014年广西经济进入新常态以来，广西经济增长较为依赖广西与东盟的贸易合作，从广西对东盟的外贸依存度来看，广西对东盟的出口依存度大于进口依存度，自2015

年以来,广西对东盟的外贸依存度总体开始下降,但是下降幅度不大,即便在 2020 年也达 10.72;从外贸对经济增长的贡献度来看,广西经济增长中的来自广西对东盟的外贸贡献不是特别稳定,但是在 2020 年广西经济最为困难的时候,广西与东盟国家贸易合作有力促进了广西的经济增长,特别是从东盟国家的进口对广西经济增长贡献了 23.99% 的作用;从外贸对经济增长的拉动率来看,在广西经济增速整体下滑的背景下,近三年广西与东盟的外贸合作对广西经济增长拉动率总体相对稳定,其中在 2019~2020 年都保持了 0.53 个百分点。

表 3-21　2014~2020 年广西与东盟进出口贸易对广西经济增长的作用　单位:%

年份	外贸依存度			外贸对经济增长的贡献度			外贸对经济增长的拉动率		
	进出口	出口	进口	进出口	出口	进口	进出口	出口	进口
2014	8.99	7.72	1.27	24.52	-2.72	27.24	2.04	-0.23	2.26
2015	12.22	8.15	4.06	13.02	35.40	-22.38	1.03	2.80	-1.77
2016	11.41	6.18	5.23	-15.99	18.38	-34.37	-1.12	1.29	-2.41
2017	10.65	5.97	4.67	3.99	-0.72	4.71	0.28	-0.05	0.33
2018	10.50	6.42	4.08	10.74	-1.62	12.36	0.73	-0.11	0.84
2019	10.99	6.61	4.39	8.90	8.08	0.82	0.53	0.48	0.05
2020	10.72	6.92	3.80	14.23	-9.77	23.99	0.53	-0.36	0.89

资料来源:根据《广西统计年鉴》和南宁海关网发布的统计数据计算得到。

3.3.3.3　绿色外贸愈加显著

随着绿色发展理念因互联网广泛传播,广西外贸企业愈加重视引入现代信息技术改进出口商品的生产工艺和进出口服务流程,使广西出口东盟的外贸商品在生产环节以及其他外贸进出口活动中对能源资源的利用更加节约,同时还减少了许多污染废弃物的排放。根据表 3-22 给出的 2013~2019 年广西对东盟单位出口价值能源消耗及单位出口价值污染废弃物排放量可以看出,广西对东盟单位出口价值能源消耗从 2015 年开始持续下降,截止到 2019 年已经下降到每出口万元货值仅需消耗 0.53 吨标准煤,这在全球能源日益短缺以及国家加快实现"碳达峰、碳中和"背景下,绿色低碳更符合广西对东盟外贸可持续发展要求;此外,近些年广西对东盟外贸出口产品的单位出口价值工业废水排放量、单位出口价值工业废气排放量以及单位出口价值工业固体废弃物排放量总体均呈现下降趋势,这进一步说明广西对东盟的外贸发展不仅低碳而且还更加绿色环保。

表 3-22   2013~2019 年广西对东盟每单位本地产品出口价值能耗与污染物排量

年份	资源节约	环境保护		
	单位出口价值能耗（吨标准煤/万元）	单位出口价值工业废水排放量（吨标准煤/万元）	单位出口价值工业废气排放量（万标立方米/万元）	单位出口价值工业固体废弃物排放量（吨/万元）
2013	0.63	15.85	5.14	1.36
2014	0.61	11.92	3.05	1.31
2015	0.66	9.87	2.62	1.10
2016	0.63	4.78	1.98	0.95
2017	0.59	6.17	2.43	1.12
2018	0.55	5.45	2.55	1.21
2019	0.53	—	—	—

注：每单位本地产品出口价值能耗量或污染物排放量 = （X/Y×E_i）/X=E_i/Y，其中，X 表示广西对东盟外贸出口价值总额，Y 表示广西全区生产总值，E_i 表示广西全区能源 i 或污染物 i 的全年使用量或排放量，因此，广西对东盟每单位本地产品出口价值能耗量等于当年广西每万元 GDP 出口价值能耗，广西对东盟每单位本地产品出口价值污染物排放量等于当年广西每万元 GDP 出口价值污染废弃物排放量。

资料来源：《广西统计年鉴》。

3.4   "互联网+"背景下广西对东盟外贸发展方式存在的不足

3.4.1   "互联网+"助推出口生产部门数字化转型的步调不一致

进入"互联网+"时代，广西为了加强与东盟的数字技术创新发展，推动广西与东盟数字经济领域务实合作，2015 年启动了中国—东盟信息港建设，历经五年的规划建设，广西数字基础设施有了大幅提升，部分指标甚至已经步入全国前列，截至 2020 年，广西 4G 基站累计 17.6 万个；5G 基站累计 3.1 万个；全区光纤里程长度累计 221 万千米，排名全国第九，增速排名全国第一；省际出口带宽 3644 万兆，排名全国第四，增速排名全国第五；大数据中心承载能力达 20 万标准机架。得益于此，广西数字政府、数字社会和数字经济快速发展，广西本地一些外贸出口生产部门也得以加速数字化转型，其中，广西柳工机械股份有限公司上线了柳工智能管家服务云平台，桂林国际电线电缆集团有限责任公司开办了智能工厂，桂林优利特医疗电子有限公司打造了数字化车间；在外向型农业方面，"互联网+"也有力推动了广西糖料蔗订单农业大数据平台、优质水稻产业化与互联网技术融合、基于北斗导航定位技术的甘蔗作业设备大数据收集及调度指挥系统综合应用、广西国家储备林大数据平台、"互联网+集群式楼房养猪场"智慧养殖关键技术的研发与示范应用、渔业信息化平台研发与示范应用等大数据与农业深度融合项目建设，使广西农业"走出去"，进入东盟市场的底气和信心更足。

但我们不能忽视的是，由于广西工业发展相对比较落后，所以经广西出口东盟国家的商品大部分还是来自区外数字化转型步伐较快的生产企业。其余由广西生产和加工的出口产品，由于广西数字化经济起步较晚，企业数字化转型的意识和能力在广西各地区以及不同行业和企业之间的差距还是比较明显，比如上述提到的少数企业在电子信息制造、工程机械、汽车等优势行业数字化转型就比较快，这些企业出口的机电产品在生产环节已经能够融合互联网和大数据技术，实现较高水平的信息化、智能化生产。其他如陶瓷、纺织服装、工艺品、水海产品等传统行业，由于企业所在地区数字基础设施差异，以及企业自身数字化转型所具备的其他内外部条件相对较大，这些行业和企业生产的产品仍主要依靠劳动力和资本的投入，且产品档次和附加值并不理想。

3.4.2 生产性服务连接起来的跨境产业链供应链未能有效助力开拓东盟市场

中国外贸企业应对危机的实践经验证明，依靠各种生产性服务连接的供应链体系能够有效降低外贸企业产品的出口成本，弥补国内低生产成本被削弱的不利因素[1]，从而能够有效助力国内企业开拓国际市场。2014 年 7 月，国务院印发了《关于加快发展生产性服务业促进产业结构调整升级的指导意见》，指出要以显著提升产业发展整体素质和产品附加值为重点，围绕全产业链的整合优化，充分发挥生产性服务业在研发设计、流程优化、市场营销、物流配送、节能降耗等方面的引领带动作用，促进产业结构调整升级，并具体提出要重点发展研发设计、第三方物流、融资租赁、信息技术服务、节能环保服务、检验检测认证、电子商

① 裴长洪，彭磊，郑文. 转变外贸发展方式的经验与理论分析——中国应对国际金融危机冲击的一种总结 [J]. 中国社会科学，2011 (01)：77-87+222.

务、商务咨询、服务外包、售后服务、人力资源服务和品牌建设等生产性服务业①。广西也非常重视生产性服务业的发展，2017年2月，专门印发《广西壮族自治区生产性服务业发展"十三五"规划》指导全区各市及相关产业的发展，广西生产性服务业经过多年发展，的确为广西外贸开拓东盟市场提供了极大支持，特别是现代物流业、会展服务业、电子商务、信息服务业的发展，很好地支撑了广西外贸借助西部陆海新通道、中国—东盟博览会、中国—东盟信息港、各类跨境电子商务平台开拓东盟市场。

我们也发现，由于广西新型工业化发展相对滞后、政策体制机制束缚、行业标准和准则不健全引起的无序竞争和信用缺失，以区外周边中心城市"虹吸效应"为突出特点的外部竞争等原因，广西生产性服务业依然存在产业总体规模偏小；科技含量高、市场增值性强的新兴服务业发展滞后；总部位于广西的大型高科技企业不多，特别缺少在东盟市场具有跨国经营实力的本地龙头企业；业态种类较少，聚集程度较低；中高端人才支撑严重不足；市场化、专业化、国际化、标准化程度低等问题。这些问题的存在导致了当前广西生产性服务连接起来的供应链未能延伸到东盟国家各种目标市场和细分市场，广西外贸企业开拓东盟市场时候也就缺乏强有力的跨境产业链供应链支撑，结果就出现我们观察到的跨境电商开拓东盟市场的步伐相对落后、企业走出去的数量不多且多有碰壁、广西企业在东盟市场的营销体系不全、对越南边境贸易持续多年占据广西外贸半壁江山等现象。

3.4.3 以国际知名品牌为核心的现代竞争方式尚未定型

随着东盟国家开放水平越来越高，来自全世界各地的企业纷纷进入东盟市场，凭借各自优势在东盟市场开展竞争。广西早就注意到企业在东盟市场的竞争已经日趋激烈，并开始利用互联网助推本地区对东盟外贸竞争方式转变，比如前文提到的，企业已经开始探索并开展了价格竞争与非价格竞争的组合创新使用，特别是依靠网络空间和政府权力，广西外贸企业在东盟市场获得了不少竞争新优势，比如通过互联网及时了解到政府相关部门制定的政策及其解读，相关企业也因政府的扶持获得了更低成本的各类优质资源，还可以借势政府对数字经济的重视以及外贸转型升级基地扶持，开始主动与境内外各种生产性服务连接融合，探

---

① 国务院关于加快发展生产性服务业促进产业结构调整升级的指导意见［EB/OL］．（2014-08-06）［2020-12.30］．http：//www.gov.cn/zhengce/content/2014-08/06/content_ 8955.htm.

索合作共赢的竞合方式代替以往纯粹为了竞争而竞争的发展方式。

我们也注意到,无论企业外贸竞争方式转向何处,都必须要塑造良好的国际品牌才能立于不败之地。从这个角度来看,目前广西尚无国际知名且具有广泛美誉度的全球大品牌,甚至在中国外贸企业 500 强榜单中也少有广西企业名单,在 2020 年中国外贸出口企业百强企业名单中,广西虽有南宁富桂精密工业有限公司(出口额 18.3 亿美元,排名 86)、广西合安元贸易有限公司(出口额 17.8 亿美元,排名 88)、广西益瑞商贸有限公司(出口额 17.0 亿美元,排名 94)入榜,但是与出口额排名第一的企业鸿富锦精密电子(郑州)有限公司(出口额 316.4 亿美元)相比,差距甚大。更为值得关注的是,在 2019 年国家知识产权局统计的全国各省份马德里商标国际注册申请量来看,相比 2018 年的申请量 16 件而言,有了大幅度增长,达 42 件,但与广东、江苏、浙江等外贸大省差距极大(见表 3-23)。虽然广西外贸在转变竞争方式上面做了诸多努力,但是与国内一些外贸大省凭借大企业、大品牌引领地区外贸竞争方式转变的模式相比,广西外贸由于缺少具有知名度和影响力的国际大品牌,企业在东盟市场市场的竞争方式转变就好像缺少了主心骨或者大平台,因此,尽管广西外贸企业努力尝试向更高水平方式转变,但在缺少具有国际影响力和号召力的大企业带领下,就难以凭借大企业构建起来的国际营销网络快速占领市场,一些非价格竞争要素也就难以发挥作用,以国际知名品牌为核心的现代竞争方式就难以定型。

表 3-23 2019 年度马德里商标国际注册申请量各省份情况 单位:件,%

省份	申请量	占比	省份	申请量	占比
广东	1413	21.78	陕西	36	0.55
江苏	891	13.73	河南	34	0.52
山东	836	12.89	内蒙古	32	0.49
浙江	712	10.97	台湾	27	0.42
湖南	606	9.34	贵州	27	0.42
上海	340	5.24	辽宁	23	0.35
北京	323	4.98	黑龙江	18	0.28
福建	306	4.72	山西	10	0.15
安徽	230	3.55	吉林	9	0.14
河北	221	3.41	云南	9	0.14
四川	93	1.43	新疆	6	0.09
重庆	67	1.03	海南	4	0.06

续表

省份	申请量	占比	省份	申请量	占比
湖北	65	1.00	西藏	3	0.05
江西	54	0.83	甘肃	3	0.05
天津	48	0.74	青海	0	0.00
广西	42	0.65	宁夏	0	0.00

资料来源：国家知识产权局商标局。

3.4.4 区域利用互联网参与外贸国民收益创造并享受相应福利的能力不协调

对于区域外贸发展方式而言，广大具有高水平经营能力的名牌企业是推动地区外贸发展方式转型升级的中坚力量。因为这些名牌企业往往都是某一行业的头部企业，而且多数与上下游企业建立了相对完备的产业链和供应链体系，当这些名牌企业开展进出口业务时，将向整条产业链供应链导入国际市场信息乃至创造国际需求，然后在经营国际业务中随着国际市场环境的变化变革自身，继而要求所在地区的产业链供应链做出调整，从而引领地区外贸发展方式转型升级。

当前广西各地区纷纷抢抓"互联网+"新机遇，积极推动本地区产业数字化和数字产业化的发展。在此背景下，广西各地区涉外企业也无不利用互联网从事与对外贸易有关的活动，特别在从事与东盟进出口贸易活动中，无论是生产制造企业还是商贸公司都在"互联网+"潮流中，得到不少际遇甚至赚取了利润。然而，当我们将外贸国民收益的内涵理解为除了包括国家外汇收入、税费增收以及产品附加值中所体现的商家利润之外，还应该有开展进出口活动所带来的就业岗位的增加、居民收入的增长、社会物资的补缺以及再投资（资本形成与积累）和经济增长等内容之后，就发现当前广西各地区利用互联网参与外贸国民收益创造并享受相应福利的能力并不协调，表现为：广西各地拥有高竞争力的出口名牌企业数量不等，其结果就是通过头部企业引领本地区对东盟外贸行业转型升级、为地区创造更多外贸国民收益的能力出现差异。从表3-24可知，在广西壮族自治区商务厅公布的近三年"广西重点培育和发展的外贸品牌"企业名单中，桂林拥有的出口名牌企业最多，共17家；南宁、柳州各有6家；百色只有1家；防城港、崇左、贵港一家出口名牌企业都没有。在这些比较知名的出口名牌企业中，每一家在企业研发创新能力、企业经营状况及营收、境外商标注册及国际认证资质、全球化经营、国际竞争力和社会评价等方面都是当地乃至广西的标杆。

但是，我们从图 3-8 给出的结果来看，并非拥有更多出口知名企业的地区其获取的外贸进出口收益就一定是最多的，相反没有一家出口名牌企业的防城港、崇左地区在广西外贸中所占份额要高于柳州、桂林等地，这意味着防城港、崇左等市在与东盟国家的贸易往来中更多依靠区外的产业和货源支撑，属于一种过路经济，在本地区外贸国民收益创造的方式上缺少引导深层次变化的力量。

表 3-24　2018~2020 年 "广西出口名牌" 企业及其属地

属地	企业名称	属地	企业名称
百色 （1家）	广西蓝星大华化工有限责任公司	来宾 （2家）	广西丹宝利酵母有限公司
北海 （7家）	北海市万景海产有限公司		广西一品鲜生物科技有限公司
	北海绩迅电子科技公司	柳州 （6家）	广西柳工机械股份有限公司
	广西北海利博盛安全用品有限公司		上汽通用五菱汽车股份有限公司
	北海东红制革有限公司		东风柳州汽车有限公司
	广西金海盈食品有限公司		柳州欧维姆机械股份有限公司
	北海强盛进出口贸易有限公司		中国重汽集团柳州运力专用汽车有限公司
	合浦果香园食品有限公司		广西柳州银海铝业股份有限公司
桂林 （17家）	桂林广陆数字测控有限公司	南宁 （6家）	广西农垦永新畜牧集团有限公司
	广西桂林华海家居用品有限公司		南南铝业股份有限公司
	桂林鸿程矿山设备制造有限责任公司		广西侨旺纸模制品有限公司
	桂林国际电线电缆集团有限公司		广西怡凯家居用品有限公司
	桂林漓佳金属有限公司		广西建工集团第一安装有限公司
	桂林莱茵生物科技股份有限公司		广西建工集团建筑机械制造有限责任公司
	桂林飞宇科技股份有限公司	钦州 （5家）	广西钦州力顺机械有限公司
	桂林橡胶机械有限公司		广西远大玻璃节能科技股份有限公司
	桂林光隆科技集团股份有限公司		广西天山电子股份有限公司
	桂林智神信息技术有限公司		广西金桂浆纸业有限公司
	桂林吉福思罗汉果有限公司		广西桂合集团有限公司
	桂林市晶瑞传感技术有限公司	梧州 （3家）	广西梧州双钱实业有限公司
	桂林优利特医疗电子有限公司		梧州神冠蛋白肠衣有限公司
	桂林南药股份有限公司		广西梧州日新塑料实业有限公司
	桂林市啄木鸟医疗器械有限公司	玉林 （3家）	玉林市富英制革有限公司
	桂林毛嘉工艺品有限公司		广西三环企业集团股份有限公司
	桂林裕祥家居用品有限公司		广西玉柴机器股份有限公司

续表

属地	企业名称	属地	企业名称
河池 （1家）	广西南丹南方金属有限公司		
贺州 （2家）	广西利升石业有限公司		
	中国有色集团（广西） 平桂飞碟股份有限公司 （广西平桂飞碟进出口有限公司）		

资料来源：广西壮族自治区商务厅网站。

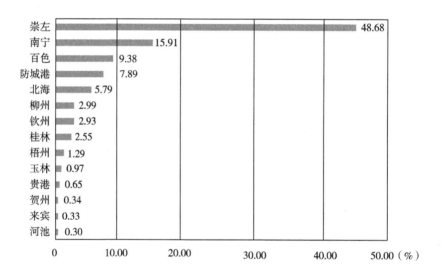

图3-8 近三年（2018~2020年）广西各市外贸出口额占全区出口总额的比重

资料来源：南宁海关。

第4章 "互联网+"背景下广西对东盟外贸发展方式转型升级影响因素分析

4.1 "互联网+"背景下广西对东盟外贸发展方式转型升级影响因素扫描

广西地处中国南疆,与越南接壤,和东盟其他国家距离也相近,属于典型的沿边地区。随着"互联网+"成为时代的潮流,要求广西各级政府和部门、经济组织和居民等动力主体主动思变并采取切实行动,才能更好地推动广西对东盟外贸发展方式转型升级。本书第2章基于系统适时主动求变的视角,构建了沿边地区"互联网+外贸"发展方式转型升级动力机制的 INGEST 分析框架——本书称之为"摄食者"模型,认为"互联网+"背景下沿边地区外贸发展方式转型升级的动力主体分别受到政府调控、经济开放、社会参与、技术创新以及互联网互动、自然回报等因素的影响,并因此而做出决策和行动,推动着"互联网+"背景下的沿边地区外贸发展方式转型升级。本章将利用该模型审视各要素在广西对东盟"互联网+外贸"发展方式转型升级中的具体表现。

4.1.1 互联网互动:中国(广西)与东盟国家之间的互联网互动水平

进入互联网时代,因为互联网本质上具有的开放、互动、共享的特征,所以参与推动广西对东盟外贸发展方式转型升级的动力主体就必然会在开放的网络环境中实施彼此互动共享的网络行为，也就意味着，互联网平台上的用户及其互动必然影响着广西对东盟外贸发展方式的转型升级。但是，互联网互动对广西与东盟外贸发展方式转型升级的作用还要关注中国（广西）和东盟国家网络用户的规模及其互动的便利程度，因为前文阐述互联网互动对沿边地区"互联网+外贸"转型升级的作用原理和传导过程指出，如果沿边地区外贸企业由于正确有效利用互联网快速获得足够数量的用户或供应商，那么就能够启动正反馈机制，进而利用网络效应实现企业的快速成长，由此带动沿边地区外贸发展方式转型升级。结合中国（广西）与东盟互联网发展情况，针对互联网互动这一动力因素，本书认为需要从表4-1给出的两个层面考察互联网互动对"互联网+"背景下广西对东盟外贸发展方式转型升级可能带来的影响。关于影响因素在现实中的表现具体分析如下：

表4-1　互联网互动影响广西对东盟外贸发展方式转型升级的指标体系

一级指标	二级指标	三级指标
互联网互动：中国（广西）与东盟国家之间的互联网互动水平	中国（广西）和东盟国家互联网用户规模	广西互联网普及程度
		东盟国家互联网用户规模
		利用互联网从事国际贸易相关活动的广西互联网用户数量
	中国（广西）和东盟国家互联网用户之间的互动便利	中国（广西）和东盟国家互联网用户联网沟通的自由度
		中国（广西）和东盟国家互联网用户联网沟通的便利程度

4.1.1.1　中国（广西）和东盟国家互联网用户规模

图4-1和表4-2分别给出了中国（广西）和东盟国家的互联网用户规模情况。从图4-1可知，广西互联网用户近五年有了较大幅度增加，截至2020年广西互联网用户数已经达6450万户，相比2016年增加了2387.5万户，其中固定宽带用户增加862.6万户，达1651万户，移动宽带用户增加1907.8万户，达4799万户。同时，据广西统计局发布的《2018年广西壮族自治区国民经济和社会发展统计公报》，2018年广西互联网宽带接入通达的行政村比重已达100%，由此可见，当前广西全区接入互联网的用户规模和普及率已经达到相当高的水平。对于东盟国家互联网用户规模，从表4-2给出的数据来看，虽然总体上只有76.78%的普及率，但由于东盟国家人口基数大，总的互联网用户也达51741.04

万户。具体到东盟各国来看，印度尼西亚互联网用户排名居首，互联网用户达 2.12 亿户，其后依次为菲律宾（9100 万户）、越南（7594 万户）、泰国（5850 万户）、马来西亚（2916.18 万户）、缅甸（2853 万户）、柬埔寨（1244.4 万户）、新加坡（517.39 万户）、老挝（384.5 万户）及文莱（46.16 万户）。由于网络经济发展最重要的一个因素就是用户流量，所以可以推测随着广西与东盟国家互联网用户数量继续增加以及互联网普及率的进一步提升，那么广西涉外企业将因为流量红利变化而调整自身外贸发展方式，从而也将引发全区对东盟外贸发展方式的转型升级。

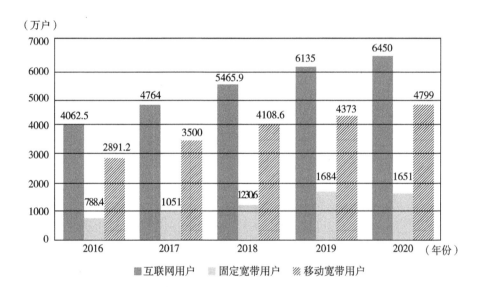

图 4-1　2016~2020 年广西互联网用户规模

资料来源：2016~2020 年历年《广西国民经济和社会发展统计公报》。

表 4-2　截至 2021 年 6 月东盟国家的
互联网用户规模及普及率　　　　　　单位：万户,%

国家	用户规模	互联网普及率
文莱	46.16	—
马来西亚	2916.18	89.0
新加坡	517.39	87.7
泰国	5850.00	83.6

续表

国家	用户规模	互联网普及率
菲律宾	9100.00	81.9
越南	7594.00	77.4
印度尼西亚	21235.41	76.8
柬埔寨	1244.40	73.4
老挝	384.50	52.1
缅甸	2853.00	52.1
合计	51741.04	76.78

资料来源：Internet World Stats，https：//www.internetworldstats.com/stats.htm。

4.1.1.2 中国（广西）和东盟国家互联网用户之间的互动便利程度

如果说网络用户规模是广西对东盟外贸发展方式转型升级的流量红利基础的话，那么自由便利的互动条件将是促进广西对东盟外贸发展方式加速转型升级的催化剂。在加快中国（广西）与东盟国家网络互动自由化与便利化建设的实践中，中国在2014年9月第一届中国—东盟网络空间论坛上，提出"打造中国—东盟信息港，携手共建网络空间共同体"的倡议，会上得到了缅甸、印度尼西亚、马来西亚等东盟十国的高度认可和积极响应。随后，2016年4月中国—东盟信息港全面启动建设，2019年2月，中国印发《中国—东盟信息港建设总体规划》，广西则以中国—东盟信息港建设为抓手，大力推进全区数字基础设施建设，畅通广西与东盟国家的信息交流与合作，助力打造联通东盟的"数字丝绸之路"。据中国—东盟信息港股份有限公司官网和《广西日报》消息，截至2020年底，中国—东盟信息港3条国际海缆、12条国际陆地光缆、13个国际通信节点、1个国家域名CN顶级节点、1个南宁区域性通信业务国际出入口局建成使用。中国—东盟信息港大数据中心、中国移动（广西）数据中心、中国电信（广西）东盟数据中心、中国—东盟信息港老挝云计算中心等国内外云计算中心建成运营（见表4-3），至此，由5个通信节点（通信节点汇聚）、15条国际通信光缆（通信网络联通）、7个大数据中心（大数据中心集群）组成的基础设施平台在广西具备一定规模，中国（广西）与东盟国家网络用户之间的网络互动有了高速信息通道。同时，到2020年底，广西区内累计完成建设5G基站数3.1万座，5G用户突破1000万，实现14个设区市主城区连续覆盖、县市区重点覆盖;4G 基站 17.6 万座,4G 网络基本全覆盖,移动互联网用户 4799 万户,移动互联网普及率达 95.7%;互联网省际出口带宽达 3634 万兆,全区物联网用户约 1600 万①。工业互联网标识解析二级节点上线运行,每日标识解析量超过 60 万次,累计标识注册量超过 1.57 亿个②。与老挝、缅甸合作开发的"爱东盟 App"老挝版、缅甸版运行,共同推动地区智慧城市建设。在具体的数字技术应用方面,随着腾讯、阿里巴巴、字节跳动等越来越多中国互联网公司进军东盟市场,现如今微信(WeChat)、支付宝、抖音国际版 TikTok、阿里巴巴国际站、综合性电商平台 Lazada 已经日渐成为一些东盟国家网络用户购物、交流、娱乐的日常应用,在泰国,如微信、支付宝甚至已经覆盖机场、百货、免税店、便利店等各大中国游客的消费场景,从而更加便利广西居民旅游购物和企业外出拓展东盟市场。可以预见,随着中国和东盟正式宣布建立全面战略伙伴关系,以及区域全面经济伙伴关系协定(RCEP)生效实施,中国(广西)和东盟国家互联网用户之间的互动便利程度将越来越高,如此一来,必然深刻影响着广西对东盟外贸发展方式转型升级的方向和进程。

表 4-3　中国—东盟信息港信息互联互通平台建设情况

目标	基础设施平台项目名称	截至 2020 年底完成状态
5 个重要 通信节点	● 中国联通南宁国际局	已建成
	● 北海国家顶级域名解析系统节点	已建成
	● 中国—东盟工业互联网标识解析节点	已建成
	● 南宁国家级互联网骨干直联节点	正在建设
	● 北部湾海缆登录站	规划建设
15 条国际 通信光缆	● 亚太直达国际通信海缆(APG)	已建成
	● 南亚—中东—西非—欧洲 5 号国际通信海缆(SMW5)	已建成
	● 亚非欧 1 号国际通信海缆(AAE1)	已建成
	● 中越东兴、中越凭祥、中缅瑞丽、中老勐腊	已建成
	● 中国移动中越、中缅、中老跨境光缆系统	已建成
	● 中国电信东盟国际互联大通道(中越、中缅、中老)	已建成

① 覃冠玉,谢燕,黎尧,等.2020 年广西数字经济发展评估报告[EB/OL].(2021-04-21)[2021-05-22].http://gxxxzx.gxzf.gov.cn/jczxfw/dsjfzyj/t8709236.shtml.

② 赵超,钟贞,陈珏卉.中国—东盟信息港建设乘风破浪　助力打造联通东盟的"数字丝绸之路"[N].广西日报,2021-05-28(007).

续表

目标	基础设施平台项目名称	截至2020年底完成状态
7个大数据中心	● 中国—东盟信息港大数据中心	已建成
	● 中国移动（广西）数据中心	已建成
	● 中国电信（广西）东盟云计算数据中心	已建成
	● 老挝分中心	已建成
	● 新加坡分中心	规划建设
	● 缅甸分中心	规划建设
	● 柬埔寨分中心	规划建设

资料来源：中国—东盟信息港股份有限公司官网、《广西日报》。

4.1.2 大自然回报：广西与东盟开展贸易往来所依附的自然环境

由于地区外贸发展方式转型升级本质上是人类生产实践和外贸活动对自然的分化和改造，那么，地区居民为了谋求生存和实现外贸发展，必然要对既有生态系统进行调整，使新的生态系统得以生成。又因为人类从大自然中获取的生存资料的多寡和质量，直接取决于自然环境的状况，取决于自然生态环境是否有利于人类的生存与发展，所以关注一个地区外贸部门活动所依附的自然环境变化及其对人类活动或直接、或间接的影响，或正向、或负向的回报，就能够理解或预判该地区转变现行外贸发展方式的决断和相应措施。对"互联网+"背景下广西对东盟外贸发展方式而言，目前广西开展面向东盟国家贸易活动所面临的东盟国家自然环境压力持续增加，同时广西区内可依附的自然环境需要加大保护力度，所以来自国际国内双向的自然环境变化促使广西不得不加快对东盟外贸发展方式转型升级。结合广西与东盟国家自然环境情况，针对大自然回报这一动力因素，本书认为需要从表4-4给出的两个层面考察大自然回报对"互联网+"背景下广西对东盟外贸发展方式转型升级可能带来的影响。

表4-4 大自然回报影响广西对东盟外贸发展方式转型升级的指标体系

一级指标	二级指标	三级指标
大自然回报：广西与东盟开展贸易往来所依附的自然环境	广西开展面向东盟国家贸易活动所面临的东盟国家自然环境压力	面向中国（广西）市场的东盟国家自然资源可开发数量
		东盟国家生态环境保护力度
	广西开展面向东盟国家贸易活动所依附的广西区内自然环境	面向东盟市场的广西自然资源可开发数量
		国际贸易活动中广西自然环境的承受能力

4.1.2.1 广西开展面向东盟国家贸易活动所面临的东盟国家自然环境压力

表 4-5 给出的数据说明了广西开展面向东盟国家贸易活动所面临的东盟国家自然环境压力。其中，与广西贸易往来最为频繁的邻国为越南，2018 年越南国土面积为 33.12 万平方千米，其中 46.74% 的国土面积覆盖着森林，39.25% 是农业用地，22.54% 为耕地，每平方千米土地上约住着 308 人，人均耕地仅 0.07 公顷；全国人口越来越集中在城市居住，截至 2018 年底，城市人口占比近 35.92%，比 2010 年增加 5.5 个百分点。随着越南工业化进程加快，该国外贸部门主要出口工业产品，2018 年制造业出口货值占全部出口商品的 83.19%。越南能源丰富，是能源净出口国，同年能源净进口占全国能源使用量比重的 -15.11%，且主要使用的是化石燃料（能耗占总量的 69.82%），由于该国生产技术水平还相对比较落后，所以 GDP 单位能源使用量随着工业发展和城镇化水平提高而有所提升，然后全国二氧化碳排放总量和人均二氧化碳排放量均在不断提高，二氧化碳损害占 GNI 比重也有提升。其他东盟国家中，柬埔寨森林面积出现较大幅度缩减，缅甸单位 GDP 能源使用量一直处于高位，老挝二氧化碳损害占 GNI 比重出现大幅提升，菲律宾、泰国由于城镇人口集中开始面临城市污染的压力，文莱、印度尼西亚和马来西亚的自然资源损耗占 GNI 比重也处于较高水平，新加坡则始终坚持自然环境保护的严要求和高标准。

表 4-5 东盟国家国土资源环境和外贸发展主要指标情况

国家	印度尼西亚		马来西亚		菲律宾		新加坡		文莱	
	2010 年	2018 年	2010 年	2018 年	2010 年	2018 年	2010 年	2018 年	2010 年	2018 年
国土面积 （万平方千米）	33.10	33.12	51.31	51.31	23.68	23.68	67.66	67.66	18.10	18.10
森林面积占 土地面积比重（%）	43.18	46.74	39.29	39.04	73.40	72.20	48.13	44.61	59.99	47.47
农业用地占 土地面积比重（%）	34.70	39.25	41.22	43.28	9.62	10.37	19.17	19.74	30.90	31.53
耕地占土地 面积比重（%）	20.76	22.54	30.85	32.90	6.07	6.72	16.55	16.97	21.53	22.16
人口密度 （每平方千米 土地面积人数）	283.70	308.14	131.53	135.90	27.08	30.60	77.46	82.28	81.08	92.06

续表

国家	印度尼西亚		马来西亚		菲律宾		新加坡		文莱	
	2010 年	2018 年	2010 年	2018 年	2010 年	2018 年	2010 年	2018 年	2010 年	2018 年
城镇人口占总人口比例（%）	30.42	35.92	43.86	49.95	30.06	35.00	28.89	30.58	20.29	23.39
人均耕地面积（公顷）	0.07	0.07	0.23	0.24	0.22	0.22	0.21	0.21	0.27	0.24
制造业出口占商品出口比重（%）	63.99	83.19	72.46	74.86	16.09	21.17	26.01	34.37	96.08	92.09
高科技出口占制成品出口比重（%）	13.13	40.75	26.29	23.72	6.33	38.02	0.00	6.03	0.15	1.41
农业原材料出口占商品出口比重（%）	4.05	1.84	5.19	4.04	2.03	8.38	8.79	2.42	2.29	2.21
矿石和金属出口占商品出口比重（%）	1.02	1.13	1.27	1.61	50.22	26.35	0.71	4.04	0.13	0.27
燃料出口占商品出口比重（%）	11.05	1.61	4.94	4.23	0.87	24.25	35.18	26.81	0.00	0.00
能源净进口占能源使用量比重（%）	-12.69	-15.11	40.11	42.47	缺失	缺失	-60.89	-39.82	31.67	31.64
GDP 单位能源使用量（2013 年购买力平价美元/千克石油当量）	6.29	8.12	8.21	7.92	缺失	缺失	11.30	11.72	7.34	8.04
化石燃料能耗占总量比重（%）	70.33	69.82	79.99	80.67	缺失	缺失	21.22	30.73	30.06	28.61
二氧化碳排放量（亿吨）	1.49	2.58	2.36	2.58	0.029	0.188	0.083	0.325	0.049	0.112
二氧化碳排放量（人均公吨数）	1.70	2.70	3.51	3.71	0.46	2.66	0.16	0.61	0.34	0.69
二氧化碳损害占 GNI 比重（%）	3.65	3.78	2.26	2.47	1.34	5.97	0.76	1.56	1.37	2.12
自然资源损耗占 GNI 比重（%）	4.05	1.35	2.37	2.05	6.06	1.22	2.04	2.59	0.56	0.21

续表

国家	印度尼西亚		马来西亚		菲律宾		新加坡		文莱	
	2010 年	2018 年	2010 年	2018 年	2010 年	2018 年	2010 年	2018 年	2010 年	2018 年
国土面积（万平方千米）	191.093	191.686	33.08	33.0345	30.00	30.0	0.0712	0.0719	0.577	0.577
森林面积占土地面积比重（%）	55.01	49.72	57.67	58.48	22.94	23.88	25.27	22.47	72.11	72.11
农业用地占土地面积比重（%）	30.69	33.18	22.49	26.09	40.58	41.72	1.05	0.93	2.54	2.73
耕地占土地面积比重（%）	13.03	14.01	2.60	2.51	17.78	18.75	0.91	0.79	0.76	0.95
人口密度（每平方千米土地面积人数）	133.49	142.57	85.86	95.96	315.14	357.69	7231.81	7953.00	73.74	81.40
城镇人口占总人口比例（%）	49.91	55.33	70.91	76.04	45.33	46.91	100.00	100.00	74.96	77.63
人均耕地面积（公顷）	0.10	0.10	0.03	0.03	0.06	0.05	0.00	0.00	0.01	0.01
制造业出口占商品出口比重（%）	37.03	43.12	67.00	68.61	56.31	81.89	71.34	72.94	4.49	4.33
高科技出口占制成品出口比重（%）	12.09	8.22	49.31	53.27	缺失	61.35	52.37	51.76	28.82	8.50
农业原材料出口占商品出口比重（%）	6.55	7.51	2.65	1.69	0.70	0.94	0.29	0.58	0.01	0.01
矿石和金属出口占商品出口比重（%）	9.79	7.76	1.95	4.29	3.91	4.91	1.17	0.87	0.15	0.00
燃料出口占商品出口比重（%）	29.64	33.86	15.85	15.57	2.05	1.70	16.06	13.12	95.15	95.56
能源净进口占能源使用量比重（%）	−79.05	−106.71	−21.70	−5.76	41.71	45.32	97.69	97.56	−473.19	−458.37
GDP 单位能源使用量（2013 年购买力平价美元/千克石油当量）	9.70	10.91	7.88	7.88	13.77	14.71	15.57	17.49	8.13	8.87

续表

国家	印度尼西亚		马来西亚		菲律宾		新加坡		文莱	
	2010 年	2018 年	2010 年	2018 年	2010 年	2018 年	2010 年	2018 年	2010 年	2018 年
化石燃料能耗占总量比重（%）	67.15	65.30	96.90	96.75	60.11	61.41	97.69	94.01	100.00	99.99
二氧化碳排放量（亿吨）	3.945	4.169	1.991	2.396	0.836	1.422	0.437	0.439	0.069	0.071
二氧化碳排放量（人均公吨数）	1.65	1.72	7.06	7.60	0.89	1.33	8.22	8.13	17.65	16.64
二氧化碳损害占 GNI 比重（%）	2.37	1.67	2.54	3.00	1.05	1.43	0.55	0.62	1.72	2.18
自然资源损耗占 GNI 比重（%）	4.03	4.20	4.89	4.94	1.47	0.59	0.00	0.00	15.66	16.59

资料来源：世界银行统计数据库。

4.1.2.2 广西开展面向东盟国家贸易活动所依附的广西区内自然环境

至于广西开展面向东盟国家贸易活动所依附的区内自然环境，首先，我们看到，广西有色金属资源丰富，其中铝、锰、锡等矿产储量位居全国前列；具有适宜水稻、南亚热带水果和速生丰产林的气候条件，甘蔗生产、木材采伐、蚕茧产量居全国首位。其次，中草药物种和热带、亚热带鱼类资源也比较丰富。同时，广西生态环境总体良好，甚至对外形象上还有"桂林山水甲天下，广西处处是桂林"的美誉，只不过，当前在一些领域还存在资源开发与保护不到位，局部环境污染问题严重的现象。比如随着广西沿海港口产业不断聚集发展，这对广西海洋资源开发和利用的同时，已经对北部湾海岸和近海海域的生态环境造成了一定破坏；又比如随着广西城镇化水平的提高，城镇生活垃圾分类及绿色处理能力相对而言发展比较滞后；在一些农村地区，依然存在农作物秸秆焚烧等面源污染、土地盐碱化、水土流失等问题。不过，随着绿色发展理念愈加深入人心，全国碳达峰、碳中和相关工作推进，以及全区大力推动大气、水、土壤污染防治，广西开展面向东盟国家贸易活动必须要摒弃原来先污染后治理的发展模式，走绿色发展道路，才能将广西优美的自然环境转变为"金山银山"。

4.1.3 政府调控：各级政府关于"互联网+外贸"发展的调控措施

对于一个隶属中央政府的地区而言，其属地范围内的经济活动，中央和地方政府均有调控当地经济运行方向和效率的诸多法律与政策工具。因此，要实现"互联网+"背景下广西对东盟外贸发展方式的转型升级，既要关注国家层面发展"互联网+外贸"的政策方针，也需要广西区政府和相关部门准确把握广西外贸发展所面临的机遇与挑战，制定相关法律法规和出台相应政策为广西对东盟外贸发展方式转型提供制度保障。同时，还要完善体制机制，确保国家和自治区各级政府关于"互联网+外贸"发展的公共决策能够有效实施，如此才能让市场参与主体在令行禁止的制度环境中根据价值规律开展"互联网+外贸"活动，从而以最低的制度成本实现"互联网+"背景下广西对东盟外贸发展方式的转型升级。结合国家和广西对"互联网+外贸"的政府调控情况，针对政府调控这一动力因素，本书认为需要从表4-6给出的两个层面考察政府调控对"互联网+"背景下广西对东盟外贸发展方式转型升级可能带来的影响。

表4-6　政府调控影响广西对东盟外贸发展方式转型升级的指标体系

一级指标	二级指标	三级指标
政府调控：各级政府关于"互联网+外贸"发展的调控措施	国家和自治区各级政府制定的关于"互联网+外贸"发展的公共决策	国家和自治区各级政府发展"互联网+外贸"的法律法规
		国家和自治区各级政府发展"互联网+外贸"的政策支持
	国家和自治区各级政府关于"互联网+外贸"发展公共决策的实施	各级政府外贸直接管理部门的服务水平
		各级政府外贸相关部门（不包括外贸直管部门）的服务水平

4.1.3.1 国家和自治区各级政府制定的关于"互联网+外贸"发展的公共决策

表4-7列出了近五年国家制定的关于推动"互联网+外贸"发展的公共决策，主要包括如下五种类型：一是规范网络经营行为的法律法规，如《电子商务法》《反不正当竞争法》；二是由国务院批准下发的与"互联网+外贸"发展相关的指导文件，包括《国务院关于积极推进"互联网+"行动的指导意见》《国务院办公厅关于促进跨境电子商务健康快速发展的指导意见》《国务院关于深化

"互联网+先进制造业"发展工业互联网的指导意见》；三是涉及加快"互联网+外贸"发展的国家行政法规，如《国务院关于加快培育外贸竞争新优势的若干意见》《国务院办公厅关于推进对外贸易创新发展的实施意见》《国务院办公厅关于加快发展外贸新业态新模式的意见》等；四是外贸行业直接管理部门关于"互联网+外贸"发展的相关政策，如商务部出台的《质检总局关于跨境电商零售进口通关单政策的说明》《质检总局关于跨境电商零售进口检验检疫信息化管理系统数据接入规范的公告》；五是外贸业务管理部门促进跨境电商发展的政策文件，如海关总署发布的《关于跨境电子商务零售进出口商品有关监管事宜的公告》《关于增列海关监管方式代码的公告》《海关监管场所管理办法》等。得益于上述国家及相关部门关于"互联网+外贸"政策法规的出台，给广西外贸利用互联网发展面向东盟的跨境电商带来诸多税收、物流、通关等方面的政策支持，从而在一定程度上促使广西加速调整现行对东盟外贸发展方式。

表4-7　近五年国家制定的关于推动"互联网+外贸"发展的主要相关政策

序号	政策名称	发文时间	主题	批准机构
1	《国务院关于加快发展服务贸易的若干意见》	2015年2月	加快发展服务贸易	国务院
2	《国务院关于加快培育外贸竞争新优势的若干意见》	2015年5月	加快培育外贸竞争新优势	国务院
3	《国务院办公厅关于促进跨境电子商务健康快速发展的指导意见》	2015年6月	促进跨境电子商务健康快速发展	国务院
4	《国务院关于积极推进"互联网+"行动的指导意见》	2015年7月	推进"互联网+"行动	国务院
5	《国务院关于印发促进大数据发展行动纲要的通知》	2015年9月	全面推进我国大数据发展和应用，加快建设数据强国	国务院
6	《中国—东盟信息港建设方案》	2016年4月	基础设施	国务院
7	《国务院关于促进外贸回稳向好的若干意见》	2016年5月	支持新业态	国务院
8	《国务院关于促进加工贸易创新发展的若干意见》	2016年1月	促进加工贸易创新发展	国务院

续表

序号	政策名称	发文时间	主题	批准机构
9	《国务院关于印发新一代人工智能发展规划的通知》	2017年7月	构筑我国人工智能发展的先发优势	国务院
10	《国务院关于进一步扩大和升级信息消费持续释放内需潜力的指导意见》	2017年8月	进一步扩大和升级信息消费、持续释放发展活力和内需潜力	国务院
11	《国务院关于深化"互联网+先进制造业"发展工业互联网的指导意见》	2017年11月	深化"互联网+先进制造业"发展工业互联网	国务院
12	《中华人民共和国反不正当竞争法》	2017年11月	鼓励和保护公平竞争，制止不正当竞争行为，保护经营者和消费者的合法权益	全国人民代表大会
13	《国务院办公厅转发商务部等部门关于扩大进口促进对外贸易平衡发展意见的通知》	2018年7月	扩大进口促进对外贸易平衡发展	国务院
14	《中华人民共和国电子商务法》	2018年8月	规范通过互联网等信息网络进行商品交易或者服务交易的经营活动	全国人民代表大会
15	《国务院关于印发优化口岸营商环境促进跨境贸易便利化工作方案的通知》	2018年10月	优化口岸营商环境促进跨境贸易便利化	国务院
16	《国务院办公厅关于支持出口产品转内销的实施意见》	2020年6月	出口产品转内销	国务院
17	《国务院办公厅关于推进对外贸易创新发展的实施意见》	2020年11月	推进对外贸易创新发展	国务院
18	《国务院办公厅关于加快发展外贸新业态新模式的意见》	2021年7月	支持外贸新业态新模式	国务院
19	《"互联网+流通"行动计划》	2015年5月	基础设施	国务院
20	《质检总局关于跨境电商零售进口通关单政策的说明》	2016年6月	提高效率	商务部
21	《质检总局关于跨境电商零售进口检验检疫信息化管理系统数据接入规范的公告》	2017年6月	提高效率	商务部

序号	政策名称	发文时间	主题	批准机构
22	《关于跨境电子商务零售进出口商品有关监管事宜的公告》	2016 年 4 月	加强监管	海关总署
23	《关于增列海关监管方式代码的公告》	2016 年 12 月	加强监管	海关总署
24	《海关监管场所管理办法》	2017 年 8 月	效率提高	海关总署

资料来源：国务院、商务部、海关总署网站收集整理。

事实上，广西政府一方面根据国家"互联网+外贸"相关政策推动本地区对东盟外贸发展，另一方面也结合本地区具体情况，出台了相关政策，引导和促进本地区"互联网+外贸"发展，以此调控对东盟外贸发展方式。其中，在"互联网+"行动方面，广西出台了《"互联网+流通"行动计划实施方案》，促进了广西物流业高质量发展，实现了流通领域的降费增效。在电子商务发展方面，2015年出台了《关于加快广西电子商务发展的若干意见》，指出以建设中国—东盟跨境电子商务基地为目标，加快探索建立中国—东盟跨境电商综合试验区；出台了《关于促进跨境电商健康快速发展的实施意见》，促进广西跨境电子商务的发展。在通关便利化方面，2017 年 12 月，广西关检合作"三个一"工作模式在广西口岸全面推广运行，在广西口岸通关现场进出口物品，均能享受到海关和检验检疫"一次申报，一次查验，一次放行"的通关便利。在支撑"互联网+外贸"发展方面，印发《中国—东盟信息港建设实施方案（2019—2021 年）》，提出依托海关总署"一带一路"海关数据共享平台，充分发挥中国（南宁）跨境电子商务综合试验区、凭祥综合保税区、钦州保税港区、东兴国家重点开发开放试验区等海关特殊监管区政策优势，以中国（南宁）跨境电子商务综合试验区为核心，建设中国—东盟电子商务产业园、北部湾东盟线上到线下（O2O）跨境电商产业园、敦煌网·广西跨境数字贸易总部基地、桂海跨境电子商务物流园、中国—东盟（凭祥）电商产业园、深圳—百色跨境合作产业园、桂林基于旅游人群的跨境企业与客户（B2C）电商购物区、钦州跨境电子商务综合试验区、钦州保税港区"智慧港"等一批跨境电商产业集聚区，引导面向东盟的跨境电子商务产业在广西集聚发展，并培育本地跨境电商龙头企业①。

4.1.3.2 国家和自治区各级政府关于"互联网+外贸"发展公共决策的实施

需要指出的是，在上述政策和自治区一系列深化"放管服"改革措施作用下，广西政府营造的"互联网+外贸"转型升级环境有了很大改善，据《2020年广西营商环境调研报告》，在广西开办企业平均时间由2018年的22.9天压缩至0.5天，不动产登记时间由19天压缩至1天；进口和出口整体通关时间分别比全国平均水平快36.25小时和0.58小时。然而，广西营商环境有了很大改善，但与国际国内先进水平相比还有较大的提升空间，如审批跨部门、跨层级综合联办事项效率不够高，联合审批机制有待完善；各行业业务系统需加快数据整合对接，信息共享壁垒有待打破；企业生产经营成本偏高，资金、用地、用工、用电等要素保障有待强化②。因此，需要注意的是，如果再好的政策得不到有效实施，其实对"互联网+外贸"发展方式的形成和转型升级并没多大促进作用，甚至会阻碍外贸发展。

4.1.4 经济开放：广西经济的开放水平

在市场规律作用下，一个地区开放程度越高越有利于各种生产要素的流动和实现资源的优化配置。反过来，如果过多限制要素的流动，资源配置就不能得到有效利用，乃至出现分配不公而引发社会矛盾。就广西而言，区域"互联网+外贸"发展方式转型升级内在需要一个市场化程度高、要素充分自由流动、具备孕育强竞争力战略型产业基础的开放型经济环境，因为只有在一个开放经济环境中，才可能以较低成本获取国际、国内两种资源，并在国际市场舞台比拼发展方式的优劣，然后取长补短实现更大进步。鉴于广西地处中国对东盟开放的经济前沿，那么，广西经济的开放水平无疑是影响"互联网+"背景下广西对东盟外贸发展方式转型升级的重要因素，具体到这一开放型经济系统的各要素，需要重点考察表4-8给出的影响广西对东盟外贸发展方式转型升级的经济开放基础、经济开放程度、经济开放潜力三大指标及其下属三级指标。

---

① 广西壮族自治区人民政府办公厅关于印发中国—东盟信息港建设实施方案（2019—2021年）的通知（桂政办发〔2019〕72号）[EB/OL]. http：//www.gxzf.gov.cn/zfgb/2019nzfgb/d14q_35435/zzqrmzfb-gtwj_35436/t1514610.shtml.

② 范立强. 营商环境"优"无止境[J]. 当代广西，2020（15）：23.

表4-8 经济开放影响广西对东盟外贸发展方式转型升级的指标体系

一级指标	二级指标	三级指标
经济开放：广西经济的开放水平	广西经济开放的基础	邻近东盟国家市场的区位优势
		要素流动自由程度
		交通与物流基础设施质量
		面向东盟市场的相关产业及支持性产业发展
		广西外贸领军企业数量及国际竞争力
	广西经济开放的程度	面向国内市场的对内开放度
		面向国际市场的对外开放度
	广西经济开放的潜力	东盟国家市场需求状况
		全球产业重新布局
		全球贸易保护动向
		广西战略型产业的培育能力

4.1.4.1 广西经济的开放基础

就目前广西经济开放的基础而言，在影响"互联网+"背景下广西对东盟外贸发展方式转型升级的诸多因素中，广西与越南接壤，和其他东盟国家距离也很近，具有邻近东盟国家市场的区位优势。自改革开放以来，广西持续深化各领域改革，破除影响资金、技术、人才、资源流动的体制机制障碍，在金融市场、人力资源市场、技术市场和大宗商品交易市场基本形成了市场化程度较高的要素流动市场体系，同时市场经济活动中最具活力的民营经济已经成为广西经济的主力军，据统计，截止到2019年，按登记注册类型分组的广西企业法人单位数中，私营企业法人数量占据全区所有登记企业法人数的比重达92.68%（见表4-9），如此假若"互联网+外贸"作为一种新业态、新模式能够创造更高效益，那么广西区内生产要素流动的自由程度会影响到优质生产要素向外贸部门流动，进而影响广西外贸转型升级的步伐。在交通与物流基础设施质量方面，广西拥有与东盟国家主要港口互联互通的广西北部湾港，有八个县市区与越南接壤且开通有铁路公路运输线路，有参与合作共建国际陆海贸易新通道，且中国—东盟跨境陆路运输通道和"空中走廊"建设成效显著，今后随着广西专业性基础设施建设不断发展，面向东盟的船舶码头、货场物流、通关设施和效率以及配套服务机构等将逐渐加强。在面向东盟市场的相关产业及支持性产业发展方面，广西已培育形成了有色金属、制糖、机械制造和汽车、林浆纸一体化、建材、医药、食品等一批优势产业，具备了与国内外合作发展的工业基础。广西生产性服务业也在稳步发展（见图4-2），特别是互联网服务业、跨境电子商务、跨境金融、西部陆海新通道沿线物流业等行业发展，促进了广西"互联网+外贸"产业链供应链的形成与发展。至于广西外贸领军企业数量及国际竞争力，目前，在广西对东盟进出口贸易中，在全国外贸出口500强中广西企业也有一席之地，也有一些企业在"走出去"过程中展现较强的国际竞争力，如位列"全球工程机械50强"的柳工机械股份有限公司已在海外布局20多年，目前已在全球100多个国家和地区拥有300多家经销商、19条整机产品线、13个海外子公司、5个全球研发基地；产品销往170多个国家和地区，海外市场连续6年保持40%的增长率，外籍员工占到10%，海外收入占比最高时达30%；在"一带一路"沿线65个国家中，柳工业务覆盖率超过85%[①]。广西民营企业的海外业务也逐渐发展壮大，特别在跨境电商领域借力国内外各大电商巨头共图东盟市场。

表4-9 2019年登记注册类型分组的广西企业法人单位数 单位：个，%

企业性质		数量	占全区比重
内资	国有	2990	0.60
	集体	3935	0.79
	股份合作	322	0.06
	联营	62	0.01
	有限责任公司	25269	5.08
	股份有限公司	1376	0.28
	私营	460820	92.68
	其他内资	21	0.00
	小计	494795	99.51
港澳台商投资		1215	0.24
外商投资		1208	0.24
全区合计		497218	100.00

资料来源：《广西统计年鉴》。

---

① 姚坤. 柳工是如何炼成的？［EB/OL］.（2021-08-31）［2021-09-10］. https：//baijiahao. baidu. com/s？id=1709591119540525817&wfr=spider&for=pc.

·105·

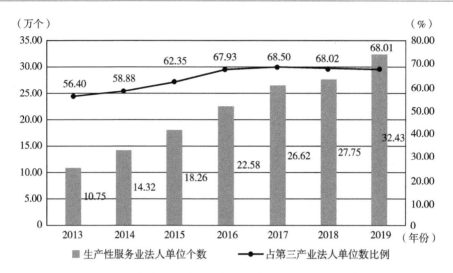

图 4-2 2013~2019 年广西生产性服务业法人单位数及占广西第三产业比例

资料来源:《广西统计年鉴》。

4.1.4.2 广西经济的开放程度

经过多年的改革开放,广西对外开放取得了显著成果,开放程度也越来越高,从表 4-10 可知,在贸易开放方面,近五年广西进出口总额规模越来越大,到 2020 年达 743.32 亿元,其占全区 GDP 的比重也达到近五年的最高值,为 22.11%;在投资开放方面,广西越发完善的营商环境吸引了大量外商投资企业来广西投资办厂,2020 年实现外商直接投资 13.17 亿美元,同比增长 18.76%;在旅游开放方面,在新冠肺炎疫情暴发之前的 2019 年,广西国际旅游人数 623.96 万人次,达历史新高,国际旅游收入实现 35.11 亿美元,也达到历史最高水平。对外经贸合作方面也始终坚持"走出去"战略,新冠肺炎疫情最为严峻的 2020 年实现了 52.22% 的增长速度,对外直接投资额达 4.75 亿美元。

表 4-10 2014~2020 年广西对外开放主要指标发展情况

年份	贸易开放		投资开放		旅游开放				对外经贸合作	
	进出口总额 (亿元)	占 GDP 比重 (%)	外商直接投资 (亿美元)	增速 (%)	国际旅游收入 (亿美元)	增速 (%)	国际旅游人数 (万人次)	增速 (%)	对外直接投资 (亿美元)	增速 (%)
2014	405.53	13.98	10.01	43.00	17.28	11.70	421.18	7.57	2.89	128.29
2015	494.62	15.84	17.22	72.03	19.17	10.94	450.06	6.86	5.95	105.50

续表

年份	贸易开放		投资开放		旅游开放				对外经贸合作	
	进出口总额（亿元）	占 GDP 比重（%）	外商直接投资（亿美元）	增速（%）	国际旅游收入（亿美元）	增速（%）	国际旅游人数（万人次）	增速（%）	对外直接投资（亿美元）	增速（%）
2016	458.15	18.99	8.88	-48.43	21.64	12.88	482.52	7.21	8.95	50.44
2017	586.70	17.38	8.23	-7.32	23.96	10.72	512.44	6.20	13.55	51.52
2018	596.04	18.96	5.06	-38.52	27.78	15.94	562.33	9.74	8.97	-33.82
2019	669.71	20.18	11.09	119.17	35.11	26.39	623.96	10.96	3.12	-65.24
2020	743.32	22.11	13.17	18.76	—	—	24.68	-96.04	4.75	52.22

资料来源：《广西统计年鉴》《广西国民经济和社会发展统计公报》。

与此同时，我们还看到，为了能够实现广西对内对外开放的一体化内外衔接，促进国际、国内两种资源在国际、国内两个市场的优化配置，近年来广西以"打造西南中南地区开放发展新的战略支点"为发展定位，围绕中国（广西）自由贸易试验区建设、面向东盟的金融开放门户建设、西部陆海新通道建设，广西在土地、税收、财政、金融等方面推出了系列优惠政策，依托中国—东盟博览会、中国—东盟商务与投资峰会等国际开放合作平台，和西部陆海新通道、中国—东盟信息港、中国（广西）自由贸易试验区、中泰（崇左）产业园、东兴重点开发开放试验区、中越跨境经济合作区、中国·印度尼西亚经贸合作区、玉林文莱中医药健康产业园、中马"两国双园"等"一带一路"重大项目和园区建设，广西一直加大与国内各省份的交流合作，加快构建"南向、北联、东融、西合"全方位开放发展新格局，以更高水平开放助力广西对东盟外贸发展方式转型升级。

4.1.4.3 广西经济的开放潜力

对于广西与东盟贸易合作而言，地区经济开放潜力决定了广西外贸发展方式转型升级的战略取向及其转型升级可选择路径的多寡乃至优劣。就当前而言，能够影响广西对东盟外贸发展方式的经济开放潜力因素主要包括东盟国家市场需求状况、全球产业重新布局、全球贸易保护动向、广西战略型产业的培育能力四个因素。其中，东盟国家市场需求状况主要从需求侧影响广西对东盟经济开放的潜力，其他三个因素——全球产业重新布局、全球贸易保护动向、广西战略型产业的培育能力，则属于从供给侧影响广西对东盟经济开放的潜力。首先来看东盟国家市场需求状况，从表 4-11 可知，截止到 2020 年，东盟国家总人口合计超过 6.67 亿，是一个具有巨大需求潜力的市场。近些年东盟各国经济也在不断发展，人民生活水平持续提高，可以预见，未来东盟国家对包括中国在内的外国产品需求还将进一步增加。但是需要注意的是，东盟各国人口规模和经济发展程度还存在较大差异，比如新加坡、文莱虽然经济发展水平较高，但是人口规模相对较少，从而决定了这些国家更加重视贸易产品的品质和档次，而不是价格和数量，越南、老挝、缅甸、柬埔寨等国家人均收入水平较低，属于发展中国家，这些国家的总体消费需求则更加倾向物美价廉的商品。事实上，根据表 4-12 给出的东盟国家主要进出口商品类别也可以看出，属于中低收入水平国家行列的印度尼西亚、越南、老挝、缅甸、柬埔寨的东盟国家，主要从国外进口资本和技术密集型成品，出口本国资源和劳动密集型产品，这意味着广西与这些国家具有较大的贸易互补性，贸易潜力巨大。对于其他东盟国家，除文莱之外，其外贸发展模式属于产业内贸易类型，这意味着广西要想扩大与这些国家的贸易规模，需要与这些国家合作构建跨境产业链与供应链，这对当前广西外贸发展方式而言，也就提出转型升级的必要。至于供给侧的几个主要因素，一方面在特朗普政府当政时期美国大肆对中国实现贸易制裁，同时采取措施重振美国制造业；另一方面由于近些年中国国内劳动力成本提高和更加强调绿色发展，国内一些产业开始转移至东南亚国家，从而使广西外贸不得不调整外贸地理方向，并将重心夯实在东盟市场。同时，在本次新冠肺炎疫情的影响下，原本在越南形成的一些产业开始出现回流中国国内以及国内部分产业链供应链因过细、过长且分散而导致临时断链、成本高的现象，那么，从长远考虑，未来随着东盟国家经济社会发展，特别是《区域全面经济伙伴关系协定》从 2022 年开始生效实施，稳定既有的产业链、供应链体系，然后提升广西战略型产业的培育能力，重塑产业链、供应链结构，将是厚积广西对东盟经济开放潜力，为广西对东盟外贸发展方式转型升级探寻可行路径的不二选择。

表 4-11　2020 年东盟国家总人口、人均 GDP 及国家发达程度

国家	总人口（万人）	人均 GDP		发达程度
		金额（2010 年不变价美元）	2016~2020 年五年平均增速（%）	
新加坡	568.58	56349.03	0.91	发达国家
文莱	43.75	32402.37	-0.27	发达国家

续表

国家	总人口（万人）	人均 GDP		发达程度
		金额（2010 年不变价美元）	2016~2020 年五年平均增速（%）	
马来西亚	3236.60	11637.35	1.38	发达国家
泰国	6980.00	6094.43	1.28	中等发达国家
印度尼西亚	27352.36	4312.35	2.47	发展中国家
菲律宾	10958.11	2980.02	1.94	发展中国家
越南	9733.86	2123.46	4.97	发展中国家
老挝	727.56	1835.66	3.62	发展中国家
缅甸	5440.98	1478.12	1.46	发展中国家
柬埔寨	1671.90	1212.03	3.48	发展中国家

资料来源：联合国数据库（UNdata）。

表 4-12　东盟国家主要进出口的商品类别

国家	商品名称	
	进口	出口
越南	天然纤维、合成纤维、成衣、电视信号接收器、小家电、整车及零部件、钢铁型材、温带水果、食用蔬菜、塑料管材等	热带水果、坚果、铁矿、钛矿、烟煤、红木原木、木薯干、植物淀粉、咖啡等
印度尼西亚	石脑油、化肥、磷酸、卡车、压路机、钩机、挖掘机、皮革制品等	褐煤、镍矿砂、植物油、咖啡、生胶等
马来西亚	铅锭、硝酸锭、磷酸、金属氧化物、豆粕等	植物油、集成电路板、锰矿、铜废品、锡制品、沥青等
泰国	磷酸、推土机、压路机、钩机、挖掘机、金属机床、钢铁型材等	生橡胶、集成电路板、微电子元件、植物淀粉、沥青等
新加坡	稀土矿、原油、成品油、微电子元件、发电设备等	成品油、药品、化妆品、电子通信设备、工程设备
菲律宾	电子产品、锰矿、镍矿、整车及零部件、工程设备等	电子产品、成衣、电解铜
柬埔寨	卡车、钩机、压路机、挖掘机、内燃发动机、农机及零配件、整车及零部件、混凝土搅拌机、离心机、水净化装置、无机酸盐、化肥等	活禽、稻米、红木原木、红木制品

国家	商品名称	
	进口	出口
缅甸	天然气、稻米、豆类、鱼类、橡胶制品、皮革制品、原木、珠宝、农机及零配件、金属机床等	汽油、柴油、无机酸盐、机械设备、贱金属制品
文莱	—	铅合金型材、过氧酸盐、重晶石、罐头食品、陶瓷制品等

资料来源：根据中国外交部网站国别资料整理。

4.1.5 社会参与：广西对东盟外贸发展方式转型升级的社会参与

在广西对东盟"互联网+外贸"发展方式转型升级实践中，除了政府的调控措施能够起到一定作用之外，包括本地居民和非本地居民在内的广大居民和社会组织的主动社会参与也是不可忽视的重要力量。这是因为在"互联网+"的时代潮流面前，广西对东盟外贸发展方式已经出现本书第3章所述的问题，而且广大居民和社会组织已经开始认识到，如果目前这种发展方式不加以转变，将给本地外贸发展成果造成损失，进而影响壮美广西建设和人民福祉。我们观察到在互联网空间和现实社会中，有不少居民和社会组织已然关注和采取行动参与到广西外贸发展目标确立、"互联网+外贸"行动方案的形成、外贸发展收益分配以及国际经贸关系协调等活动中来。对于当前影响"互联网+"背景下广西对东盟外贸发展方式转型升级的社会参与因素，需要重点考察广西本地居民、本地企业和国内各级各类行业组织参与推动广西对东盟外贸发展方式转型升级的实践（见表4-13）。

表4-13　社会参与影响广西对东盟外贸发展方式转型升级的指标体系

一级指标	二级指标	三级指标
社会参与："互联网+"背景下广西对东盟外贸发展方式转型升级的社会参与	公民在广西对东盟外贸发展方式转型升级中的社会参与	本地居民关注广西与东盟贸易发展的广泛度
		本地居民参与推动广西对东盟外贸发展方式转型升级的数量
	组织在广西对东盟外贸发展方式转型升级中的社会参与	本地企业参与广西对东盟外贸发展方式转型升级的数量及其实践能力
		国内各级各类行业组织对广西与东盟贸易发展方式转型升级的介入度

4.1.5.1 公民在广西对东盟外贸发展方式转型升级中的社会参与

相对我国东部沿海地区而言，广西外贸发展水平总体比较落后，由此因外贸发展而直接获益的本地居民数量就比较少，但随着中国与东盟经贸关系的不断升温，加上"互联网+"赋能广大群众参与外贸活动，包括本地居民和非本地居民的广大群众开始关注到国家和自治区实施的"互联网+行动"计划，并意识到通过互联网平台参与到广西与东盟外贸发展方式转型升级的相关活动中。图4-3给出的是广西互联网用户对"广西 & 东盟 & 外贸"等关键词搜索关注程度及持续变化情况，由图4-3可知，2013年至今，广西互联网用户通过PC和移动设备对"广西 & 东盟 & 外贸"这三个关键词的百度搜索指数有了明显提高，这说明广西本地居民开始注意到广西与东盟贸易发展情况。然后从图4-4给出的新闻资讯以"广西 & 东盟 & 跨境电商"为关键词的资讯指数来看，网民对广西与东盟"互联网+外贸"的关注近两年才有较大提升，通过网络阅读、评论、转发、点赞、不喜欢等行为参与推动广西对东盟外贸发展方式转型升级。至于居民线下参与推动广西对东盟外贸发展方式转型升级实践，在广西边境口岸城市和区内各类经济开发区、跨境电子园区，不少本地居民开始尝试利用互联网从事跨境电子商务活动，一些有识之士则用所学所知参与政府公共事务讨论，甚至还有一些专家学者还参与到"互联网+外贸"相关政策的制定。

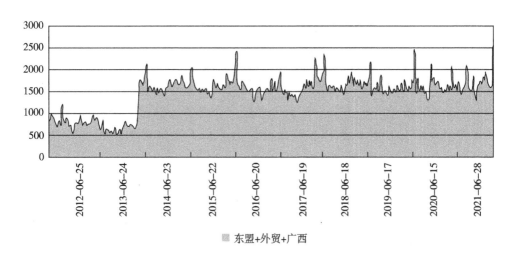

图4-3 广西互联网用户以"广西 & 东盟 & 外贸"为关键词的搜索趋势

注：图中指数的算法是以网民在百度的搜索量为数据基础，以关键词为统计对象，科学分析并计算出各个关键词在百度网页搜索中搜索频次的加权。

资料来源：百度指数网站。

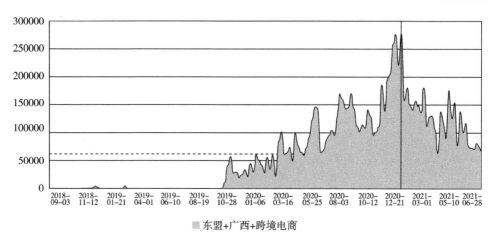

东盟+广西+跨境电商

图 4-4　新闻资讯以"广西 & 东盟 & 跨境电商"为关键词的资讯指数

注：资讯指数是以百度智能分发和推荐内容数据为基础，将网民的阅读、评论、转发、点赞、不喜欢等行为的数量加权求和得出。

资料来源：百度指数网站。

4.1.5.2　组织在广西对东盟外贸发展方式转型升级中的社会参与

区别于政府和其他追求政治目的的组织，本地企业和国内各级各类行业组织在推动广西对东盟外贸发展方式转型升级中的作用更为直接，因为在"互联网+"方兴未艾的时代潮流面前，企业最有动力主动嵌入互联网"基因"加速转型，相关各行各业组织则最需直面行业环境变化，主动服务好行业内企业才能凝聚集体力量，从而体现组织存在的价值。就当前企业参与广西外贸活动情况来看，区内不同性质的企业都有参加进出口相关活动，其中，民营企业是最为活跃的市场主体，然后在民营企业阵营内部，又以私营企业最有积极性，它们在广西出口贸易和进口贸易中参与度和贡献都是最大的，表现为在 2019 年广西出口贸易中，私营企业出口贸易额占到全区出口贸易总额的 81.171%，在进口贸易中也以 42.319% 的份额位列所有性质企业的第一名（见表 4-14）。

表 4-14　2019 年不同性质的企业参与广西进出口活动的情况

单位：万元，%

企业性质		出口		进口	
		贸易额	占比	贸易额	占比
国有企业		702061	2.703	4567532	21.776
外商投资企业	合作企业	7151	0.028	1642	0.008
	合资企业	998811	3.846	1362894	6.498
	独资企业	2903808	11.181	2404475	11.463
	小计	3909770	15.054	3769010	17.969
民营企业	集体企业	35617	0.137	870	0.004
	私营企业	21081344	81.171	8876682	42.319
	个体工商户	1451	0.006	28	0.0001
	小计	21118412	81.314	8877579	42.323
总计		25971475	100.000	20975553	100.00

资料来源：《广西统计年鉴》。

至于企业之外的其他组织，我们看到，在新冠肺炎疫情的影响下，中国贸促会整合资源，以"标准化+商事认证+贸易促进"新模式研制并发布了《中国出口商品品牌评价规范》，对出口企业依据事实进行客观评价，对符合品牌标准的商品出具中国出口商品品牌证明书，助力出口型企业品牌建设。作为中国贸促会授权开展出口商品品牌证明书业务的省区级贸促会之一，广西贸促会积极行动，提供品牌认证平台，帮助企业更好地开拓国际市场。截至 2020 年 10 月，广西贸促会为广西柳工机械股份有限公司、东风柳州汽车有限公司等广西 18 家出口企业的 19 个广西知名品牌出具了中国出口商品品牌认证，让企业享有中国贸促会和中国国际商会在海外的广泛影响力，利用贸促会系统的平台资源助力企业更好地走向国际市场，提升国际竞争力。广西企业则借此进一步实现标准化、国际化、品牌化经营的转型升级，更多广西品牌伴随广西制造走向世界、享誉世界①。

---

①　杨秋．我区 19 个知名品牌获中国出口商品品牌认证［EB/OL］．（2020-10-20）［2021-07-28］．http：//resource.cloudgx.cn/files/gxapp/News/202010/20/614842.html？_s=1603194270.

4.1.6 技术创新:"互联网+外贸"相关的技术创新

对于单个企业而言,技术创新就是应用创新的知识和新技术、新工艺,采用新的生产方式和经营管理模式,提高产品质量,开发生产新的产品,提供新的服务,占据市场并实现市场价值[①]。但就驱动"互联网+"背景下广西对东盟外贸发展方式转型升级的技术创新来说,企业固然能够利用互联网平台及其创新要素开发出新的出口产品或提供更精细的服务,依次影响到贸易产品、企业自身、地区产业的实力,并最终产生产品、企业、产业的比较优势,形成广西外贸的综合竞争优势,然而我们更加需要注意的是企业技术创新的源泉和技术创新实现市场价值的区域创新环境,如此才能更好地评价技术创新对广西对东盟外贸发展方式转型升级的影响。鉴于技术创新的外部性特征,我们需要重点观察全球"互联网+外贸"相关技术创新的数量与速度、质量与层次以及广西"互联网+外贸"相关技术创新能力,还有新技术在广西"互联网+外贸"领域中的应用范围等具体指标(见表4-15)。

表4-15 技术创新影响广西对东盟外贸发展方式转型升级的指标体系

一级指标	二级指标	三级指标
技术创新:"互联网+外贸"相关的技术创新	全球"互联网+外贸"相关技术创新	全球"互联网+外贸"相关技术创新的数量与速度
		全球"互联网+外贸"相关技术的创新质量与层次
	广西"互联网+外贸"相关技术创新	广西"互联网+外贸"相关技术创新能力
		新技术在广西"互联网+外贸"领域中的应用范围

4.1.6.1 全球"互联网+外贸"相关技术创新

早在1965年,英特尔公司联合创始人戈登·摩尔通过仔细观察不断变化的趋势,推断出计算的性能将显著提高,而相对成本将成倍降低。这一见解即我们常说的摩尔定律,它自提出以来就引领着现代数字革命,不仅成为全球电子行业的黄金定律和创新的出发点,同时也奠定了所有现代技术丰富的基础,包括数字

---

① 科技部. 中共中央、国务院关于加强技术创新、发展高科技、实现产业化的决定[EB/OL]. (2002-03-15)[2021-03-15]. http://www.most.gov.cn/gxjscykfq/wj/200203/t20020315_9009.htm.

化和个人电器的大量兴起。也是从 1965 年开始,阿帕网(Arpanet)在美国诞生,在摩尔定律推动下,与"互联网+"相关技术不断演进,依次出现了局域网、万维网、高速移动通信网络及相关通信设备,然后这些技术被跨国企业应用到国际商务活动之后,给跨国公司创造了大量利润,又进一步推动全球"互联网+外贸"相关技术的创新及应用(见图 4-5 和表 4-16)。就目前来看,摩尔定律及相关创新将继续向日常生活中的无缝集成计算迈进,在现实中,"互联网+外贸"相关技术创新质量与层次不断提升:计算机已经发展成智能化、微型化、自动化程度高的高科技应用;手机、平板电脑及 App 等设备与应用发展迅速,实现人们可以随时随地进行网上购物,方便了企业跨境电子商务的开展;现在覆盖的 4G 网络以及马上进入的 5G 时代为行业提供了巨大的支持;计算、存储和网络资源之间的电气连接性能越来越难以提升,因此服务器互联开始快速向光学 I/O 过渡,加快神经网络或机器学习等计算密集型任务的运行速度,从而推动图像画质提升、姿态识别和图像神经风格迁移的人工智能正在实现应用性能突破①。

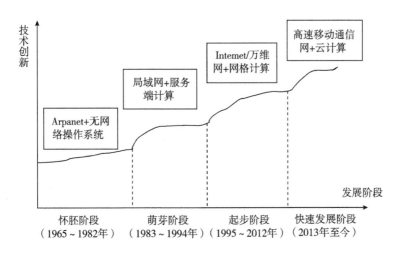

图 4-5 全球"互联网+"发展阶段及技术创新演进

---

① 摩尔定律 50 余年 [EB/OL] . https://www. intel. cn/content/www/cn/zh/silicon - innovations/moores - law-technology. html .

表4-16　全球"互联网+"各发展阶段的主要技术条件

"互联网+"发展阶段	主要技术条件
怀胚阶段 （1965~1982 年）	Arpanet+无网络操作系统 ● 网络协议：网络控制协议 NCP ● 广域网、移动通信网络、无线网络均未涉及 ● 无线局域网：Aloha Net ● 接入设备：大型机
萌芽阶段 （1983~1994 年）	局域网+服务端计算 ● 网络协议：TCP/IP ● 移动通信网络：1G ● 无线局域网：Aloha Net、蓝牙 ● 接入设备：大型机、中型机等服务器设备
起步阶段 （1995~2012 年）	Internet/万维网+网格计算 ● Internet 网络协议：TCP/IP、IPv4 ● 移动通信网络：2G/2.5G/3G ● 无线局域网：Wi-Fi、蓝牙 ● 接入设备：PC、服务器
快速发展阶段 （2013 年至今）	高速移动通信网+云计算 ● Internet 网络协议：TCP/IP，IPv6…… ● 高速移动通信网络：4G/5G/…… ● 无线局域网：Wi-Fi、蓝牙、ZigBee…… ● 接入设备：PC、手机、PAD、智能电视、智能硬件、可穿戴设备等

资料来源：笔者整理。

4.1.6.2　广西"互联网+外贸"相关技术创新

广西历届党委、政府都非常注重本地区科技创新能力的培育和提升，在"十三五"期间，广西全区全社会研究与试验发展（R&D）经费投入由"十二五"

末的 105.9 亿元增至 2020 年的 173.2 亿元，高新技术企业由 641 家增至 2806 家，科技进步贡献率由 48%提高至 55.52%，建设了 14 家高新区，拥有国家级创新平台 120 家，国家级高层次人才 81 名①，这些科技创新的投入和成果为提升广西"互联网+外贸"相关技术创新能力提供了坚实基础。在广西"互联网+外贸"相关技术创新应用方面，从表 4-16 给出的 2020 年广西通信业发展主要指标可以知道，广西已经搭建了包括 3G/4G/5G 在内的先进移动通信基站，还有大量的移动电话用户和（固定）互联网宽带用户（见表 4-17），这说明广西现代数字技术在广西已经有较大的应用范围，然后在"互联网+外贸"相关领域，据《广西日报》消息，截至 2020 年底，中国—东盟信息港 3 条国际海缆、12 条国际陆地光缆、13 个国际通信节点、1 个国家域名 CN 顶级节点、1 个南宁区域性通信业务国际出入口局建成使用。中国—东盟信息港大数据中心、中国移动（广西）数据中心、中国电信（广西）东盟数据中心、中国—东盟信息港老挝云计算中心等国内外云计算中心建成运营。工业互联网标识解析二级节点上线运行，每日标识解析量超过 60 万次，累计标识注册量超过 1.57 亿个。中国—东盟地理信息与卫星应用产业园（地理信息小镇）引入北京吉威时代软件股份有限公司等国内龙头企业，以及广西自然资源监测与地理信息应用技术研究院士工作站等 80 家企事业单位，产值高达 30 亿元。广西北斗综合位置服务平台已上线，"中国—东盟车船跨境监管与服务、智慧糖业、西江船舶智能通航管理与服务、城市精细化管理"四个领域应用推广 16 万台（套）。在广西、云南等 10 多个省份以及泰国、老挝等 5 个东盟国家推广中国—东盟跨境地质灾害监测系统应用，有效帮助国内外 96 万余人避免滑坡威胁，保障上百亿元财产安全。② 此外，还与老挝、缅甸合作开发"爱东盟 App"老挝版、缅甸版，共同推动智慧城市建设。综合上述情况，如果广西能够进一步提升在"互联网+外贸"相关技术的自主创新能力，然后推动新技术在广西"互联网+外贸"领域中的更大范围应用，那么面向东盟的广西外贸发展方式转型升级将更加平稳有力。

---

① 李国忠. 广西实施科技创新"十四五"规划新闻发布会 [EB/OL]. （2021-12-16）[2021-12-16]. http：//kjt. gxzf. gov. cn/xxgk/hygq/xwfbh/t10971423. shtml.

② 赵超，钟贞，陈珏卉. 中国—东盟信息港建设乘风破浪助力打造联通东盟的"数字丝绸之路" [N]. 广西日报，2021-05-28（007）.

表 4-17 2020年广西通信业发展主要指标情况

| | 电信业务总量 | | 电信业务收入 | | 固定电话用户（万户） | 用户发展 | | | | | 通信能力发展 | | | | | | |
| | | | | | | 移动电话用户（万户） | | | （固定）宽带用户（万户/0） | | 移动电话基站（万个） | | | | 固定互联网宽带接入端口（万个） | |
	累计（亿元）	增速（%）	累计（亿元）	增速（%）		总数	3G用户	4G用户	总数	FTTH/0用户	总数	3G基站数	4G基站数	5G基站数	总数	FTTH/0端口数
全区	4826	34.5	358	4.0	334	5333	70	4516	1651	1575	25.87	1.90	17.60	2.12	3356	2992
南宁	1038	33.9	91	5.3	—	1115	—	—	334	305	5.13	0.44	3.30	0.70	657	540
柳州	442	32.0	34	3.1	—	486	—	—	165	155	2.58	0.22	1.66	0.32	336	297
桂林	497	32.5	34	0.0	—	551	—	—	175	166	2.94	0.19	2.06	0.28	321	298
梧州	237	29.7	16	5.0	—	276	—	—	87	85	1.24	0.11	0.85	0.05	195	170
北海	187	30.8	15	0.4	—	213	—	—	75	73	1.23	0.10	0.88	0.08	168	145
防城港	109	31.5	9	6.0	—	120	—	—	38	37	0.84	0.09	0.57	0.05	86	74
钦州	281	32.1	19	3.7	—	313	—	—	96	94	1.37	0.11	0.97	0.07	185	173
贵港	320	37.4	22	5.2	—	376	—	—	111	108	1.60	0.10	1.12	0.17	247	223
玉林	448	34.6	33	3.5	—	534	—	—	159	153	2.05	0.14	1.41	0.14	344	310
百色	370	42.0	25	5.6	—	367	—	—	107	104	1.93	0.11	1.34	0.09	212	197
贺州	174	34.1	11	5.3	—	198	—	—	58	56	0.93	0.09	0.60	0.04	117	108
河池	327	39.7	22	3.0	—	338	—	—	109	106	1.78	0.09	1.18	0.06	221	204
来宾	194	34.6	12	6.9	—	220	—	—	66	64	1.13	0.05	0.83	0.04	136	126
崇左	202	36.9	14	4.0	—	227	—	—	71	69	1.12	0.06	0.81	0.05	133	124

资料来源：广西壮族自治区通信管理局网站。

4.2 "互联网+"背景下广西对东盟外贸发展方式转型升级影响因素评价

4.2.1 评价方法及工具——AHP 简介

AHP（Analytic Hierarchy Process），即层次分析法是由美国著名运筹学家、匹兹堡大学教授萨蒂（T. L. Saaty）最早提出的一种定性与定量相结合，系统化、层次化的多目标评价决策法。该方法一般用来进行多准则决策，其基本步骤是：首先，将较为复杂繁琐的问题进行分解，找出问题当中的关联结构，并建立整体层次的结构模型；其次，构造各个层次成对比较矩阵，再由专家对比较矩阵中两两要素的重要性程度比较打分；再次，对专家打分后得到的每一个判断矩阵进行一致性检验，在这一步，如果某个判断矩阵未能通过检验，需要专家对原先的判断做出调整，直到该矩阵一致性检验通过为止；最后，在所有矩阵通过一致性检验后，对整体组合再进行一致性检验（假如是多专家分别打分的话，还包括对合并所有专家打分后的整体组合进行一致性检验），如果通过即可计算得出各个因素的整体权重，并用于分析研究对象的最终评估结果。

由于要邀请多位专家对目标对象开展系统化、层次化的评价，这需要极为复杂的计算过程，所以本书使用 Yaahp 软件对"互联网+"背景下广西对东盟外贸发展方式转型升级影响因素进行测评，该软件能够辅助开展层次分析法（Analytic Hierarchy Process，AHP），为使用层次分析法的群决策过程提供模型构造、计算和分析等方面的帮助。

4.2.2 影响因素评价指标体系构建

为能够全面系统科学地考察影响"互联网+"背景下广西对东盟外贸发展方式转型升级的各项因素，根据第2章构建的沿边地区"互联网+外贸"发展方式转型升级动力机制的 INGEST 分析框架，本书第4章的 4.1 通过逻辑推理法、文献分析法、实地调查法已经筛选出影响"互联网+"背景下广西外贸发展方式转型升级六大因素——即互联网互动、大自然回报、政府调控、经济开放、社会参与、技术创新的二级指标和三级指标。

根据 AHP 分析方法，本书构建如下影响因素评价指标体系（见表 4-18）：

表 4-18 　 "互联网+" 背景下广西对东盟外贸发展方式转型升级影响因素评价指标体系

一级指标 （准则层）	二级指标 （指标层）	三级指标 （子指标层）	编号
互联网 互动	中国（广西）和东盟国家 互联网用户规模	广西互联网普及程度	I11
		东盟国家互联网用户规模	I12
		利用互联网从事国际贸易相关活动的广西互联网用户数量	I13
	中国（广西）和东盟国家 互联网用户之间的互动 便利	中国（广西）和东盟国家互联网用户联网沟通的自由度	I21
		中国（广西）和东盟国家互联网用户联网沟通的便利程度	I22
大自然 回报	广西开展面向东盟国家贸易活动所面临的东盟国家 自然环境压力	面向中国（广西）市场的东盟国家自然资源可开发数量	N11
		东盟国家生态环境保护力度	N12
	广西开展面向东盟国家贸易活动所依附的广西区内 自然环境	面向东盟市场的广西自然资源可开发数量	N21
		国际贸易活动中广西自然环境的承受能力	N22
政府调控	国家和自治区各级政府制定的关于 "互联网+外贸" 发展的公共决策	国家和自治区各级政府发展 "互联网+外贸" 的法律法规	G11
		国家和自治区各级政府发展 "互联网+外贸" 的政策支持	G12
	国家和自治区各级政府关于 "互联网+外贸" 发展 公共决策的实施	各级政府外贸直接管理部门的服务水平	G21
		各级政府外贸相关部门（不包括外贸直管部门）的服务水平	G22

续表

一级指标 (准则层)	二级指标 (指标层)	三级指标 (子指标层)	编号
经济开放	广西经济开放的基础	邻近东盟国家市场的区位优势	E11
		要素流动自由程度	E12
		交通与物流基础设施质量	E13
		面向东盟市场的相关产业及支持性产业发展	E14
		广西外贸领军企业数量及国际竞争力	E15
	广西经济开放的程度	面向国内市场的对内开放度	E21
		面向国际市场的对外开放度	E22
	广西经济开放的潜力	东盟国家市场需求状况	E31
		全球产业重新布局	E32
		全球贸易保护动向	E33
		广西战略型产业的培育能力	E34
社会参与	公民在广西对东盟外贸发展方式转型升级中的社会参与	本地居民关注广西与东盟贸易发展的广泛度	S11
		本地居民参与推动广西对东盟外贸发展方式转型升级的数量	S12
	组织在广西对东盟外贸发展方式转型升级中的社会参与	本地企业参与广西对东盟外贸发展方式转型升级的数量及其实践能力	S21
		国内各级各类行业组织对广西与东盟贸易发展方式转型升级的介入度	S22
技术创新	全球"互联网+外贸"相关技术创新	全球"互联网+外贸"相关技术创新的数量与速度	T11
		全球"互联网+外贸"相关技术的创新质量与层次	T12
	广西"互联网+外贸"相关技术创新	广西"互联网+外贸"相关技术创新能力	T21
		新技术在广西"互联网+外贸"领域中的应用范围	T22

第1层：目标层，即"互联网+"背景下广西对东盟外贸发展方式转型升级。

第2层：准则层，即"互联网+"背景下广西对东盟外贸发展方式转型升级影响因素主要由哪些因素组成，包含互联网互动、大自然回报、政府调控、经济开放、社会参与、技术创新六大方面。

第3层：指标层，每一个评价准则当中细分的指标，如互联网互动包含中国（广西）和东盟国家互联网用户规模、中国（广西）和东盟国家互联网用户之间的互动便利 2 个指标；大自然回报包含的广西开展面向东盟国家贸易活动所依附的广西区内自然环境、广西开展面向东盟国家贸易活动所面临的东盟国家自然环境压力 2 个指标。这一层共有 13 个指标。

第 4 层：子指标层，即每一个指标层再细分的下一级指标，如互联网互动包含中国（广西）和东盟国家互联网用户规模这一指标就包括广西互联网普及程度、东盟国家互联网用户规模、利用互联网从事国际贸易相关活动的广西互联网用户数量 3 个指标。这一层共有 32 个指标。

4.2.3　基于 AHP 的影响因素权重计算

根据 AHP 方法进行多准则决策的基本步骤，以及 Yaahp 软件开展层次分析的操作流程，本书按如下次序计算“互联网+”背景下广西对东盟外贸发展方式转型升级影响因素的权重：

第一步：建立层次结构模型。将“互联网+”背景下广西对东盟外贸发展方式转型升级影响因素设定为目标层，然后按照准则层、指标层、子指标层从高到低的相互关系进行分类，然后做出层次结构表（见表 4-18）。之后，使用 Yaahp 软件绘制层次模型。

第二步：判断矩阵生成。在第一步构建的“互联网+”背景下广西对东盟外贸发展方式转型升级影响因素层次模型基础上，Yaahp 软件据此进行解析并生成判断矩阵。表 4-19 给出了一个判断矩阵示例，转换为问卷的题项，其意思是：“关于公民在广西对东盟外贸发展方式转型升级中的社会参与，您认为‘本地居民关注广西与东盟贸易发展的广泛度’与‘本地居民实际参与推动广西对东盟外贸发展方式转型升级的数量’，两因素比较，前者比后者其影响力程度是多少？”

表 4-19　判断矩阵示例

	本地居民关注广西与东盟贸易发展的广泛度	本地居民实际参与推动广西对东盟外贸发展方式转型升级的数量
本地居民关注广西与东盟贸易发展的广泛度	1	
本地居民实际参与推动广西对东盟外贸发展方式转型升级的数量	—	1

注：①“—”表示此处单元格不需被调查填写评价值；②表中留空单元格表示被调查者两因素比较后影响力程度评价值的填写之处。

第三步：两两比较数据的收集及输入。本章采用 Yaahp 软件的群决策功能进行影响因素的层次分析，为尽可能提升研究结论的客观性，共邀请了 9 位专家参与"互联网+"背景下广西对东盟外贸发展方式转型升级影响因素的评价，这些专家大都从事过和广西与东盟"互联网+外贸"主题相关的研究，每位专家因职业不同分别对应如下经验背景：有的从事过广西外贸管理部门的领导工作，有的在广西区级人文社科重点研究基地从事相关研究，有的从事过广西与东盟政府间经贸合作的联系工作，有的具有"互联网+外贸"创新创业经验，有的曾为数十家企业提供过企业咨询服务，有的在高校具有丰富的跨境电商和国际商务教学科研经历，还有的专家曾在外贸大省广东、国家向西开放门户新疆，以及与广西外贸有紧密合作关系的四川、重庆、贵州等典型地区有生活学习及工作经历。关于上述专家问卷收据的收集及输入，本章根据被调查专家计算机操作习惯，设计了两种方式：一种方式是采用了 Yaahp 层次分析软件，生成 Yaahp 专家数据调查问卷，发送给专家填写完成后邮件返回。另一种方式是根据判断矩阵，设计 Excel 表格问卷，发送给专家，在收集到专家问卷数据后，以判断矩阵形式输入。关于指标体系中各因素之间的相互比较，本章以比例标度表中的各项值（见表 4-20）为标准对各因素之间的影响力程度进行等级评定。

表 4-20　层次结构模型标度解析

标度	意义
1	相比较的两因素影响力相同
3	前者因素比后者因素影响力略微强
5	前者因素比后者因素影响力强
7	前者因素比后者因素影响力明显强
9	前者因素比后者因素影响力绝对强
2、4、6、8	介于近邻单数标度区间的折中重要度
标度值倒数（1/2、1/3、1/4、…、1/9）	后者因素比前者因素重要比例

第四步：判断矩阵一致性检验。由于在调查开始前，调查人员都向被调查对象说明了问卷设计思路和问卷填写需要注意的问题。所以总体而言，通过

Yaahp 专家数据调查问卷得到专家调查收据都能通过矩阵一致性检验，然后针对 Excel 表格问卷收集回来的专家调查数据，本章利用 Yaahp 软件提供的不一致判断矩阵自动修正功能，对专家问卷调查数据进行的调整，得到满足一致性要求的修正判断矩阵。至于层次单排序及其一致性检验，其简要过程如表 4-21 所示：

表 4-21　一致性检验的步骤

步骤	内容
第一步	计算一致性指标 CI，$CI = \dfrac{\lambda max - n}{n-1}$
第二步	查询对应的平均随机一致性指标 RI
第三步	计算一致性比例 CR，$CR = \dfrac{CI}{RI}$

表 4-21 中，λmax 表示判断矩阵的最大特征值。RI 是引入的随机一致性指标，一致性指标 RI 和判断矩阵的阶数有关，在一般情况下，矩阵阶数越大，则出现一致性随机偏离的可能性也越大，其对应关系如表 4-22 所示。第三步计算得到的一致性比例 CR，如果 CR<0.1，可认为对比矩阵一致性检验通过，对比矩阵成立；否则对比矩阵不成立，需要对判断矩阵进行修正[1]。

第五步：群决策相对权重计算。在确保每位专家调查数据生成的判断矩阵都通过一致性检验后，在 Yaahp 软件选择专家结果权重加权算术平均得到 "互联网+" 背景下广西对东盟外贸发展方式转型升级影响因素各层级指标的权重。

表 4-22　平均随机一致性指标 RI 标准值

n	1	2	3	4	5	6	7	8	9
RI	0	0	0.58	0.90	1.12	1.24	1.32	1.41	1.49

---

① 许树柏. 实用决策方法：层次分析法原理 [M]. 天津：天津大学出版社，1988.

4.2.4 评价体系各层次权重计算结果及分析

4.2.4.1 影响因素准则层权重值分析

根据判断矩阵个性指标对准则层进行权重计算，得到"互联网+"背景下广西对东盟外贸发展方式转型升级影响因素准则层指标权重占比，结果如图4-6所示。由图4-6可知，准则层指标权重占比排序，影响"互联网+"背景下广西对东盟外贸发展方式转型升级的因素，其影响力程度大小依次为：政府调控（0.223）>互联网互动（0.2066）>技术创新（0.2006）>经济开放（0.1812）>社会参与（0.1023）>大自然回报（0.0863）。

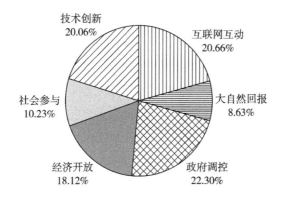

图4-6 "互联网+"背景下广西对东盟外贸发展方式转型升级影响因素指标权重占比

以上结果说明，政府调控行为是"互联网+"背景下广西对东盟外贸发展方式转型升级的第一推动力量。那么，政府高效有益的调控措施将有助于引导有形要素利用"互联网+"在广西涉外企业和行业重新调整和从结构上纠偏有形要素的边际收益，甚至还能促进某一产业新的比较优势的形成。然后，互联网互动和技术创新对"互联网+"背景下广西对东盟外贸发展方式转型升级的影响程度相近，分别占比 20.66%、20.06%，说明开放、共享、互联、互动的网络环境与"互联网+外贸"发展的相关技术创新动力相近，当前都是推动广西对东盟"互联网+外贸"发展方式转型升级的重要力量。但需注意的是，由于互联网具有双刃性，对于恶性不良的互联网互动阻碍外贸发展的行为，一定要及时予以关注和引导，才能有效促进广西对东盟"互联网+外贸"发展方式转型升级。经济开放因素权重大小为 0.1812，虽然位居第4，但占比也达 18.12%，接近前三各要素的比例，说明广西开放型经济建设能够较大程度地推动广西对东盟"互联网+外贸"发展方式转型升级，是不可忽视的重要力量。其他两个动力因素，社会参与权重占比为10.23%，大自然回报权重占比为8.63%，表明在当前广西对东盟"互联网+外贸"发展方式转型升级活动中，社会参与与大自然回报的影响力还不够突出，但不可否认的是，在广西外贸发展活动中，除了政府的宏观调控外，当地居民、企业是否愿意并主动地参与其中对沿边地区"互联网+外贸"发展方式转型升级也有着一定的影响。大自然回报与人类生存息息相关，外贸发展方式转型升级需要人和自然同时发挥作用，好的生态环境能够为外贸发展方式转型升级积蓄力量；反之遭受严重破坏的生态环境也将使外贸活动因自然的报复而停止。

总体而言，虽然以上要素权重值之间存在一定的差异，但也明确了现今推动广西对东盟"互联网+外贸"发展方式转型升级考虑因素的侧重方向和优先顺序。因此在开放型经济背景下，以政府为主导，通过政府调控塑造良好的开放市场环境，促进消费者与经营者、经营者与经营者之间良性的互联网互动，同时鼓励企业进行技术创新，并兼顾现有的自然资源充分合理开发利用，才能更好地形成广西对东盟"互联网+外贸"发展的更高级形态。

4.2.4.2 影响因素指标层各因子权重分析

图4-7给出的是"互联网+"背景下广西对东盟外贸发展方式转型升级影响因素所有32个三级指标的权重，不难发现，新技术在广西"互联网+外贸"领域中的应用范围整体权重值为0.0942，在所有子指标中排第1位；指标权重大小排于第2位的是利用互联网从事国际贸易相关活动的广西互联网用户数量，其权重为0.0759；然后指标权重大小排名第3位至第6位的指标均属于政府调控的子指标。这意味着虽然从总体上看，政府调控是影响"互联网+"背景下广西对东盟外贸发展方式转型升级的第一主动力，但这只是政府各种调控手段和方式合力的结果，现今对广西与东盟外贸发展方式转型升级起到首要作用的还是技术创新中的新技术在广西"互联网+外贸"领域中的应用范围，然后是互联网互动中的利用互联网从事国际贸易相关活动的广西互联网用户数量。因此，有必要根据测度结果详细分析指标层各因子对广西与东盟"互联网+外贸"发展的作用。

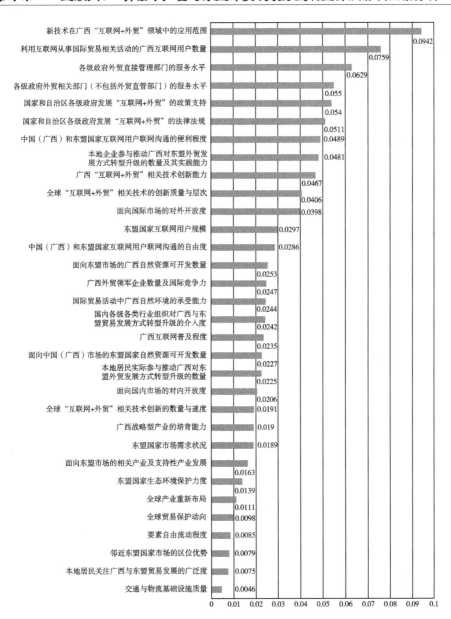

图4-7　"互联网+"背景下广西对东盟外贸发展方式转型升级影响因素指标层各因子权重

（1）互联网互动各因子权重分析。

从表4-23给出的测评结果可知，互联网互动的两个二级指标中，中国（广西）和东盟国家互联网用户规模权重值为0.625，中国（广西）和东盟国家互联网用户之间的互助便利权重值为0.375，说明影响广西对东盟外贸发展方式转型升级的互联网互动因素中，包括广西互联网用户在内的全中国及东盟国家互联网用户规模比这些地区网络用户之间互动的便利性更能产生作用。在构成中国（广西）和东盟国家互联网用户规模的三个指标中，又以利用互联网从事国际贸易相关活动的广西互联网用户数量的影响程度最大，其单因素权重值为0.5878，且在所有的32个子指标中，整体权重值为0.0759，排第2位，这意味着，利用互联网从事国际贸易相关活动的广西互联网人数越多，那么随着各种外贸活动从线下转到线上，然后借助大数据、云计算等先进技术获得更多的市场价值，如此将快速形成广西对东盟"互联网+外贸"的发展氛围，这将有力推动广西对东盟外贸发展方式的转变。至于广西互联网普及程度、东盟国家互联网用户规模这两个指标，后者的整体权重值大于前者，且两者相差0.0062，然后在所有的32个子指标中的排名中前者排第18位，后者排第12位，这说明广西互联网普及程度、东盟国家互联网用户规模虽然都能从总量上影响到广西对东盟外贸发展方式转型升级，但是当前广西最需要关注的规模指标还应该是利用互联网从事国际贸易相关活动的广西互联网用户数量。正如前文图4-1和表4-2所示，截止到2020年，广西互联网用户数已经达6450万户，超过广西常住户籍人口数，然后东盟十国的互联网用户人数也达51741.04万，普及率达76.78%，所以就外贸发展而言，相对于总体网络用户规模，当前引导更多广西互联网用户利用互联网从事国际贸易活动，更能有力促进广西对东盟外贸发展方式转型升级。

表4-23　互联网互动各因子影响广西对东盟外贸发展方式转型升级的权重

准则层 （一级指标）	指标层 （二级指标）	子指标层（三级指标）			
		指标名称	单因素 权重	整体 权重	整体权重 排名
互联网 互动 （0.2066）	中国（广西）和东盟 国家互联网用户规模 （0.625）	广西互联网普及程度	0.1819	0.0235	18
		东盟国家互联网用户规模	0.2303	0.0297	12
		利用互联网从事国际贸易相关 活动的广西互联网用户数量	0.5878	0.0759	2
	中国（广西）和东盟 国家互联网用户之间 的互动便利（0.375）	中国（广西）和东盟国家互联网 用户联网沟通的自由度	0.3694	0.0286	13
		中国（广西）和东盟国家互联网 用户联网沟通的便利程度	0.6306	0.0489	7

注：括号内的数值为单因素权重，即该指标相对于上一级指标的权重。

关于构成中国（广西）和东盟国家互联网用户之间互动便利的两个指标，其中，中国（广西）和东盟国家互联网用户沟通的自由度单因素权重值为0.3694，整体权重值排第13位；互联网用户联网沟通的便利程度单因素权重值为0.6306，整体权重值排第7位。这说明广西最需要关注的网络用户互动便利指标应该是广西与东盟国家互联网用户联网沟通的便利程度，而不是两个地区网络用户沟通的自由度。因为相对于联网沟通的便利程度而言，互联网本质上开放的特征，使网民自由表达自己的观点和诉求更为容易，除非出现极其严格的限制言论自由的法规与管控技术，否则网民在网络空间自由表达的权利将不会受到过多限制。倒是广西与东盟国家互联网用户联网沟通的便利程度更难实现，原因在于虽然中国不少互联网企业已经进军东盟市场，服务东盟用户，但由于广西与东盟国家语言不同，相应的即时通信软件研发和应用相对缓慢，加上思维方式差异、商业规则不同等因素，使当前中国（广西）和东盟国家互联网用户联网沟通的便利程度受到影响，进而增加广西互联网用户利用互联网从事与东盟国家贸易活动的难度，如此也必然影响到广西对东盟外贸发展方式转型升级。如此，结合前面提到的整体权重值排第2位的利用互联网从事国际贸易相关活动的广西互联网用户数量指标，要发挥互联网互动因素对"互联网+"背景下广西对东盟外贸发展方式转型升级的推动作用，当前广西最需要进一步提升中国（广西）和东盟国家互联网用户联网沟通的便利程度，引导更多广西的互联网用户利用互联网从事对东盟市场的国际贸易相关的活动。

（2）大自然回报各因子权重分析。

相对INGEST框架中其他五个因素而言，虽然大自然回报对"互联网+"背景下广西对东盟外贸发展方式转型升级的影响因素权重最小，仅为0.0863，但在绿色发展理念深入人心，全球气候变化备受关注，以及中国国内加大力度推动"碳达峰、碳中和"情况下，还需要关注大自然回报各因子对"互联网+"背景下广西对东盟外贸发展方式转型升级的影响。从表4-24给出的测评结果可知，大自然回报的两个二级指标中，广西开展面向东盟国家贸易活动所依附的广西区内自然环境单因素权重值为0.5759，广西开展面向东盟国家贸易活动所面临的东盟国家自然环境压力单因素权重值为0.4241，说明影响广西对东盟外贸发展方式转型升级的大自然回报因素中，广西开展面向东盟国家贸易活动所依附的广西区内自然环境更能产生作用。在构成广西开展面向东盟国家贸易活动所依附的广西区内自然环境的指标中，面向东盟市场的广西自然资源可开发数量、国际贸易活动中广西自然环境的承受能力两个指标单因素权重值相差不大，整体权重值在所有32个指标中的排名，一个排第14位，另一个排第16位，这意味着对这两个因素关注不应出现较大偏颇。对于构成广西开展面向东盟国家贸易活动所面临的东盟国家自然环境压力的两个指标，其中，面向中国（广西）市场的东盟国家自然资源可开发数量单因素权重值为0.6204，整体权重值在所有32个子指标中排第19位；东盟国家生态环境保护力度单因素权重值为0.3796，整体权重值在所有32个子指标中排第26位，由此可知，这两个因素对"互联网+"背景下广西对东盟外贸发展方式转型升级的影响作用相对而言，重要性不甚突出，但两者比较，更需要关注东盟国家自然资源数量变化，进而导致的面向中国国内市场的东盟国家自然资源可开发数量变化对广西外贸发展的影响。总体而言，我们需要时刻注意，人与自然密不可分，自然资源是人类赖以生存和发展的物质基础，是人类生活和生产资料最基本的来源，保护生态环境是实现可持续发展的重中之重，那么从广西与东盟外贸长远发展考虑，在合理开发自然资源的同时也要考虑自然的承受能力，不能过度开采自然资源，导致自然的失衡。

表4-24 大自然回报各因子影响广西对东盟外贸发展方式转型升级的权重

准则层 （一级指标）	指标层 （二级指标）	子指标层（三级指标）			
		指标名称	单因素权重	整体权重	整体权重排名
大自然回报 （0.0863）	广西开展面向东盟国家贸易活动所面临的东盟国家自然环境压力（0.4241）	面向中国（广西）市场的东盟国家自然资源可开发数量	0.6204	0.0227	19
		东盟国家生态环境保护力度	0.3796	0.0139	26
	广西开展面向东盟国家贸易活动所依附的广西区内自然环境（0.5759）	面向东盟市场的广西自然资源可开发数量	0.5093	0.0253	14
		国际贸易活动中广西自然环境的承受能力	0.4907	0.0244	16

注：括号内的数值为单因素权重，即该指标相对于上一级指标的权重。

（3）政府调控各因子权重分析。

政府调控是最能推动"互联网+"背景下广西对东盟外贸发展方式转型升级的力量，但由于政府调控的手段和方式多样，需要深入剖析政府调控各因子对"互联网+"背景下广西对东盟外贸发展方式转型升级的影响，才能采取有效措施，精准调控。从表 4-25 给出的测评结果可知，政府调控的两个二级指标中，国家和自治区各级政府关于"互联网+外贸"发展公共决策的实施单因素权重值为 0.5286，国家和自治区各级政府制定的关于"互联网+外贸"发展的公共决策单因素权重值为 0.4714，说明影响广西对东盟外贸发展方式转型升级的政府调控因素中，比起公共决策本身，政府关于"互联网+外贸"发展公共决策的实施更能产生作用。在构成国家和自治区各级政府关于"互联网+外贸"发展公共决策实施的指标中，各级政府外贸直接管理部门的服务水平、各级政府外贸相关部门（不包括外贸直管部门）的服务水平两个指标单因素权重值，前者为 0.5335，后者为 0.4665，前者的整体权重值为 0.0629，在所有 32 个子指标中排第 3 位，后者为 0.0550，排第 4 位，可以说相差不大，但都能够较大影响到"互联网+"背景下广西对东盟外贸发展方式的转型升级。这意味着要发挥政府调控作用，应该同时关注各级政府外贸直接管理部门和非直接管理部门将国家和自治区制定的方针政策落实情况，并强调部门之间的协调配合。

表 4-25 政府调控各因子影响广西对东盟外贸发展方式转型升级的权重

准则层 （一级指标）	指标层 （二级指标）	子指标层（三级指标）			
		指标名称	单因素 权重	整体 权重	整体权重 排名
政府 调控 （0.223）	国家和自治区各级政府制定的关于"互联网+外贸"发展的公共决策（0.4714）	国家和自治区各级政府发展"互联网+外贸"的法律法规	0.4861	0.0511	6
		国家和自治区各级政府发展"互联网+外贸"的政策支持	0.5139	0.0540	5
	国家和自治区各级政府关于"互联网+外贸"发展公共决策的实施（0.5286）	各级政府外贸直接管理部门的服务水平	0.5335	0.0629	3
		各级政府外贸相关部门（不包括外贸直管部门）的服务水平	0.4665	0.0550	4

注：括号内的数值为单因素权重，即该指标相对于上一级指标的权重。

对于构成国家和自治区各级政府制定的关于"互联网+外贸"发展的公共决策的两个指标，其中，国家和自治区各级政府发展"互联网+外贸"的政策支持单因素权重值为0.5139，整体权重值（0.0540）在所有32个子指标中排第5位；国家和自治区各级政府发展"互联网+外贸"的法律法规单因素权重值为0.4861，整体权重值（0.0511）在所有32个子指标中排第6位，由此可知，这两个因素对"互联网+"背景下广西对东盟外贸发展方式转型升级的影响作用都同样非常突出，只不过相对于法律法规而言，广西更需要关注国家和自治区各级政府关于发展"互联网+外贸"的政策支持，因为当前在"互联网+外贸"发展的诸多制度中，国家和自治区各级政府的关于"互联网+外贸"的相关政策更能紧跟快速发展的"互联网+"创新环境，从而其引导外贸转型升级的政策调整更加灵活，也更具指向性。

　　综合分析政府调控各因子的权重大小及排名，由于所有影响"互联网+"背景下广西对东盟外贸发展方式转型升级政府调控各因子的权重大小相差不大，在所有32个子指标中排第3位至第6位，这意味着政府调控对"互联网+"背景下广西对东盟外贸发展方式转型升级的影响是全面系统的，政府调控的各项举措也是同等重要的。因此，要实现广西对东盟外贸发展方式的转型升级，要求政府立法、政策制定还有组织实施等各方面都要全方位协调同步推进，为市场主体营造良好的法治环境和提供必要的政策支持，同时也要政府各级部门通力合作，将国家和自治区制定的各种"互联网+外贸"相关政策落实到位。

　　（4）经济开放各因子权重分析。

　　从表4-26给出的测评结果可知，经济开放的三个二级指标广西经济开放的基础、广西经济开放的程度、广西经济开放的潜力，三者之间的权重值相差很近，其权重值分别为0.3425、0.3333、0.3242，这意味着要通过经济开放的作用实现"互联网+"背景下广西对东盟外贸发展方式的转型升级，不应对上述三个指标过度偏倚，需要在打牢广西经济开放的基础上，进一步扩大及深化广西经济开放的程度，然后还需尽量厚积广西经济开放的潜力。至于如何更好促进广西经济开放，需要对经济开放的三级指标具体分析。

表4-26　经济开放各因子影响广西对东盟外贸发展方式转型升级的权重

准则层 (一级指标)	指标层 (二级指标)	子指标层（三级指标）			
		指标名称	单因素 权重	整体 权重	整体权重 排名
经济开放 (0.1812)	广西经济开放的 基础（0.3425）	交通与物流基础设施质量	0.0738	0.0046	32
		邻近东盟国家市场的区位优势	0.1279	0.0079	30
		要素自由流动程度	0.1376	0.0085	29
		面向东盟市场的相关产业及支持性 产业发展	0.2621	0.0163	25
		广西外贸领军企业数量及国际竞 争力	0.3987	0.0247	15
	广西经济开放的 程度（0.3333）	面向国内市场的对内开放度	0.3418	0.0206	21
		面向国际市场的对外开放度	0.6582	0.0398	11
	广西经济开放的 潜力（0.3242）	东盟国家市场需求状况	0.3215	0.0189	24
		全球产业重新布局	0.1884	0.0111	27
		全球贸易保护动向	0.1666	0.0098	28
		广西战略型产业的培育能力	0.3234	0.019	23

注：括号内的数值为单因素权重，即该指标相对于上一级指标的权重。

在影响广西经济开放的基础的五个三级指标中，广西外贸领军企业数量及国际竞争力单因素权重值最高，为0.3987，这意味着扩充广西外贸领军企业队伍，增强广西外贸领军企业国际竞争力，将极大夯实广西经济开放的基础。因为在2020年全国外贸出口100强中广西企业有3家，其中，南宁富桂精密工业有限公司以18.3亿美元出口额位居第86，广西合安元贸易有限公司以17.8亿美元出口额位居第88，广西益瑞商贸有限公司以17亿美元出口额位居第94，这与排第1位的鸿富锦精密电子（郑州）有限公司316.4亿美元（2059亿元）出口额相比，差距巨大。此外，作为广西外贸出口排第1位的南宁富桂精密工业有限公司还只是广西2020年企业100强中排第10位的企业（营业收入419.59亿元），由此可见，进一步扩充广西外贸领军企业队伍，增强广西外贸领军企业国际竞争力显得尤为迫切，才能更好地引领广西对东盟外贸发展方式转型升级。广西经济开放基础的其他四个三级指标，面向东盟市场的相关产业及支持性产业发展单因素权重值为0.2621，要素自由流动权重值为0.1279，邻近东盟国家市场的区位优势权重值为 0.0738，交通与物流基础设施质量权重值为 0.1376，这些指标的整体权重排名都位于所有 32 个子指标的第 25 位及以后，这反映出面向东盟市场的相关产业及支持性产业发展等因素能够较好支撑广西经济开放，但还不是目前推动广西对东盟外贸发展方式转型升级的突出重要因素。

在影响广西经济开放程度的两个子因子中，单因素权重值最高的是面向国际市场的对外开放度，权重值为 0.6582，而且整体权重排第 11 位，这说明面向国际市场开放范围越广，程度越高，广西对外贸易活动越多，越有利于各种生产要素的流动和实现资源的优化配置，因此应该成为以开放带动广西对东盟外贸发展方式转型升级的首要考虑因素。其次是面向国内市场的开放度，单因素权重值为 0.3418，这说明对内开放在广西全方位开放格局中属于次要考虑的地位，但随着国家加速构建以国内循环为主导、国内与国际双循环共同推进的新型经济发展格局，今后广西的对内开放应该朝着更深层次推进。

关于广西经济开放潜力的四个三级指标，广西战略型产业的培育能力单因素权重值最高，为 0.3234，其次是东盟国家市场需求状况，权重值为 0.3215，两者合计 0.6449，这意味着如果广西能够根据东盟国家市场需求状况，着力培育战略型产业，将较大程度积蓄广西经济开放潜力。因为广西对东盟的外贸活动需要充分了解东盟国家市场需求，这样不仅方便企业更好地平衡产供销的问题，制定正确的营销战略，也利于企业在实施营销战略计划的过程中，可以根据市场需求分析取得的最新信息资料，检验和判断企业的营销战略计划是否需要修改，如何修改才能确保在新需求情况的战略计划顺利实施。其他两个指标，全球产业重新布局权重值为 0.1884，全球贸易保护动向权重值为 0.1666，且两者整体权重排名比较靠后，所以目前未能较大程度影响广西对东盟外贸发展方式转型升级。但需注意的是，全球产业重新布局是一个持续调整的过程，全球产业重新布局主要取决于供给满足需求的空间分布，是随着供需动态调整平衡而变化的，在贸易保护主义抬头，周边国家政治复杂多变的国际环境下，要时刻关注全球专业重新布局和全球贸易保护动向，以便能够更好地挖掘广西经济开放的潜力。

（5）社会参与各因子权重分析。

就影响因素权重大小而言，社会参与对"互联网+"背景下广西对东盟外贸发展方式转型升级的影响因素权重为 0.1023，是 INGEST 框架中影响力排倒数第 2 位的一个因素。虽然如此，由于广西对东盟外贸发展离不开本地公民和非政治组织的参与，所以还需要关注公民和组织在广西对东盟"互联网+外贸"发展中的影响。从表4-27给出的测评结果可知，社会参与的两个二级指标中，组织在广西对东盟外贸发展方式转型升级中的社会参与单因素权重值为0.7063，公民在广西对东盟外贸发展方式转型升级中的社会参与单因素权重值为0.2937，说明影响广西对东盟外贸发展方式转型升级的社会参与因素中，包括企业和行业协会在内的各类非政治组织更能促进"互联网+"背景下广西对东盟外贸发展方式转型升级。

表4-27 社会参与各因子影响广西对东盟外贸发展方式转型升级的权重

准则层 （一级指标）	指标层 （二级指标）	子指标层（三级指标）			
		指标名称	单因素 权重	整体 权重	整体权重 排名
社会 参与 （0.1023）	公民在广西对东盟外贸 发展方式转型升级中的 社会参与（0.2937）	本地居民关注广西与东盟贸易 发展的广泛度	0.2512	0.0075	31
		本地居民参与推动广西对东盟 外贸发展方式转型升级的数量	0.7488	0.0225	20
	组织在广西对东盟外贸 发展方式转型升级中的 社会参与（0.7063）	本地企业参与广西对东盟外贸 发展方式转型升级的数量及其 实践能力	0.6651	0.0481	8
		国内各级各类行业组织对广西 与东盟贸易发展方式转型升级 的介入度	0.3349	0.0242	17

注：括号内的数值为单因素权重，即该指标相对于上一级指标的权重。

关于构成组织在广西对东盟外贸发展方式转型升级中社会参与的指标，本地企业参与广西对东盟外贸发展方式转型升级的数量及其实践能力单因素权重值为0.6651，整体权重值为0.0480，在所有32个子指标中排第8位；国内各级各类行业组织对广西与东盟贸易发展方式转型升级的介入度单因素权重值为0.3349，整体权重值为0.0242，然后在所有32个子指标中排第17位。两者比较可谓相差较大，这意味着企业作为一种组织形态，当前是有力推动广西对东盟外贸发展方式转型升级的组织社会参与。至于构成公民在广西对东盟外贸发展方式转型升级中社会参与的两个二级指标，两者整体权重都比较小，目前不是推动广西对东盟外贸发展方式转型升级的社会力量，但是本地居民参与推动广西对东盟外贸发展方式转型升级的数量在公民社会参与中的单因素权重为0.7488，说明公民社会参与产生作用的主要力量源泉更多是由居民的实际参与数量决定的，即公民实际参与的人数越多，公民社会参与对"互联网+"广西对东盟外贸发展方式转型升级影响力越大。

（6）技术创新各因子权重分析。

技术创新是推动"互联网+"背景下广西对东盟外贸发展方式转型升级的第三主动力，但是技术创新产生作用的动力源其贡献度有明显差异。从表4-28给出的测评结果可知，技术创新的两个二级指标中，广西"互联网+外贸"相关技术创新单因素权重值为0.7022，全球"互联网+外贸"相关技术创新单因素权重值为0.2978，说明影响广西对东盟外贸发展方式转型升级的技术创新因素中，比起广西区外的"互联网+外贸"相关技术创新，广西本地"互联网+外贸"相关技术创新更具决定性。

表4-28　技术创新各因子影响广西对东盟外贸发展方式转型升级的权重

准则层（一级指标）	指标层（二级指标）	子指标层（三级指标）			
		指标名称	单因素权重	整体权重	整体权重排名
技术创新（0.2006）	全球"互联网+外贸"相关技术创新（0.2978）	全球"互联网+外贸"相关技术创新的数量与速度	0.3204	0.0191	22
		全球"互联网+外贸"相关技术的创新质量与层次	0.6796	0.0406	10
	广西"互联网+外贸"相关技术创新（0.7022）	广西"互联网+外贸"相关技术创新能力	0.3315	0.0467	9
		新技术在广西"互联网+外贸"领域中的应用范围	0.6685	0.0942	1

注：括号内的数值为单因素权重，即该指标相对于上一级指标的权重。

在构成广西"互联网+外贸"相关技术创新的指标中，新技术在广西"互联网+外贸"领域中的应用范围单因素权重值为0.6685，整体权重值为0.0942，在所有32个子指标中排第1位；另一个指标广西"互联网+外贸"相关技术创新能力单因素权重值为0.3315，整体权重值排第9位。这说明广西最需要关注的本地"互联网+外贸"相关技术创新指标应该是新技术在广西"互联网+外贸"领域中的应用范围，而不是广西"互联网+外贸"相关技术创新能力。因为相对于技术创新能力而言，新技术在广西"互联网+外贸"领域中的大范围应用更容易产生经济效益，从而更能够刺激动力主体利用"互联网+外贸"相关技术开展创新创业活动。当然，这绝非否定广西就不要培育自身"互联网+外贸"相关技术创新能力；反之还要给予更多重视，因为相对于其他 31 个三级指标而言，其整体权重值排第 9 位，然后与排前 8 位的 8 个三级指标整体权重合计占全部指标整体权重的比例达 53.68%，这意味着只要这 9 个指标都能发挥积极作用，那么就汇聚了五成力量推动"互联网+"背景下广西对东盟外贸发展方式转型升级。总而言之，运用数字技术和数字工具推动外贸全流程各环节优化提升是广西对东盟外贸发展方式转型升级的重要手段，新技术在广西"互联网+外贸"领域中的应用范围越广，信息共享和资源对接越便利，与此同时，还应培育相应的技术创新能力，自己掌握核心技术，解决"卡脖子"的难题，才能占有更多的主动权。

关于促成技术创新产生作用的另一个二级指标全球"互联网+外贸"相关技术创新，在其所包含的两个子指标中，全球"互联网+外贸"相关技术的创新质量与层次单因素权重值为 0.6796，全球"互联网+外贸"相关技术的创新数量与速度单因素权重值为 0.3204，这意味着"互联网+外贸"相关技术的创新质量与层次更能带来广西对东盟的外贸发展方式转型升级，原因在于技术创新在于精而不在于多，高品质、高层次的技术创新能使企业更好地进行降本增效，也能为外贸的相关活动带来便利。

第5章 "互联网+"背景下典型地区外贸发展方式转型升级的经验及对广西的启示

5.1 "互联网+"背景下广东外贸发展方式转型升级经验

5.1.1 广东"互联网+外贸"发展方式的基本情况

广东是我国制造大省、网络大省、数字经济大省,其位于中国大陆最南部,毗邻港澳,和东南亚国家隔海相望,拥有广州港、深圳港、湛江港、珠海港和虎门港等多个亿吨大港,是中国大西南和华南地区货物出海的主要通道。最新的《2018年中国电子商务发展指数报告》显示,2018年广东省电子商务发展指数为65.6,连续四年稳居全国第一,因此,从综合电商基础环境、互联网商业化应用、物流环境及人力资本环境等多个维度来看,广东是我国"互联网+外贸"发展基础最好的地区之一。

近年来,广东不断发布政策引导"互联网+外贸"的发展,特别在跨境电商发展方面成效显著。截至2019年底,广州、深圳、珠海、东莞、佛山和汕头6个跨境电商综试区建设线上综合服务平台备案企业3918家,线下跨境电商产业园区25个,完成制度创新68项①。从海关总署广东分署公布的数据来看,2019

---

① 前瞻产业研究院.2020年广东省跨境电商行业发展现状分析跨境电商零售进出口规模位居全国首位［EB/OL］.（2020-10-13）［2021-06-10］.https：//www.sohu.com/a/424371315_ 473133.

年我国广东跨境电商进出口总值达 1107.9 亿元，同比增长 45.8%，占据了我国跨境电商总值（1862.1 亿元）的 59.5%，成了我国跨境电商进出口总值第一大省，也是我国"互联网+外贸"发展的"排头兵"。其中，广东跨境电商进口额为 366.2 亿元，增长 21.3%，占全国跨境电商进口的 39.9%；出口额为 741.6 亿元，增长 62%，占全国跨境电商出口额的 78.6%①。同时，2019 年广州、深圳、珠海、东莞、佛山和汕头 6 个跨境电商综试区进出口额合计 1079.6 亿元，占全省的 97.4%，综合试验区对广东"互联网+外贸"引领作用较为显著。2020 年受到新冠肺炎疫情影响，广东出入境人员和运输工具数量大幅减少（见图 5-1），但是广东凭借其优势支柱产业以及新兴产业集群的布局，加上实行跨境电商便利化通关新模式，互联网融入外贸活动各领域，广东"互联网+外贸"各类业务全面发展的格局初步形成，确保了广东外贸在全国乃至全球贸易格局中的地位。广东海关总署统计数据显示，2020 年，广东进出口规模占全国的 22%，继续稳居全国第一，东盟则成为广东第一大贸易伙伴②。

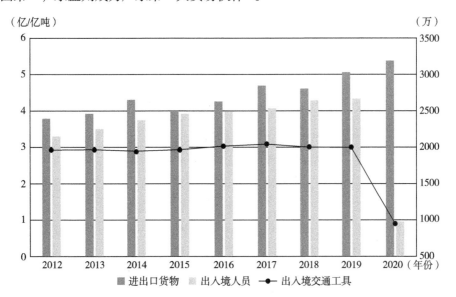

图 5-1 2020 年广东进出口货物、出入境人员和交通工具数量与往年比较

资料来源：广东商务厅网站。

① 观研天下. 广东跨境电商进出口值占全国总值 59.5% ［EB/OL］.（2020-01-17）［2021-06-10］. http：//news. chinabaogao. com/it/202001/011JM0542020. html.

② 佚名. 2020 广东进出口规模全国第一，东盟成广东第一大贸易伙伴 ［EB/OL］.（2021-01-21）［2021-06-10］. https：//www. 163. com/dy/article/G0TBN59C0514R9P4. html.

5.1.2 广东"互联网+外贸"发展方式转型升级的实践经验

5.1.2.1 顺应数字化发展浪潮，持续推动外向型制造业资源利用方式数字化转型

进入互联网时代，各行各业因数字技术和互联网的广泛使用积累了大量的数据，这些数据如果能够被充分挖掘和用于产品生产和服务，将极大提升经济效益。正因如此，在当今世界，发达国家紧抓数字化发展重大机遇，不断加快推动本国制造业数字化发展步伐，由此全球贸易格局正开始重新调整，包括中国在内的众多发展中国家外贸发展将迎来更大的竞争压力。广东工业门类齐全，是我国外贸大省，省内电子信息、电器机械、石油化工、纺织服装、食品饮料、建筑材料等外向型产业在全国乃至全世界都具备一定的竞争优势。同时广东还是一个网络大省、数字经济大省，为了顺应数字化发展浪潮，推动广东制造业高质量发展，提升产业国际竞争力，广东一方面紧跟数字化潮流，在我国率先出台了支持工业互联网发展的政策措施，加快新一代信息技术与制造业融合发展，推动外向型制造业资源利用方式数字化转型；另一方面于2020年5月发布了《广东省人民政府关于培育发展战略性支柱产业集群和战略性新兴产业集群的意见》，进一步强化广东支柱产业和战略新兴产业在中国的领先地位，培育具有全球竞争力的产业集群，为当地企业向外开展跨境电商业务提供强有力的支撑。

其中，在外向型制造业资源利用方式数字化转型方面，广东以工业互联网为重要抓手，全方位、全链条赋能制造业数字化转型。具体做法包括以下两种：一是集中力量推进5G网络、工业互联网等新型基础设施建设，为制造业资源利用方式数字化转型夯实网络支撑。2018年于广州在全国率先开通工业互联网标识解析国家顶级节点，截至2020年，全省累计建成5G基站12.4万座，数量居全国第一。二是按照"先典型引路、后全面推广"的实施路径，着力推动制造业企业数字化转型。在这点上，广东针对不同行业、不同规模的企业分类施策。其中，针对重点行业骨干企业，围绕行业典型应用场景，集中力量培育数字化转型标杆示范，为行业企业提供可供借鉴的经验；针对中小型工业企业，采取平台带动、事后奖补的方式，以生产制造、中小企业、初级应用等为重点，在研发管理协同、生产设备状态监控、智能排单调度等领域提供了超过400项应用服务，推动中小企业"上云上平台"数字化转型。特别指出的是，鉴于广东产业集群产业集聚特征明显，上述企业分类施策都是从集群入手，从产业集群产业链资源共

享、协同制造等重点环节切入，开展产业集群数字化转型试点。目前，主要推动东莞松山湖电子信息、广州花都狮岭箱包皮具、佛山顺德小家电、揭阳揭东塑料日用品等 16 个产业集群率先试点，探索集群整体数字化转型的创新路径。

5.1.2.2 大力发展跨境电商，引领传统外贸转型升级

随着互联网在全世界普及和全球物流体系日趋完善，跨境电商由于通过互联网直接与客户沟通而开展进出口贸易活动，从而极大地降低了外贸准入门槛和扩大了贸易范围和提高贸易效率，也因此日渐成为当前我国"互联网+外贸"最典型和重要的外贸发展模式。广东一直以来都是我国外贸进出口大省，积极采取"互联网+外贸"的发展策略，促进传统外贸企业同跨境电子商务相融合，跨境电商引领传统外贸"互联网+"也走在全国前列。其中，早在 2012 年就开始启动了"广货网上行"活动；2013 年 2 月，由广东省政府办公厅发布了《关于加快发展电子商务的意见》，为电子商务创造了良好的政策环境。近年来，广东省积极响应我国对跨境电商的发展规划，不断发布政策促进广东省跨境电子商务产业链和支撑服务体系融合发展。2015 年，广东省政府出台了《广东省促进外贸稳定增长和转型升级若干措施》，明确提出全面推广跨境电子商务出口业务。2016 年出台了《关于促进跨境电子商务健康快速发展的实施意见》。之后的三年时间里，广东省政府又分别印发促进广州、深圳、珠海、东莞、汕头、佛山等地区的中国跨境电商综合试验区实施方案，开始探索跨境电子商务促外贸转型新路径。据统计，截至 2019 年底，广州、深圳、珠海、东莞、佛山和汕头 6 个跨境电商综试区建设线上综合服务平台备案企业 3918 家，线下跨境电商产业园区 25个，完成制度创新 68 项。同时，广州、深圳、珠海、东莞、佛山和汕头 6 个跨境电商综试区进出口额合计 1079.6 亿元，占全省的 97.4%，表明综合试验区对广东省传统外贸转型升级的引领作用较为显著。2020 年，新冠肺炎疫情在全球蔓延，包括广东省在内的全国各地传统外贸受到极大冲击，于是广东省政府主动申报又新获批 7 个跨境电子商务综合试验区，跨境电商综合试验区总数达 13 个，位居全国第一。另据《中国电子商务报告（2019）》，2019 年广东跨境电商进出口总值、跨境出口电商企业数量、跨境网购用户数量、跨境电商投融资分布都居全国首位，广东已然作为国内跨境电商产业的领跑者。鉴于此，广东省政府随即发布政策加快复制推广前四批综合试验区成熟经验做法，推动产业转型升级，开展跨境电商品牌建设，助力广东省跨境电商产业全面发展。目前广东省"物流畅通、通关便捷、监管有效"的跨境电商便利化通关新模式运行顺畅，13 个跨境

电商综合试验区错位有序发展，各类业务全面发展的跨境电商枢纽基地初步形成。尤其是新冠肺炎疫情发生后，跨境电商更为稳住广东外贸基本盘，促进传统外贸转型升级注入强大的新动能。

值得一提的是，2019年广州跨境电商总规模达444.4亿元，同比增长80.1%，跨境电商总规模占全省的40.11%，"广州经验"可以概括为：一是政府重视。"十三五"期间，广州先后发布《关于加快电子商务发展的实施方案》《关于推动电子商务跨越式发展的若干措施》《广州市推动跨境电子商务高质量发展若干措施》。二是早谋划，2013年广州市开始着手建设跨境电子商务线上综合服务平台，经过多年的实践和不断完善，平台已经完成跨境直购进口通关服务、跨境保税进口通关服务、跨境零售出口通关服务、跨境B2B通关服务、监管园区物流信息管理、跨境商品溯源跟踪管理、消费者服务、平台监控、身份认证、跨境大数据分析十大功能板块的建设，在全国各综试区平台建设水平中处于前列。三是坚持服务理念。广州跨境电子商务线上综合服务平台按照"一个窗口、一个标准、一次递交"的理念进行规划和建设。由关、检、税、汇等部门形成集中工作组，制定出地方单一窗口跨境数据接口标准，为企业提供统一接入技术，让企业只需要发送一次数据，就能实现海关、检验检疫等多个单位共享数据。四是信息共享。平台已经对接海关总署、广州海关、黄埔海关、省市检验检疫局、市国税、公安等部门，且实现了部门信息共享。同时广泛服务于电商企业、电商平台企业、物流企业、园区服务企业、理货企业及外贸综合服务企业等多类跨境电子商务相关企业[1]。五是勇于创新。率先切换海关总署跨境电商零售进、出口统一版信息化系统；率先推出跨境电商商品溯源体系；率先推动建设广州跨境贸易电子商务公共服务平台与全国首个政务数据达"亿级"数量的"微警认证"市民身份认证系统平台融合，为早期解决个人年度限额认定问题提供"广州案例"。此外，还举办了2020年世界跨境电子商务大会，全球首发《跨境电子商务从业人员技能等级划分与评定》团体标准；指导广东银行外汇和跨境人民币业务展业自律机制出台《跨境电商业务展业自律指引》。

5.1.2.3 充分发挥"互联网+广交会"在稳外贸和促转型中的作用

广交会，即中国进出口商品交易会（旧称中国出口商品交易会），创办于1957年，由商务部和广东省人民政府联合主办，中国对外贸易中心承办。是中

---

① 中国跨境电商发展年鉴编委会.2018中国跨境电商发展年鉴［M］.北京：中国海关出版社，2018.

国目前历史最长、层次最高、规模最大、商品种类最全、到会采购商最多且分布国别地区最广、成交效果最好的综合性国际贸易盛会。在广交会上以出口贸易为主，但也做进口生意，同时还开展多种形式的经济技术合作与交流，以及商检、保险、运输、广告、咨询等业务活动。广东作为广交会主办地，省政府对每届广交会的举办都予以大力支持，同时还利用现代信息技术不断完善各项服务，将广交会打造成为广东乃至我国外贸第一促进平台。广东本地企业也将广交会作为展示自己的重要窗口和获取订单的重要载体。目前，广交会的贸易方式灵活多样，除传统的看样成交外，还举办网上交易会。2020 年 6 月，受新冠肺炎疫情影响，广交会首次完全在线上举办，旨为从政府层面给稳外贸传递信心。会上海内外客商在线展示产品，然后结合云计算、大数据、工业物联网等先进信息技术，为客商提供全天候网上推介、供采对接、在线洽谈等服务。正因如此，诸多企业可以在疫情影响下足不出户就能接触贸易领域的不同主体、环节和市场需求，同时还突破了时空限制，减少了中间环节，降低了参展成本。不仅如此，专家指出，全部实行以网络的形式展示，不仅将进一步刺激传统外贸企业转型升级的步伐，也将起到催化剂的作用，让传统外贸企业从思维理念、实施步伐等方面都加快步伐，也有助于帮助国内传统外贸企业在"全球买、全球卖"中实现转型升级[1]。特别指出的是，在首届广交会官网左下方专门开设了"跨境电商专区"专栏，全国 105 个跨境电商综试区首次集中向全球亮相，广东 13 个跨境电商综试区也各出推广妙招，每一个卖点都特色鲜明[2]。比如全国首个电子商务示范城市深圳，提出将持续加大产业扶持力度，鼓励跨境电商应用与业态创新，对跨境电商综试区服务体系建设的优质项目给予奖励。梅州、惠州、中山、江门、湛江、茂名、肇庆 7 市在广交会"云端"亮出了"互联网+外贸"发展路线图。

5.1.2.4 持续改革创新，营造"互联网+外贸"发展良好生态

广东坚持"政府引导、市场主导"，持续改革创新，重点培育工业互联网平台，打造制造业企业与平台企业跨界融通的工业互联网产业新生态，同时创新跨境电商服务模式，为"互联网+外贸"营造良好的环境。这方面的主要做法是：

一是培育发展工业互联网平台。首创"广东省工业互联网产业生态供给资源

① 佚名. 广交会首次变身"网交会"，有 3 大意义 4 大影响［EB/OL］. (2020-04-10)［2021-06-19］.https：//www.sohu.com/a/386880084_ 120589506.

② 陈晓，昌道励. 广东 13 个跨境电商综试区首次集中"上云"［EB/OL］. (2020-06-19)［2021-06-19］. http：//www.cac.gov.cn/2020/06/19/c_ 1594121090520384.htm.

池",引进培育了370多家优秀工业互联网平台及数字化转型服务商。促进一批大型工业互联网平台加快发展,重点培育了华为、富士康、树根互联、腾讯4家国家级跨行业、跨领域工业互联网平台,数量位居全国第一;引进树根互联总部、阿里云工业互联网总部等省外优秀服务商落地广东。同时也培育了云工厂、携客云、中望龙腾等一批中小型专业型、行业型工业互联网平台和数字化转型服务商快速成长。此外还涌现出欧派家居、维尚家具的在线个性化定制、协同设计,百布网、智布互联的纺织众包模式,模德宝的模具全生命周期管理服务等一批新模式新业态。特别是在新冠肺炎疫情防控期间打造了330多个工业互联网云产品,助力企业安全复工复产。

二是营造良好生态环境。成立广东工业互联网产业联盟及工业互联网专家委员会,开展供需精准对接、标杆项目培育等系列活动。连续四年举办中国工业互联网大会,突出专业化、市场化、精品化,展示工业互联网发展成果、撮合制造企业与工业互联网交易,打造工业互联网领域的"广交会"。

三是优化办事流程,创新服务模式。整合跨境电子商务所需要的通关、外汇、退税、工商、物流、检验检疫、金融等各个零散环节,变为一体化流程,制订便利化通关申报、物流管理等针对跨境电子商务的方案。建设"单一窗口"公共服务平台,促使税务、外汇监管部门、工商、海关等数据资源共享,以此减少业务手续、节约耗时,提供申报、查验、放行的一站式、一次性服务。试行跨境电商备案制管理,进一步放宽市场准入条件,吸引更多跨境电商企业入驻。

5.2 "互联网+"背景下黑龙江外贸发展方式转型升级经验

5.2.1 黑龙江"互联网+外贸"发展方式的基本情况

黑龙江省位于东北亚区域腹地,与俄罗斯接壤,是亚洲与太平洋地区陆路通往俄罗斯和欧洲大陆的重要通道,具有陆海联运的独特区位优势。70多年来,黑龙江省实现了从"简单易货贸易"到"全方位对外合作"的历史巨变①。进出口总额从中华人民共和国成立初期的仅 2 亿元增长到 2020 年的 1537 亿元，年均增长超过 10%，贸易伙伴发展到 200 多个国家和地区。其中，"十三五"期间，黑龙江对俄罗斯进出口份额占到全省外贸进出口总额的 60% 以上，占全国对俄贸易总额的 20% 左右②，居全国首位。特别在国家实施"互联网+"行动计划，大力发展"互联网+外贸"时候，2014 年，中华人民共和国海关总署批准哈尔滨市、牡丹江市、绥芬河市成为全国跨境贸易电子商务试点城市，助推黑龙江利用"互联网+"这一新的经济形态来推动对俄经贸合作的创新发展与转型升级。与此同时，黑龙江省进出口企业和商户就纷纷尝试电子商务，依靠阿里巴巴的全球速卖通、俄品汇、巨狐科技等一批发展较好的电商平台，抢占对俄跨境电商的发展先机。发展至今，黑龙江省对俄罗斯的电子商务贸易已稳居全国第一。2018年 7 月，国务院批复哈尔滨等 22 个城市为国家第三批跨境电子商务综合试验区，突出对俄罗斯和北美特色。近两年，黑龙江省以中国（哈尔滨）跨境电子商务综合试验区建设为主要突破口，全力推进地区"互联网+外贸"产业高质量发展，使省内涉电子商务企业数量激增，电子商务产业园、跨境电子商务平台、海外仓日益壮大。截至目前，哈尔滨电商综合试验区已吸引 120 多家电商企业入驻，形成了"一区四园"的产业格局，以及集航空、铁路、公路"三位一体"的立体化跨境物流体系，初步构筑起了要素集聚的产业新生态。

受益于跨境电商这种"互联网+外贸"发展新模式，现在黑龙江外贸除了向俄罗斯输出产品，增加本地区国民收入，同时也满足了俄罗斯对我国出口的便利，俄罗斯很多著名的品牌均在黑龙江开设实体店，囊括了人们日常所需的很多行业，从食品到生活用品等，线上和线下同时供人们选购，各种各样的产品也得到了国人采购的热情，每年的总交易额也达了几千万元的水平，这对俄罗斯的经济发展起到了很大的作用，也能让我国的人们生活质量有所提高，这种跨境电子商务平台的发展，不但促进了两国的发展，也给人们提供了很多就业机会，产生了很多新兴的职业，培育了很多专业的人才，让企业从中也能认识到发展的趋势，从而不断完善自己的经营体制，给社会带来一系列的正面作用。

① 张庆伟. 黑龙江：对俄罗斯进出口总额居全国首位 ［EB/OL］.（2019-09-06）［2021-06-19］. https://baijiahao.baidu.com/s? id=1643892804643757008&wfr=spider&for=pc.

② 郝迎灿. 黑龙江对俄贸易额年均增长 27.9% ［EB/OL］.（2019-09-06）［2021-06-19］. https://www.sohu.com/a/435695921_162758.

5.2.2 黑龙江"互联网+外贸"发展方式转型升级的实践经验

5.2.2.1 持续聚焦俄罗斯市场，紧抓机遇做强做实对俄贸易合作

作为中国与俄罗斯最东边的毗邻大省，黑龙江持续聚焦俄罗斯市场，时刻紧抓各种机遇，并不断挖掘自身潜力，促进与俄罗斯经贸合作转型升级。在中华人民共和国成立之初，黑龙江就利用独特的农业资源优势，与俄罗斯在粮食、蔬菜、瓜果种植等方面开展贸易往来。随着时代与科技的进步，特别是跨境电商的兴起，黑龙江省通过改革开放和积极利用信息技术开展与俄罗斯贸易合作，目前已经成为全国对俄贸易第一大省，并且其对俄罗斯的贸易规模还在持续扩大，贸易结构也日趋完善。相关数据表明，2018年，俄罗斯在中国出口跨境电商主要国家和地区分布占比为11.3%。凭借其地缘优势，黑龙江作为对俄跨境电子商务重要区位节点，对外贸易主要以俄罗斯市场为重，对俄进出口总额占全省进出口总额的比重约为61%。这方面的主要经验有：

一是紧抓机遇。一直以来，黑龙江都将俄罗斯作为本省对外开放合作的第一选择。特别是近年来，随着中俄两国战略协作伙伴关系不断深入，黑龙江不仅紧盯俄罗斯加入世贸组织、实施加快远东地区大开发战略等机会，而且紧紧抓住国家沿边开放和振兴东北老工业基地的历史机遇，深入实施"一带一路"倡议，对接"中蒙俄经济走廊"建设，大力发展对俄经贸合作，有力地推进了全省经济社会发展。

二是做强做实对俄贸易合作。在做强出口加工方面，主要在内陆中心城市建设加工制造业中心、在口岸城市建设进出口加工基地；规划建设省级外贸转型升级示范基地、进出口加工园区，扩大机电、轻工、建材、农副产品等地产品加工规模；加强与俄方产品标准体系对接，建立产品质量追溯体系和售后服务体系。在做实进口落地方面，重点培育落地加工类产业基地，扩大能源、原材料和初加工产品进口量，实现落地加工增值；支持在绥芬河建立对俄进口木材国家战略储备基地，推进牡绥地区建立木材集散中心；充分利用进口俄油在大庆作销的优势，努力将大庆打造成为我国重要的原油进口及交易基地。在做大服务贸易方面，发挥旅游、运输、工程承包等传统服务贸易的比较优势，抓住国家赋予黑龙

江哈尔滨、大庆"服务外包示范城市"的契机，积极承接对俄国际服务外包业务①。

三是推进合作方式转型升级。探索联合创办科技园区，共享服务网络等新的合作方式；支持在俄企业采用合营、参股、控股、并购等多种合作方式，在俄投资建设一批大型项目。

5.2.2.2 建设"数字龙江丝路"，为外贸发展开辟新空间

随着互联网的产生和普及以及数字技术不断进步，数字贸易随之兴起。目前，在商务实践中，数字贸易不仅囊括了电子商务，也包括了与货物交付相关的服务贸易，如仓储、物流、通关等。鉴于此，加上国家大力发展数字经济，黑龙江省委、省政府发布了《"数字龙江"发展规划（2019—2025 年）》，提出要积极参与 21 世纪"网上丝绸之路"的建设，加快推进对俄日韩数字贸易、网络文化等常态化、多元化合作，为黑龙江对外贸易发展注入新动能、提供新方向。目前主要经验有：

一是加快发展跨境电商。在 2014 年，受国际环境的影响，黑龙江传统外贸进入低谷期，于是黑龙江省对俄贸易企业和商户纷纷尝试电子商务，依靠阿里巴巴的全球速卖通、俄品汇、巨狐科技等一批发展较好的电商平台，抢占跨境电商的发展先机。随后为降低交易成本，有效缩短物流时间，这些跨境电商企业纷纷在黑龙江省边境和海外设立货仓。与此同时，黑龙江根据国务院及有关部委发布的一系列促进跨境电子商务发展的政策，相应地出台了很多政策鼓励跨境电商发展，促进外贸转型升级，使其成为推动黑龙江对俄贸易转型升级的原动力。2019年，黑龙江省设立了哈尔滨跨境电子商务综合试验区，并使其综合服务体系和进出口物流通道日趋完善，建立了航空、公路、铁路"三位一体"的跨境电商物流体系。同时，加强了对跨境电商海外仓的建设。目前哈尔滨市一共设立了 14 个跨境电商海外仓（11 个位于俄罗斯），其中，"俄速通"海外仓可将中俄跨境电商的物流时间从之前的 20 多天有效缩短到一周之内。此外，依托"互联网+物联网"技术，黑龙江省建立起了第一个中俄跨境电子商务监管中心——"中俄云仓"，吸引了大批电商和物流企业进驻其中，为跨境电商企业提供从交易到报

① 毛杰明. "一带一路"下黑龙江省扩大对俄经贸合作的思考［J］. 绥化学院学报，2020（12）：60-61.

关、报检、结汇、退税和物流配送的供应链全程服务①。

二是加快发展对俄第三方支付平台体系的建设，引导银行与第三方支付机构间的相互合作，比如位于绥芬河的中国银行支行与易智付科技有限公司合作共建了"绥易通"，将黑龙江省对俄贸易的订单、支付及物流融为一体。哈尔滨银行发挥对俄罗斯卢布结算的优势，针对黑龙江省对俄数字贸易在线支付、结算等金融服务要求，建立了跨境电商在线支付平台，解决黑龙江省与俄罗斯跨境电商企业收汇难、网上支付成本高等问题，也为俄罗斯提供电子钱包、支付终端、移动支付等便捷业务。

三是借助"互联网+"，黑龙江省加强与东北亚国家文化的交流互动，比如，哈尔滨国际油画交易中心搭建中俄艺术品电子商务平台，创立了中俄艺术品网上信息系统和交易系统；黑龙江省演艺集团通过与网络公司的合作，筹建文化产业大数据信息平台。

四是自贸区建设各方面采用数字技术。黑龙江省大力支持5G网络基站建设，运用大数据信息化方式构建新型行政审批管理体系，截至2020年8月，哈尔滨市已完成5G基站建设4157座，基本实现主城区5G信号全覆盖。在自贸试验区黑河片区采用数字化流程，实行数字化监管，建立了数字边民互市贸易管理系统，创新了对俄互市贸易农产品加工监管新模式，节省了互市贸易企业成本。

5.2.2.3 筑牢跨境产业合作基础与平台，深化与周边国家的经济合作

黑龙江省作为面向俄罗斯及东北亚开放的前沿和重要枢纽，其充分发挥对俄、蒙、日、韩等东北亚国家的地缘优势，在利用互联网打造跨境产业链，深化与周边国家的经济合作，促进由贸易合作上升为产业合作，实现外贸发展方式转型升级方面积累了一定经验。

一是注重跨境产业合作通道建设。包括推动中俄原油管道、中俄东线天然气项目的陆上能源通道建设；构建以哈尔滨为中心的绥芬河至满洲里、哈尔滨至大连构成的"丁"字形干线铁路，打造联结亚欧的重要贸易大通道；建造黑龙江沿边铁路，形成连接黑龙江内地和远东俄罗斯相关州区便捷、通畅的铁路网。构造包括"哈欧班列""哈俄班列""哈绥符釜"陆海联运和对俄货运包机航线等在内，集铁路、航空、海运、公路为一体的"西通欧洲东出海"综合跨境运输

---

① 杨宇，闫晶怡."数字龙江"战略下黑龙江省推进数字丝路建设的对策研究［J］.经济研究导刊，2021（11）：47-50.

体系，其中，"哈绥符釜"陆海联运改变了以往黑龙江省海运路线只能从大连港出发的单一方式。打造俄远东门户机场和东北亚区域枢纽，为"一带一路"黑龙江"陆海丝绸之路"经济带提供了运力支撑。目前，黑龙江有 4 个国际航空口岸机场，国际航线以俄、韩、日等周边国家为主，其中，开通有中国首条对俄航空货运"哈尔滨—叶卡捷琳堡"包机航线。

二是构筑经贸合作的产业支撑体系。构筑以哈尔滨、大庆、齐齐哈尔、佳木斯、牡丹江等中心城市为依托，以黑河、绥芬河、东宁、同江、抚远等边境口岸为节点的产业支撑体系，带动和引领对周边国家经贸合作产业转型升级。

三是打造高水平跨境产业合作平台。为了推动黑龙江企业"抱团出海"、形成海外产业集聚、维护企业合法权益，黑龙江省在俄罗斯远东地区建设了 16 个经贸合作区；同时，专门设立黑河边境经济合作区、绥芬河边境经济合作区，重点发展对俄经贸合作和出口导向型工业。将中国首个卢布使用试点市绥芬河市和对俄最大陆路口岸东宁打包向国家申报绥芬河—东宁重点开发开放试验区，争取国家政策支持。此外，黑龙江省还申报成立"绥芬河综合保税区"和"哈尔滨综合保税区"，在综合保税区开展国际中转、国际配送、国际采购、转口贸易、商品展销、进出口加工等业务。突出以对俄罗斯合作为主题的国家级新区"哈尔滨新区"建设。2019 年 8 月，立足黑河边境经济合作区、绥芬河边境经济合作区、哈尔滨新区的中国（黑龙江）自由贸易试验区获批成立，又进一步促进了黑龙江营商环境的优化和跨境产业合作，有力推动了黑龙江外贸发展方式转型升级。截至 2020 年 7 月，中国（黑龙江）自由贸易试验区新设立企业 4200 家；新签约项目 148 个，投资额 1838.58 亿元。

四是做精跨境产业会展平台。邀请多方参与，推动哈洽会由地方边境贸易洽谈会转变为国家级、国际性的经贸盛会。目前，中国哈尔滨国际经济贸易洽谈会已经举办了 31 届，现由中华人民共和国商务部、国家发展和改革委员会、中国国际贸易促进委员会、俄罗斯联邦经济发展部（2014 年起）、黑龙江省人民政府、浙江省人民政府、哈尔滨市人民政府共同主办。哈洽会也已成为开拓俄罗斯、独联体以及世界各国市场的窗口和桥梁。此外，黑龙江还重点打造了齐齐哈尔绿博会、牡丹江木博会、牡丹江石油钻采装备展、东宁机电展、佳木斯农机展、绥芬河名优商品展等专业性展会，帮助本省企业提高知名度和获取外贸订单，提高签约项目履约率，促进跨境产业合作。

5.3 "互联网+" 背景下新疆外贸
发展方式转型升级经验

5.3.1 新疆"互联网+外贸"发展方式的基本情况

新疆地处亚欧大陆腹地，与俄罗斯、哈萨克斯坦、吉尔吉斯斯坦、塔吉克斯坦、巴基斯坦、蒙古、印度、阿富汗八个国家陆路接壤，外贸以边境小额贸易为主，贸易对象主要分布在中亚及周边国家，其中哈萨克斯坦多年保持最大的贸易伙伴地位。据统计，2019 年新疆对哈萨克斯坦进出口总额为 754.4 亿元，增长 34.1%，占总值的 46%。2020 年，受全球新冠肺炎疫情的冲击，世界经济严重衰退，产业链、供应链循环受阻，在此背景下，新疆不断加快互联网在外贸的应用，在稳住主要贸易市场情况下，贸易结构持续改善，服务全球市场的能力继续提升。截至 2020 年底，拥有 179 个贸易伙伴国家和地区，对哈萨克斯坦、俄罗斯、美国等市场实现进出口贸易正增长，对哈进出口贸易总额占新疆外贸总值的比重更是超过五成。在跨境电子商务方面，新疆跨境电商的跨境电子商务普及率不断提升。2019 年新疆外贸企业跨境电子商务普及率为 19.75%，新疆外贸企业跨境电子商务网络营销普及率为 15.92%，在线采购普及率为 3.18%，较 2018 年有所提升。超过半数（58.62%）的外贸企业通过境外的网站宣传和推广企业产品；31.03% 的企业通过企业网站或者第三方跨境电商平台实现了出口；20.69% 的企业通过企业网站或者第三方跨境电商平台实现了进口。另外，新疆本土涌现出了各类跨境电子商务平台，有西大门、Cemarket、野林猫、野马商城、中兴丝路等。平台现阶段发展态势较好，一方面，野林猫、一路通等企业借助跨境电商实现了传统外贸的成功转型；另一方面，平台不断健全服务体系，通过建立海外仓、改善跨境支付方式、拓展新业务等方式完善产业链、促升级。

5.3.2 新疆 "互联网+外贸" 发展方式转型升级的实践经验

5.3.2.1 构建跨境电子商务生态圈

跨境电商生态圈是将开展跨境电商活动的相关企业、个体等主体作为核心，将跨境电商平台作为媒介开展经济活动，是以零售商、进口零售电商以及品牌方、支付系统、保护仓储等集合一体的生态系统①。新疆高度重视跨境电商的发展，针对跨境电商生态圈建设开展了如下探索：

一是构筑跨境电商发展的网络基础设施。首先，开通了涵盖中亚五国以及俄罗斯、巴基斯坦等 11 个国家的 100 多条数据专线。其次，成立乌鲁木齐区域性国际通信业务出入口局，覆盖周边 11 个国家，把新疆建成连接中西南亚与我国的国际通信枢纽。最后，建设电子认证服务机构。新疆数字认证中心成为国家首批《电子认证服务许可证》的电子认证服务机构，可以向区内各种类型机构发放数字证书，目前新疆数字认证中心发放的数字证书在工商、税务等行业的网上业务系统中得到较好应用。

二是自建和引进相结合，开通各类跨境电商平台。新疆跨境电商出口主要面向中亚和周边国家市场，自建的电商平台有新疆亚中机电销售租赁股份有限公司投资创建的新疆机电网、千域千予信息技术有限责任公司建设的新疆小微企业电子商务平台，以及亚欧贸易网、中—乌原料商品跨境在线交易等一批针对俄语系市场的电子商务信息发布和交易平台②。其中，2014 年 1 月上线运行的野林猫跨境电商平台，实现了在线支付功能、在线物流配送，既支持国内供应商的产品直接卖到俄语区 15 国，也能让国内消费者直接买到优选自各个国家价廉物美的商品。唯品会与乌鲁木齐经济技术开发区（头屯河区）签订协议，建设新疆运营总部，"牵手"新疆开展跨境电子商务。成都九正科技实业有限公司看中奎屯专为跨境电商打造的物流、信息流和资金流绿色通道，将所辖新疆九正电子商务有限公司在新疆奎屯落户。瞄准亚欧市场，阿里巴巴、亚马逊、易贝、敦豪、环宇通达、燕文等国际知名电商企业落户阿拉山口综合保税区。此外，新疆与阿里巴巴集团签署涉及 O2O 建设、疆果东送、云计算与大数据等多方面的战略合作框

① 阿布都热合曼·阿布都艾尼，妮鲁帕尔·艾山江. 基于"互联网+"视域下新疆跨境电商生态圈构建策略探究［J］. 商场现代化，2019（11）：24-25.

② 张晨暄. 新疆维吾尔自治区商务厅：新疆跨境电商迎来发展"春天"［EB/OL］.（2015-05-14）［2021-06-20］. http：//xj. cnr. cn/2014xjfw/2014xjfwtj/20150514/t20150514_ 518558597. shtml.

架协议，在新疆开展跨境电子商务业务。

三是各方扶持助力跨境电子商务发展。为推动跨境电子商务在新疆落地，新疆各级政府和相关部门都出台了多项政策扶持跨境电子商务发展。自治区商务厅积极开展针对外贸企业的跨境电子商务培训，推动跨境电商落地工作，先行先试，在乌鲁木齐出口加工区、奎屯保税物流园区开展跨境出口业务；向中华人民共和国海关总署争取跨境进口试点、网购保税进口业务试点城市；依托中国电子口岸的技术优势和实践经验，搭建新疆电子口岸服务平台；阿拉山口综保区跨境电商综合服务平台上线的舱单管理铁路子系统和运输工具铁路子系统，实现了海关系统与铁路系统实时共享铁路舱单、运输工具等数据。自治区发改委和乌鲁木齐市发改委积极推动乌鲁木齐跨境电子商务综合试验区建设，自治区邮政管理局积极推进新疆快递企业申请跨境快递业务资质；2020 年新冠肺炎疫情防控期间，乌鲁木齐邮局海关主动向海关总署申请，在辖区内开展"集包验放"模式；阿拉山口综保区创新了出口跨境电商"公铁联运模式"。

四是加强对跨境电商高素质人才的培训，新疆各地区基于跨境电商人才培养需求，纷纷举办了各种形式的跨境电商人才培养方式。比如，乌鲁木齐开展了人社部专业技术人才知识更新工程、跨境电商人才能力建设高级研修班，邀请专家和业界精英针对新疆地区跨境电商生态圈的构建以及跨境电商发展规划等进行分析，从"互联网+战略转型"角度开展培训工作。

5.3.2.2　发挥政府作用推进"互联网+外贸"发展

为了推进本地区"互联网+外贸"发展，新疆政府在发展规划、法律法规建设、公共服务平台、资金支持方面就采取了相关措施。在发展规划方面，《新疆电子商务"十二五"发展规划》提出，要加强电子商务在国际贸易和对外经济合作中的应用，加大投入加快新疆外贸公共服务平台和电子口岸建设，实现对外贸易相关部门系统互联互通和信息共享，建立有效的国际化电子商务运营模式，提高跨境电子商务公共服务水平。引导、支持对外贸易重点企业和出口加工基地积极运用电子商务开拓国际市场，鼓励企业通过电子商务完善进出口代理业务，提高贸易便利化水平。大力发展对外贸易撮合、认证征信、人民币跨境结算等电子商务增值服务，重点支持一批有竞争力的第三方跨境电子商务平台建设，培育一批集报关、退税、国际物流、海外仓储、汇兑服务于一体的跨境电子商务服务企业，为中小企业开展国际电子商务提供支撑①。

在法律法规建设方面，国务院、海关总署以及商务部、通信部、农业农村部、财政部等职能部门分别就各自管辖能力范围已经出台了相关法律法规和政策文件。对此，新疆一方面严格遵守，另一方面努力实现国家政策的地方化，在征订地方性法律法规时，在法律法规的要求下进一步推进银行、海关、法律部门的合作，解决新疆跨境电商面临的各种问题，使新疆在开展跨境电子商务的过程中有法可循②。

在公共服务平台方面，分别建设运行内外贸公共服务平台、电子口岸、企业基础信息平台、交通物流信息平台、产品检测信息发布平台、电子商务监管系统等一批支撑电子商务发展的重要系统。其中，2012 年 7 月，新疆首家云计算产业园——克拉玛依云计算产业园获准成立。2013 年 6 月 29 日，新疆电子商务科技园区开始运营。2015 年 5 月 30 日，国家电子政务外网西北数据中心和灾备中心、国家信息中心中国智慧城市发展研究中心西北分中心在克拉玛依揭牌，为"丝绸之路经济带"核心区的智慧城市建设提供服务。2020 年 1 月，商务部将乌鲁木齐列入网购保税进口业务试点城市，同年乌鲁木齐市获批设立跨境电商综合试验区，5 月 30 日乌鲁木齐跨境电子商务综合试验区公共服务平台上线，开创"综保区+跨境电商网购保税进口"模式，还建设有"O2O"线下自提购物模式实体店，市民可在保税进口展示直购中心自由选购，跨境电商进口产品将实现线上线下同步销售。截至 2020 年 10 月，阿拉山口综合保税区跨境电商综合服务平台已经为 50.6 万家电商平台企业提供优质高效服务。2021 年 6 月 16 日，乌鲁木齐新丝绸之路云计算中心正式上线运营，与乌鲁木齐国际陆港区、综合保税区等达成合作，提供云计算服务，帮助打造电商服务平台和数字化交易平台，涉及政务、媒体、大数据等业务。最后，新疆维吾尔自治区发改委、经信委、商务厅、科技厅还对区内部分企业电子商务项目提供资金扶持。

5.3.2.3 利用"互联网+"深化与周边国家贸易往来

新疆利用"互联网+"最早可追溯至 1993 年的 X.25 网络建设，如今新疆互联网规模迅速扩大，网络技术不断推陈出新，偏远农牧区信息基础设施逐步改

① 新疆维吾尔自治区商务厅. 新疆电子商务"十二五"发展规划［EB/OL］.（2013-07-17）［2021-06-20］. http：//www.100ec.cn/detail--6112689.html.

② 齐一坤. 新疆跨境电子商务发展中的政府作用及对策研究［D］. 大连：东北财经大学，2018.

善，互联网已渐渐成为新疆与周边国家经贸合作重要的可利用战略资源①。一是加快推进国家网络西向大通道及枢纽建设，助推丝绸之路经济带建设。新疆电信光缆建设实现"五环双出疆八出境"，拥有通往塔吉克斯坦、吉尔吉斯斯坦、哈萨克斯坦的9条通信光缆，并且开通了涵盖中亚五国以及俄罗斯、巴基斯坦等11个国家的100多条数据专线，光缆总长度达22万皮长千米。2011年底，"乌鲁木齐区域性国际通信业务出入口局"获得工信部批准设立，覆盖周边11个国家，成为连接中西南亚与我国的国际通信枢纽。2012年5月，乌鲁木齐区域性国际通信业务出入局正式揭牌。2013年9月，乌鲁木齐区域性国际通信业务出入局与巴基斯坦电信运营商就光缆互通签订合作协议。同年，乌鲁木齐区域性国际通信业务出入口局国际互联网转接点成功获批，周边国家通信运营商只需租用乌鲁木齐区域性国际通信业务出入口局的互联网带宽，就可以直接登录国际互联网②。

二是建立面向周边国家市场的电子商务平台和公共服务机构。除了采用国内外有影响力的跨境电商平台和新媒体渠道与中亚和周边国家开展贸易活动，新疆本土企业也投资创新了一些电子商务信息发布网站和电商平台，比如2003年新疆亚中机电销售租赁股份有限公司投资兴建了新疆最大的机电电子商务平台——新疆机电网，还有前文提到针对俄语系市场的亚欧贸易网、中—乌原料商品跨境在线交易、野林猫跨境电商平台等。另外，新疆还建设了电子公共服务平台，扶持跨境电子商务公共服务平台，并以资金支持运用跨境电子商务开拓国际市场的外贸企业。目前，新疆第三方支付企业还积极申请面向中亚国家的跨境支付结算资质。

三是打造"云上开发区""云上博览会"，集聚企业与人才加强与周边国家的交流合作。依托于新疆库尔勒经济技术开发区人才大厦的"云上开发区"就是这一实践的成功典范之一。在该"云上开发区"，汇集了众多电子商务类、信息科技类、互联网文创传媒类企业。同时，云上政务中心、云上公共服务中心等机构则为入驻企业提供了从注册到经营的一站式对接服务。随着云上开发区平台作用的日益显现，互联网企业在推动中国与周边国家的交流合作方面可

---

① 程云洁，赵亚琼."丝绸之路经济带"核心区建设背景下促进新疆"互联网+外贸"的发展对策研究［J］.新疆大学学报（哲学·人文社会科学版），2016，44（02）：24-31.
② 陈键.新疆电信申建离岸数据中心 为周边国家提供国际网络服务［EB/OL］.（2014-08-01）［2021-06-20］.http://www.c114.com.cn/news/107/a850807.html.

以大展身手。此外，"云上开发区"的建立还为当地推进互联网、大数据、云计算产业与实体产业深度融合提供了重要支撑①。在国际会展方面，启动了中国—亚欧博览会网上博览会，搭建"3 天+365 天"交易服务平台，持续扩大成交，拓宽展会服务功能。2020 年 10 月，在克拉玛依市举办新疆首个集"展、洽、销"为一体的"云端展会"——克拉玛依投资贸易洽谈会，该展会充分运用图文、5G、VR、大数据等现代信息技术手段，搭建云端虚拟展馆，打造个性化云端展示空间，将"展、洽、销"融为一体，推出展品直播、网上展示、在线洽谈、供采对接、云上推介等多种功能与活动，形成一站式全天候线上举办新模式②。

5.4 "互联网+"背景下典型地区外贸发展方式转型升级经验对广西的启示

5.4.1 要高度重视周边国家和地区市场需求对本地区外贸转型升级的影响

在沿边地区外贸发展中，周边国家和地区由于地理相连、文化相通，因此这些国家和地区往往被视为沿边地区最直接和最重要的贸易伙伴。上述三个省区"互联网+外贸"发展方式转型升级的经验表明，在风云变幻的国际市场环境中，重视发展与周边国家或地区的贸易伙伴关系，是保证本地区外贸平稳转型升级的关键。比如广东毗邻港澳、与东南亚国家隔海相邻，多年来一直重视发展对东盟关系，始终与香港和澳门两个特别行政区保持良好互动，并主动参与粤港澳大湾区建设，使广东外贸在中美关系紧张、新冠肺炎疫情对全球贸易造成极大冲击情况下，香港连续多年居广东进出口贸易额的首位，直到 2020年被东盟超越成为广东第一大贸易伙伴。黑龙江省对待俄罗斯及日韩市场，新疆维吾尔自治区对待哈萨克斯坦及其他中亚和周边国家市场的情况也基本如

① 戴贝. 互联网思维助推新疆区域产业升级合作［EB/OL］.（2018-06-07）［2021-06-20］.https：//www.sohu.com/a/234444321_ 115239.

② 高宇飞，鲍阳. 克拉玛依市将举办新疆首个"云端展会"［EB/OL］.（2020-10-10）［2021-06-20］.http：//www.xj.xinhuanet.com/zt/2020-10/10/c_ 1126589224.htm.

此。广西与越南山水相连，与东南亚国家隔海相望，东盟国家市场也一直是广西外贸主战场，在"互联网+"背景下，虽然广西企业可以利用网络平台拓展更大范围的国际市场，但是仍要发挥毗邻周边国家市场的区位优势，高度重视周边国家和地区市场需求，重点面向越南等东盟国家市场，培育具有国际竞争力的优势外向型产业，才能实现本地区"互联网+外贸"发展方式转型升级平稳致远。

5.4.2 要充分发挥跨境电商在地区传统外贸转型升级中的引领作用

跨境电商是当前互联网与对外贸易相结合的最典型应用。在跨境电商生态圈中，大多数企业和消费者可以通过电子商务平台和跨境物流体系能够完成商品的交易，各级政府和外贸管理部门通过互联网可以开展高效的监督管理。在一些领域，随着互联网技术的进步，跨境电商还演变出电商直播、微商、社群电商、短视频营销等新的商业模式，又促使政府和企业完善服务体系和内容，从而带动了"互联网+外贸"的转型发展。上述三个省份对本地区跨境电商发展都给予了诸多政策支持，都把跨境电商作为推动本地区传统外贸转型升级的主要抓手，在政策解读、跨境电商综合试验区申报、跨境电商人才培训、资金扶持、税收支持、通关服务等方面都进行了有益探索，目的都是为了应对全球经济复苏缓慢和本地区经济增速放缓，同时为本地区外贸增长和高质量发展寻找新的突破口和动力源。在互联网背景下，虽然目前广西外贸规模和质量在全国比较靠后，但是广西具有开展面向东盟国家跨境电商的独特优势，因此，可以借鉴新疆和黑龙江发展跨境电商经验，选择和创建适合主要目标市场的跨境电商平台，多项举措构建本土化的跨境电子生态圈，促进本地更多企业运用"互联网+外贸"新模式。同时，还要更多关注和学习广东跨境电商发展经验，因为其积极响应我国对跨境电商的发展规划，不断发布政策促进广东省跨境电子商务产业链和支撑服务体系融合发展，以及通过跨境电商综合试验区先行先试引领本地区传统外贸转型升级的经验在全国处于领先。

5.4.3 在"互联网+外贸"转型升级中要坚持"政府引导、市场主导"

利用互联网开展外贸活动是科技进步的结果，也是时代发展的必然。"互联网+外贸"应该朝着哪个方向发展，以及"互联网+外贸"的最佳实践模式应该是怎样的，谁也说不清楚。理论上，政府作为一个组织，其政府官员作为一个代理人直接参与资源配置,其在决策和实施过程中由于信息的不完全和不对称,比较容易滋生腐败和产生资源低效率问题,所以在上述三个省份"互联网+外贸"转型升级的实践中,我们发现它们都遵循着"政府引导、市场主导"的基本原则。比如,广东作为我国改革开放的示范区,为了推动广东"互联网+外贸"发展,先后出台了《广东省促进外贸稳定增长和转型升级若干措施》《关于促进跨境电子商务健康快速发展的实施意见》,此外,还印发促进广州、深圳、珠海、东莞、汕头、佛山等地区的中国跨境电商综合试验区实施方案,探索跨境电子商务促外贸转型新路径。同时,为了充分利用互联网夯实外贸发展的产业基础,广东省政府发布了《关于培育发展战略性支柱产业集群和战略性新兴产业集群的意见》以及《广东省"5G+工业互联网"应用示范园区试点方案(2020—2022年)》等措施,都旨为引导本省各方面资源投入"互联网+外贸"领域。至于"互联网+外贸"转型升级实践,政府主要在营造良好营商环境上下功夫,企业和消费者等市场主体则通过价格机制作用决定资源配置和使用。广西作为落后省份,相对而言,"互联网+外贸"还是比较新的事物,要推动本地区"互联网+外贸"转型升级,更离不开地方政府的支持,然而需要注意的是,这个过程中政府的职责应该主要在营造良好营商环境上下功夫,本地区"互联网+外贸"转型升级应该通过市场手段来完成。

5.4.4 要善于将"互联网+"技术创新成果用于外贸转型升级实践

在科学技术快速发展的时代,以移动互联网、大数据、云计算、人工智能等为代表"互联网+"相关技术创新层出不穷,可以说技术创新是推动传统外贸转型升级的第一原动力。在上述地区"互联网+外贸"转型升级的实践中,广东是网络大省、数字经济大省,将5G、工业互联网技术用于推动本省外向型制造业改变资源利用方式;率先切换海关总署跨境电商零售进、出口统一版信息化系统;率先推出跨境电商商品溯源体系;在新冠肺炎疫情防控期间,广交会首次完全在线上举办。黑龙江依托"互联网+物联网"技术,建立起第一个中俄跨境电子商务监管中心——"中俄云仓";在黑龙江自贸试验区黑河片区采用数字化流程,实行数字化监管,建立了数字边民互市贸易管理系统,创新了对俄互市贸易农产品加工监管新模式。在克拉玛依市举办的新疆首个集"展、洽、销"为一体的"云端展会",充分运用了图文、5G、VR、大数据等现代信息技术手段;乌鲁木齐跨境电子商务综合试验区开创了"综保区+跨境电商网购保税进口"模式，还建设有"O2O"线下自提购物模式实体店；乌鲁木齐国际陆港区、综合保税区与乌鲁木齐新丝绸之路云计算中心合作，使用该中心的云计算服务，帮助打造电商服务平台和数字化交易平台。广西"互联网+"技术自主创新能力相对薄弱，但是无论如何，将"互联网+"创新技术应用于外贸转型升级实践各地区的普遍做法，广西需要做的是，要在资金和技术实力有限情况下，善于将"互联网+"技术创新成果用于推动本地区的外贸转型升级。

第6章 "互联网+"背景下广西对东盟外贸发展方式转型升级的路径设计

6.1 "互联网+"助推广西对东盟外贸发展方式转型升级的总体要求

6.1.1 指导思想

以习近平新时代中国特色社会主义思想为指导，深刻把握"互联网+"发展带来的出口产品生产方式转型、贸易结构重构、竞争方式转变和外贸治理方式变革的历史大势，深入贯彻习近平总书记对广西系列重要讲话和重要指示批示精神，认真落实自治区党委、自治区政府决策部署，抓住西部陆海新通道建设、中国—东盟信息港建设和中国（广西）自由贸易试验区建设的机遇，围绕面向东盟的"互联网+外贸"数字化生态建设，强化科技创新、制度创新、模式和业态创新，全力推动信息技术与外贸部门深度融合，在"互联网+"时代构建广西对东盟外贸发展新优势，推动广西对东盟外贸发展由投资驱动、资源驱动向技术驱动、数据驱动转变，努力打造面向东盟的贸易合作发展新高地。

6.1.2 总体思路

当前和今后一个时期，广西利用"互联网+"助推对东盟外贸发展方式转型升级的总体思路是：坚持以人民为中心，以构建面向东盟的"互联网+外贸"数字化生态为出发点，按照"创新、协调、绿色、开放、共享"的新发展理念，以培育面向东盟外贸发展的竞争新优势为核心，以品牌塑造为主线，以技术创新为动力，以高质量产业为载体，大力优化与东盟国家的贸易结构，推动对东盟国家进口与出口、货物贸易与服务贸易、贸易与双向投资、贸易与产业协调发展，加快融入以国内大循环为主体、国内国际双循环相互促进的新发展格局，促进国际国内要素有序自由流动、资源高效配置、市场深度融合，实现广西对东盟外贸发展由投资驱动、资源驱动向技术驱动、数据驱动转变，打造广西成为国际领先的面向东盟贸易合作发展高地。

6.1.3 目标任务

6.1.3.1 总体目标

"互联网+"已经成为不可阻挡的时代潮流，对此，国务院在 2015 年 7 月就发布了《关于积极推进"互联网+"行动的指导意见》，旨为加快推动互联网与在我国各领域深入融合和创新发展，充分发挥"互联网+"对我国的重要作用，并且明确提出了"互联网+"行动到 2025 年的发展目标，即网络化、智能化、服务化、协同化的"互联网+"产业生态体系基本完善，"互联网+"新经济形态初步形成，"互联网+"成为经济社会创新发展的重要驱动力量。如今，我国经济已转向高质量发展阶段，正处在转变发展方式、优化经济结构、转换增长动力的攻关期，与此同时，我国外贸发展所面临的国际形势也发生了新的深刻变化，为了加快培育外贸竞争新优势，努力推进我国贸易高质量发展，增强外贸对我国经济高质量发展的支撑作用，2019 年 11 月，中共中央、国务院印发了《关于推进贸易高质量发展的指导意见》，提出到 2022 年要实现我国贸易结构更加优化，贸易效益显著提升，贸易实力进一步增强。根据上述指导意见，结合前文分析发现的制约广西对东盟外贸发展方式转型升级存在的突出问题，对标先进地区发展模式，本书认为，顺应"互联网+"发展趋势，通过 3~8 年的建设，"互联网+"助推广西对东盟外贸发展方式转型升级的目标是：紧扣将广西建设成国际领先的面向东盟贸易合作发展高地、数字丝路重要门户的战略定位，全力抓好转变出口商品国内生产环节的资源利用方式、转变国际市场开拓方式、转变扩大国际市场份额的竞争方式、转变外贸增进国民收益方式"四件大事"，到 2023 年，实现对东盟出口增长从过分依靠资源、劳动和资金等廉价要素投入驱动向依靠数字化赋能的要素最优配置驱动转变，实现东盟市场开拓和份额提高，从企业单打独斗、被动参与的机械型抢占向主动建立网络系统、既竞争又合作的主导型占有转变；到 2025 年，实现互联网与广西外贸各领域的融合发展进一步深化，基于互联网的新业态成为广西外贸平稳增长的新动力，互联网支撑外贸结构优化，外贸经济社会效益提高以及可持续发展能力提升的作用进一步增强，互联网成为提供外贸公共服务的重要手段，数字经济与实体经济协同互动的发展格局基本形成。到 2028 年，网络化、智能化、服务化、协同化的 "互联网+外贸" 产业生态体系基本完善，质量和效益并举的 "互联网+外贸" 新经济形态初步形成，"互联网+外贸" 成为广西经济高质量发展的重要驱动力量。

6.1.3.2 主要任务

要实现上述目标，广西必须完成 "六大任务"：

（1）聚焦新型基础设施建设，夯实 "互联网+外贸" 发展基石。

加大物联网、基础信息网络、工业互联网、政务专网、车联网、云计算平台、基础设施 "智慧+" 改造升级等重点领域的投入，着力建设泛在智能的数据感知、传输一体化网络，构建面向未来的先进算力基础设施。到 2030 年，努力实现跨区域、跨终端、跨应用无缝连接，形成泛在互联的 "万物智联" 网络以及满足经济社会需求的先进算力。

（2）聚焦产业数字化转型，形成 "互联网+外贸" 发展新动能。

在工业领域，紧盯 "5G+工业互联网"，持续完善工业互联网网络、平台、安全体系，加快建设跨行业、跨领域工业互联网平台以及面向重点行业、区域和领域的特色专业型工业互联网平台。在汽车、家居、智能终端等行业推广网络化协同制造、个性化定制和柔性生产，发展服务型制造。在农业领域，推广数字农业重大应用场景，用数字化引领驱动农业现代化。支持农业龙头企业、"菜篮子" 基地、农业专业合作社等与互联网企业融合创新。加快农产品流通网络数字化改造，畅通农产品进城和工业品下乡双向流通。发展农产品直播带货和农业跨境电商等新业态。在服务业发展方面，大力发展特色化平台经济、工业电商平台，搭建产需高效对接平台，支持垂直跨境电商平台与综合平台错位发展。加快生活性服务业数字化进程；推动视频直播平台创新发展，培育 MCN（多频道网络产品形态）机构，壮大网红经济；引导鼓励通证经济、无人经济、微经济、副业经济等数字经济新业态健康发展；以生产领域为重点积极发展共享经济，探索共享制造的商业模式和应用场景，促进流通和消费领域共享经济健康发展；加强与东盟国家的金融数据互联互通，推动移动支付、跨境大宗交易、跨境融资等金融活动在东盟范围内畅通开展。

（3）聚焦综合性产业互联网建设，培育良好的产业互联网发展生态。

适应互联网由消费领域向产业领域拓展的趋势，围绕工业、农业、服务业、交通运输业等重点领域，打造综合性的产业互联网，构建新的资源配置、产业协同和价值创造体系。推动产业组织形式由线性产业链进化为以产业互联网为核心的网状产业生态系统，赋能企业重塑业务流程、优化组织结构、变革商业模式。鼓励传统龙头企业开放数字化转型资源、加强产业链供应链协同，推动工业互联网平台拓展应用广度和深度、全方位赋能产业链升级，支持消费互联网平台通过委托制造、品牌授权等方式向制造环节拓展，形成三次产业融合、制造与服务融合、多元协同高效的产业互联网发展生态。

（4）聚焦数字化转型公共服务供给，促进外贸市场主体数字化转型升级。

实施数字化转型促进行动，建设数字化转型促进中心，加大对数字化转型共性开发平台、开源社区、基础软硬件、基础数据、普惠算力的支持力度，发展普惠性"上云用数赋智"。鼓励企业"上云"，促进企业研发设计、生产加工、经营管理、销售服务等业务数字化、网络化、智能化转型。建立"政府—金融机构—平台—中小微企业"联动机制，以政府购买服务、专项补助等方式，支持平台企业为中小微企业和灵活就业者提供价廉质优的数字化转型服务产品。

（5）聚焦跨境电商综合试验区创新发展，加速转型升级经验的复制推广。

在南宁和崇左跨境电子商务综合试验区加快推进线上公共服务平台和线下跨境电子商务集聚区"两平台"建设，探索建立信息共享、金融服务、智能物流、电子商务信用、统计监测、风险防控六个促进跨境电子商务发展的体系，加快创新发展经验在全区复制推广。到2025年，在广西各市至少有一个特色鲜明的跨境电子商务集聚区，同时，在全区建成统一的线上公共服务平台，为监管部门和企业提供统一的标准化数据接口和接入流程，实现海关、外汇、税务、商务、市场监管、公安、邮政管理等部门之间数据互通、监管互认、信息互换；完成公共服务平台与国际贸易"单一窗口"、外贸综合服务平台、金融机构平台、物流平台、电子商务平台等对接，实现数据交换、智能决策、协同作业，形成"多站点融通、一站式服务"线上服务平台体系。

（6）聚焦外贸管理部门数字化改革创新，营造开放包容的发展环境。

全社会对互联网与外贸融合创新的认识不断深入，互联网融合外贸发展面临的体制机制障碍有效破除，公共数据资源开放取得实质性进展，相关标准规范、信用体系和法律法规逐步完善。

6.1.4 基本原则

6.1.4.1 坚持政府引导，市场主导

推动"互联网+外贸"转型升级要注重市场驱动，充分发挥市场力量，激发市场微观主体的创新活力和竞争实力。在坚持市场主导的同时，也要注重政府引导和政府监管[①]。通过市场无形之手和政府有形之手的有机结合、有效互动从而形成合力，推动广西对东盟"互联网+外贸"发展方式转型升级。

6.1.4.2 坚持融合创新，先行先试

鼓励传统外贸部门培养互联网思维，积极与"互联网+"相结合。推动互联网向外贸各领域加速渗透，以融合促创新，最大限度汇聚各类市场要素的创新力量，推动融合性新兴产业成为外贸发展新动力和新支柱。同时，瞄准贸易高质量发展方向，立足特色优势，积极探索跨境电商、产业互联网、数字化转型等领域先行先试，形成示范带动效应。充分发挥试点示范作用，总结形成工作路径和方法，全区一盘棋推动"互联网+外贸"转型升级工作。

6.1.4.3 坚持开放合作，内外联动

适应经济全球化新形势，运用"互联网+"，用好国际国内两个市场、两种资源、两类规则，在国家新发展格局中加强与东盟国家、国内兄弟省份、区内各地各部门合作发展的内外联动性，提高对内对外开放的质量，加快培育参与和引领与东盟贸易合作竞争新优势，以开放带动创新、推动改革、促进转型升级。

6.1.4.4 坚持低碳循环，绿色转型

建立健全绿色低碳循环发展生产体系、流通体系、消费体系，促进基础设施绿色升级，构建市场导向的绿色技术创新体系。鼓励绿色贸易，严格控制高污染、高耗能产品进出口，实现对东盟进出口贸易的可持续发展。

6.1.4.5 坚持互联互动，安全有序

发挥互联网作用，促进外贸主体之间、外贸主体与政府管理部门的联系与互动，在互动交流中凝聚对东盟外贸发展方式转型升级的共识。完善互联网融合标

准规范和法律法规，增强安全意识，强化安全管理和防护，保障国家信息安全和网络安全。建立科学有效的市场监管方式，促进市场有序发展，保护公平竞争，防止形成行业垄断和市场壁垒。

6.1.4.6 坚持为民初心，共享发展

把人民对美好生活的向往作为推动对东盟外贸发展方式转型升级的奋斗目标，并且依靠人民的力量加快转型升级步伐。将互联网作为生产生活要素共享的重要平台，最大限度优化资源配置，加快形成以开放、共享为特征的外贸发展运行新模式，确保对东盟外贸发展方式转型升级的成果惠及全民。

6.2 "互联网+"助推广西对东盟外贸发展方式转型升级的路径设计

6.2.1 路径一：推动信息技术赋能广西对东盟外贸发展方式转型升级

在全球新一轮科技革命和产业变革中，新一代信息技术与产业加速融合是时代发展的趋势。对于特定地区而言，相关产业将因信息技术赋能发生深刻的质量变革、效率变革、动力变革，如果传导至外贸部门，那么，高赋能的新一代信息技术终因影响一个地区的贸易基础而决定了该地区的贸易格局。因此，对广西而言，要完成上述广西对东盟外贸发展方式转型升级的目标和任务，势必要遵循如下信息技术赋能地区外贸发展方式转型升级的路径，即在广西对东盟外贸发展方式转型升级实践中积极引入信息技术元素，使其耦合于新型基础设施建设、产业数字化转型、综合性产业互联网打造、数字化转型公共服务供给、跨境电商综合试验区创新发展与经验推广、外贸管理部门数字化改革与善治等诸多领域。只不过，当前广西对东盟外贸发展方式转型升级的任务艰巨，而且新一代信息技术的自主创新能力相对不强，信息技术与产业融合的实践经验不足、效果不佳，这使采用信息技术赋能地区对东盟外贸发展方式转型升级的路径，既要注重对新一代信息技术的"引进—消化吸收—再创新"，也要加强外贸领域信息技术的自主创新与产业化应用。

6.2.1.1　以信息技术的"引进—消化吸收—再创新"推动对外贸易数字化发展，赋能广西对东盟外贸发展方式转型升级

一般认为，信息技术主要是应用计算机科学和通信技术来设计、开发、安装和实施信息系统及应用软件，包括传感技术、计算机与智能技术、通信技术和控制技术等①。随着信息技术的发明创造和广泛应用，现今信息技术已经有效地促进了硬件制造与软件开发相结合，物质生产与服务管理相结合，实体经济与虚拟经济相结合，形成了经济社会发展的强大驱动力②。然而，目前来看，在高端芯片、核心软件、关键元器件以及专用设备、仪器仪表等领域，绝大部分知识产权和技术标准均由国外企业掌控，至于其中一小部分国内企业已能独立研发，但是产业化应用仍然任重道远。广西作为落后省份，在上述这些领域更是缺乏自主研发和制造的能力。所以，要想实现广西对东盟外贸发展的数字化转型，对于一些核心技术、产品和装备，广西只能通过采用"引进—消化吸收—再创新"的路径，才能较快促进信息技术对广西贸易数字化发展的赋能。对此，广西需要根据广西对东盟外贸转型升级的目标和任务，针对各地区今后外贸发展的不同阶段以及当时所具备的要素条件，在充分筛选与评估市场上可引进的信息技术基础上，有计划、有步骤地从国内外引进广西所需要的信息技术。就当前而言，需要重点引进有助于物联网、基础信息网络、工业互联网、政务专网、车联网、云计算平台、基础设施"智慧+"改造升级等新型基础设施建设的高端先进信息技术，加快构建面向未来的先进算力基础设施；同时，还需要主动引进国内外发达地区技术相对成熟、与传统产业融合效果较好的信息技术，承接区外电子信息技术产业转移，加速本地数字产业化和产业数字化发展。此外，当前中国（广西）自由贸易试验区、中国—东盟信息港、南宁和崇左跨境电子商务综合试验区都还处于创新发展阶段，应该鼓励这些地区率先引进国内外高端先进的信息技术，促进本地区数字产业化和产业数字化发展。在引进相关信息技术之后，要加快消化吸收，一方面推动引进技术的产业化应用，另一方面还需要针对本地区和企业特点，加以改进，通过消化吸收和再创新实现信息技术推动虚拟经济与实体经济融合、硬件制造与软件开发协同，物质生产与服务管理对接，为广西对东盟外贸发展方式转型升级提供新的动力。

---

① 百度百科．信息技术［EB/OL］．https：//baike. baidu. com/item/信息技术/138928? fr=aladdin.
② 江泽民．新时期我国信息技术产业的发展［J］．上海交通大学学报，2008（10）：1589-1607.

6.2.1.2　加强外贸领域信息技术的自主创新与产业化应用，赋能广西对东盟外贸发展方式转型升级

技术创新主要有自主创新、模仿创新、技术引进和企业技术联盟四种模式①，但是唯有自主创新才能形成广西自主可控的核心技术和自身竞争力，占领市场高地。这是因为，无论是模仿创新、企业技术联盟模式，还是前文所提的技术引进，都是在接受其他国家和地区的技术转移或是技术模仿，其结果必然是只能缩小与这些国家和地区的技术差距，并不会从根本上改变广西在国际分工和贸易格局中的地位②。所以，在互联网时代，鉴于新一代信息技术对产业数字化转型的强大赋能作用，除了上述要采用信息技术的"引进—消化吸收—再创新"赋能广西对东盟外贸发展方式转型升级路径，广西还必须坚持外贸领域信息技术的自主创新与产业化应用的道路。目前来看，要推动广西对东盟"互联网+外贸"发展方式转型升级，需要在新型信息基础设施、消费互联网、工业互联网以及外贸公共服务平台等方面，就智能技术和装备、跨境电商平台、电子支付技术、物联网、信联网、大数据与云计算、网络安全技术、公共服务平台等相关技术加强自主创新与产业化应用。需要指出的是，目前跨境电商作为引领广西外贸转型升级的主要模式，广西需要特别关注信息技术在以下六个领域的技术创新与应用：一是能够打通"关""税""汇"之间的信息壁垒，推动政府部门、金融机构、电子商务企业、物流企业之间信息互联互通，实现企业一次申报，各部门、多环节信息共享，为跨境电子商务发展提供数据技术支撑的公共信息服务体系。二是能够为跨境电子商务交易提供在线支付结算服务、融资贷款、保险等"一站式"在线金融服务体系。三是能够实现跨境物流运作各环节全程可验可测可控的智能物流体系。四是能够采集跨境电子商务企业、平台企业、物流企业及其他综合服务企业基础数据，实现对电子商务相关信息的分类监管、部门共享、有序公开的电子商务信用体系。五是能够对跨境电子商务商品交易、物流、通关、金融支付等进行数据处理和分析研判，定期发布相关数据统计分析报告，为企业、政府提供决策咨询服务的统计监测体系。六是能够有效防控非真实贸易洗钱的经济风险，数据存储、支付交易、网络安全的技术风险，以及产品安全、贸易摩擦、主体信用的交易风险的风险防控体系。

①　李宝琴，司正家.提高新疆外向型经济水平的创新策略选择［J］.新疆大学学报（哲学·人文社会科学版），2009（06）：1-6.

②　黄伟新.新疆对外贸易发展方式转变研究［D］.石河子：石河子大学，2015.

6.2.2 路径二：加快产业高质量发展，推动广西对东盟外贸发展方式转型升级

理论和实践证明，一个国家或地区产业发展水平和质量决定了该地区对外贸易的产品类别、质量和效益以及贸易模式的选择。因此，加快地区产业高质量发展是地区外贸发展方式转型升级的必然路径。如今我国进入经济高质量发展阶段，广西也在加快培育产业高质量发展的新动能，但由于广西面向东盟的外向型产业基础薄弱，产业链供应链不够完善，国际市场竞争力不强，使"互联网+"背景下广西对东盟外贸发展方式转型升级可依托的产业质量不够高。为此，要实现广西对东盟外贸发展方式转型升级，需要从高水平的进出口基地建设和高质量的产业链打造入手，利用"互联网+"加快面向东盟的产业高质量发展，支撑广西对东盟外贸发展方式转型升级。

6.2.2.1 以进出口基地建设高质量培育广西对东盟外贸发展方式转型升级的产业基础

进出口基地包括出口基地和进口资源加工基地。出口基地主要指以生产出口产品为主导方向的生产加工功能区域。进口资源加工基地是指以进口资源为原料进行深加工的生产加工功能区域①。一般而言，进出口基地在基础设施、产业配套及公共服务等方面有利于产业集聚和特色发展，如果政府部门能够给予恰当的政策与资金扶持，那么，外贸进出口基地将更容易发展成为生产技术、产品质量领先，产业链和配套体系更加完备的产业集聚区，如此加快自主创新能力强、品牌影响力大的外贸进出口基地建设，无疑能够为本地区外贸转型升级奠定高质量的产业基础。

在进口基地建设方面，广西需要充分发挥毗邻东盟的区位优势和国家给予的政策支持，进一步完善基础设施和物流条件，减少中间环节，降低成本，增强进口资源的动力和向广西内外配送的能力，建设一批重点突出，特色鲜明，在区域具有重大影响力的进口资源、能源加工基地。其中，在钦州，依托钦州千万吨炼油项目，对原油码头、铁路口岸和原油储罐进行升级，打造面向东盟的原油进口基地；在防城港和钦州两地港口，高水平建设进口煤炭专用码头和配送中心，提高港口对煤炭资源的吞吐能力，打造辐射中南西南腹地的进口煤炭基地；在百

---

① 赵青松. 新疆进出口基地的产业选择及重点区域分析［J］. 黑龙江对外经贸，2010（12）：60-61+64.

色，利用毗邻越南矿场的优势，构建联通防城港港口的矿产品与有色金属物流体系，建设东盟矿产品和有色金属进口基地；在凭祥等边境县市，利用东盟木材资源丰富的优势，大力发展木材加工业，带动相关展销、物流、仓储、出口等业务的发展，形成完整的产业链，建设成为东盟木材进口加工基地[①]；在梧州，积极引进国际国内领先的再制造企业，重点发展汽车零部件、工程机械、医疗器械等再制造产业，打造进口再生资源绿色加工基地。

在出口基地建设方面，当前，外贸转型升级基地是国家和地方重点扶持和发展的集生产和出口功能为一体的产业集聚体，是培育出口竞争新优势的重要载体，是促进外贸发展方式转变和优化出口商品结构的重要抓手，是实现出口稳定协调持续发展的重要推动力[②]。对此，近三年，广西先后培育出了11个国家外贸升级基地和最新认定9个自治区外贸转型升级基地（见表6-1），但是广西目前拥有的外贸转型升级基地数量不足、规模不大、层次不高，地理分布也不均衡，导致不利于广西对东盟贸易高质量发展。因此，一方面已被认定为外贸转型升级基地的广西各市要进一步联合工信部、科技部、园区、海关、税务部等部门，完善基地管理办法和体制机制，做好外贸基地的管理与服务，把现有的外贸转型升级基地建设好，为外贸基地的稳步发展创造良好的环境；另一方面，广西还要按照基地产业化、专业化、集成化的基本要求，对新涌现出的产业优势明显、外贸转型升级带动效应突出、公共服务体系完善的产业聚集区、经济技术开发区、高新技术开发区，给予政策与资金扶持，加快培育更多的省级和国家级外贸转型示范基地，为广西高质量培育对东盟外贸发展方式转型升级的产业基础。

表6-1　2018~2020年经认定的国家外贸转型升级基地名单

国家外贸转型升级基地			自治区外贸转型升级基地		
基地名称	地区	年份	基地名称	地区	年份
桂林市国家外贸转型升级基地（生物医药）	桂林市	2018	桂林市自治区外贸转型升级基地（橡胶工业）	桂林市	2019
荔浦市国家外贸转型升级基地（衣架）	桂林市	2018	桂林市自治区外贸转型升级基地（电线电缆工业）	桂林市	2019

① 王军伟. 广西出台合作行动计划　打造东盟资源进口基地［EB/OL］.（2010-08-11）［2021-09-20］. http：//www.gxcounty.com/news/jjyw/20100811/53202.html.

② 汤莉. 国家外贸转型升级基地名单发布［EB/OL］.（2018-03-23）［2021-09-20］. https：//www.sohu.com/a/226205323_275039.

国家外贸转型升级基地			自治区外贸转型升级基地		
基地名称	地区	年份	基地名称	地区	年份
北海市国家外贸转型升级基地（水海产品）	北海市	2018	藤县自治区外贸转型升级基地（钛白粉）	梧州市	2019
北流市国家外贸转型升级基地（陶瓷）	玉林市	2018	北海市自治区外贸转型升级基地（烟花爆竹）	北海市	2019
桂林高新区国家外贸转型升级基地（电子产品）	桂林市	2019	玉林市博白县自治区外贸转型升级基地（竹木草制品）	玉林市	2019
北海工业园国家外贸转型升级基地（消费类电子产品）	北海市	2019	百色市自治区外贸转型升级基地（生态铝）	百色市	2019
南宁高新区国家外贸转型升级基地（电子信息）	南宁市	2020	北海市自治区外贸转型升级基地（皮革制品）	北海市	2019
横县国家外贸转型升级基地（茉莉花产品）	南宁市	2020	扶绥县自治区外贸转型升级基地（建材）	崇左市	2019
桂林经济技术开发区国家外贸转型升级基地（橡胶产业）	桂林市	2020	梧州市自治区外贸转型升级基地（再生资源）	梧州市	2020
柳州市国家外贸转型升级基地（汽车及零部件）	柳州市	2020			
北海市海城区国家外贸转型升级基地（电子信息）	北海市	2020			

注：桂林市自治区外贸转型升级基地（橡胶工业）于2020年12月被认定为国家级外贸转型升级。

资料来源：广西商务厅及各地市商务局网站。

6.2.2.2 以产业链供应链高水平提升强化广西对东盟外贸发展方式转型升级的产业优势

党的十九届五中全会将"提升产业链供应链现代化水平"作为加快发展现代产业体系、推动经济体系优化升级的重点任务。广西在汽车、机械、电子信息、高端金属新材料、高端绿色家居、生物医药六大产业已经形成较为完善的产业体系，一些关键零部件目前在国内还不能自主研发或者研发出来的产品质量不能满足生产需求，只能从国外进口，由此在新冠肺炎疫情蔓延、国际市场流通体系受阻之下，2020年上半年广西众多外贸进出口基地一度出现区内产业链供应链不稳，甚至断裂的情况，从而不能很好地支撑广西对东盟外贸健康稳定发展。因此，加快提升广西产业链供应链现代化水平，形成具有更强创新力、更高附加值、更安全可靠的产业链供应链，是加快广西产业高质量发展题中应有之义，其结果也将有利于提高面向东盟的广西产业国际竞争力，为广西转变对东盟外贸发展方式塑造产业新优势。

依据自治区《关于提升广西关键产业链供应链稳定性和竞争力的若干措施》，结合上述区内国家级和自治区进出口基地加快建设的需要，要做到既能提升广西在东盟市场的外贸竞争力，又能保证外贸发展成果尽可能多惠及人民，一方面需要加快构建以柳州为主的汽车产业链，以柳州、玉林为主的机械产业链，以北海、桂林、南宁为主的电子信息产业链，以防城港、百色、河池为主的高端金属新材料产业链，以钦州为主的绿色高端石化产业链，以贵港、崇左、柳州为主的高端绿色家居产业链等一批重点支柱产业链，以此进一步巩固广西对东盟外贸产业竞争优势；另一方面，还要根据各城市现有产业基础和未来市场需求，积极打造以南宁、柳州为主的新能源汽车产业链，以南宁、桂林、北海为主的新一代通信设备产业链，以玉林为主的锂电新能源材料产业链，以梧州、桂林、南宁为主的生物医药产业链，以南宁、桂林、柳州为主的高端环保装备产业链等一批战略性新兴产业链，以此助推广西价值链攀升，增进广西对东盟的外贸收益来源（见表6-2）。同时，还应该关注一些传统产业中面向东盟市场的价值链低端环节，并着眼于主动参与构建国家新发展格局，积极主动承接发达国家和地区低附加值产业，形成国际国内产业链价值链中不可或缺的一个或多个环节，为本地创造更多的税收、就业岗位和社会福利。这里，需要指出的是，在互联网时代，上述各行业产业链价值链的构建要充分与新一代信息技术融合，实现企业数字化加快转型和加强产业链供应链协同，以此形成以产业互联网为核心的网状产业生态系统，构建三次产业融通、制造与服务融合、多元协同高效的产业发展格局。

表6-2　未来强化广西对东盟外贸发展方式转型升级产业优势的产业链

产业类型	具体产业链	核心地区
重点支柱产业	汽车产业链	柳州
	机械产业链	柳州、玉林
	电子信息产业链	北海、桂林、南宁
	高端金属新材料产业链	防城港、百色、河池
	绿色高端石化产业链	钦州
	高端绿色家居产业链	贵港、崇左、柳州

续表

产业类型	具体产业链	核心地区
战略性新兴产业	新能源汽车产业链	南宁、柳州
	新一代通信设备产业链	南宁、桂林、北海
	锂电新能源材料产业链	玉林
	生物医药产业链	梧州、桂林、南宁
	高端环保装备产业链	南宁、桂林、柳州

6.2.3 路径三：推动企业"走出去"带动广西对东盟外贸发展方式转型升级

实施"走出去"战略是广西进一步适应经济全球化和区域经济一体化趋势，发挥广西对东盟开放前沿和窗口作用，更好地利用国际、国内两个市场、两种资源，拓宽经济发展空间的有效途径，也是促进广西全方位、宽领域、高水平对外开放的战略选择①。广西企业"走出去"的实践也充分证明，企业主动走出国门，积极参与国际竞争合作，提升自身核心竞争力，有利于打造国际知名品牌，从而扭转过度依赖国外渠道、在价值链低端赚取低收益的局面。可以想象，如果企业走出去成为广西外贸发展的一种风气，那么，广西对东盟外贸发展方式的转型升级将是一批具有丰富跨境经营经验、在国际市场具有一定知名度的企业在主导，其结果也必然会带动国内产品出口和服务贸易增加，同时还能够获取国外资源、资金、技术、人才和营销网络，从而促进出口商品国内生产环节的资源利用方式朝着技术密集型和集约化方向发展，进一步开启外贸发展方式各环节、相关内容转型升级的良性循环。就"互联网+"背景下转变对东盟外贸发展方式而言，因互联网的赋能，广西企业"走出去"形式更加多元、企业在国外经营的风险防范和应对更加有力。但是，总体而言，广西企业"走出去"能力仍然欠缺：一是企业实力不强。广西外经企业资本实力不强，投资能力不高，对外投资的经验不多，获取信息的能力较弱；二是跨国经营能力不高；三是部分企业对"走出去"重要性认识不足②。为此，需要立足广西、面向东盟，充分利用全球

---

① 广西壮族自治区人民政府. 关于加快实施"走出去"战略的意见 ［EB/OL］. （2011-07-28）［2021-10-02］. http：//www.gxzf.gov.cn/zwgk/zfwj/zzqrmzfwj_ 25542/t950571. shtml.

② 宋春风. 沧海横流勇弄潮——广西实施"走出去"战略观察 ［EB/OL］. （2012-08-14）［2021-10-02］. http：//www.gov.cn/govweb/gzdt/2012-08/14/content_ 2203479. htm.

和国内两个市场、两种资源，发挥广西优势，促进广西企业"走出去"，带动广西对东盟外贸发展方式转型升级。

6.2.3.1 国际市场多元化融资"走出去"带动广西对东盟外贸发展方式转型升级的路径安排

如前所述，要实现"互联网+"背景下广西对东盟外贸发展方式的转型升级，促进广西企业"走出去"确实是一个有效的战略选择。但是，东盟各成员国的国际化经营环境存在较大差异（见表6-3），企业要"走出去"必然要面对在何处融资以及以何种方式进行海外扩张的问题。在经济全球化和区域经济一体化大势所趋的今天，广西企业可以根据自身实力和经营战略在国际市场进行多元化融资实现走出去。具体来看，以下四种路径可供广西企业选择：

表6-3 东盟各国国际投资环境评估表

国家	各评估因素得分								总分
	资本抽回难易程度	外商股权限制程度	对外商限制管理程度	货币稳定性	政治是否稳定	关税及贸易保护程度	当地资金的可供性	近三年的通货膨胀率	
新加坡	10	12	12	20	12	8	10	10	94
文莱	8	12	10	18	12	8	10	12	90
马来西亚	8	10	10	18	10	8	10	10	84
柬埔寨	8	12	10	18	12	8	6	10	82
菲律宾	8	10	8	20	8	8	10	10	82
印度尼西亚	8	8	12	18	9	8	10	8	81
越南	8	8	8	18	12	8	10	6	78
缅甸	6	12	10	18	8	8	6	4	74
泰国	6	8	8	18	8	8	10	8	74
老挝	6	10	8	18	8	8	10	8	74

资料来源：历年《东南亚经济运行报告》及《东盟投资环境》等相关文献。

第一种路径是国际市场直接融资后进入东盟市场。常见的直接融资是通过证券市场吸收社会游资，用于企业经营。对广西企业而言，可以选择在美国、中国香港、日本、英国等这些国家或地区的国际资本市场上进行融资进而开拓东盟市场，也可以选择在东盟国家证券市场发行股票、债券，甚至还可以利用现代比较成熟的互联网金融，采用项目众筹方式直接获得投资资金，但不管如何选择，要想获得投资者青睐，广西企业首先需要具备较强的企业实力，然后提前在东盟市场进行战略布局，向投资者展现在东盟市场的发展潜力，才可能获得市场投资者认可并成功上市。目前，广西在海外比较有竞争力的企业主要集中在重工机械、汽车及零部件、有色金属、建材、制糖、陶瓷等产业，如柳工机械、东风柳汽、上汽通用五菱、玉柴机器、广西有色金属集团、南宁糖业、三环集团等，对于这些有实力进入东盟市场但未上市的企业，可以选择赴国外证券市场融资的方式，建立控股企业集团再扩大投资发展；对于一些资金比较充盈的企业，可以不用选择上市融资，而是直接对东盟国家的当地企业进行收购、兼并，在东盟国家建立新企业再扩大投资发展。第二种路径是走进东盟的路径是先投资控股后扩大经营。对于各类型企业，无论企业规模大小、实力高低，采用这种路径走进东盟的好处在于通过兴办独资企业或控股合资、合作企业等方式，能够把握在东道国企业经营的主动权，然后不断积累经验和加快发展，之后利用第一种融资方式，在发达国家和地区资本市场或者东道国本地证券市场，通过兼并、收购、参股、控股等方式，打造在东道国乃至东盟市场的价值网络，扩大企业自身实力。第三种路径是先投资合作后独立发展。这种路径相对于广大中小企业而言，最为适用。原因在于中小企业在国际市场的经验、资金、渠道等各方面都存在不足，为此，可以选择与国外企业合作，将有限资金或有价值资产（如技术、设备）折算股本，成立合资公司，这样就可以较快得到国外企业各项优势资源的加持，快速打开东盟市场。对于部分大型企业，鉴于承接较为大型的工程项目，需要一些较为先进的重大成套设备、关键部件、系统集成技术、信息技术，而广西企业目前尚不具备这方面的能力，对此还可以选择第三方市场合作方式，与有关国家企业共同在东盟市场开展经济合作，比如参考中石油、丝路基金和俄罗斯诺瓦泰克公司、法国道达尔公司共同投资建设俄罗斯亚马尔液化天然气项目，为人类在北极圈内建设超级液化天然气工厂提供了参考范本，同时有力带动了项目所在地区船运、保险、金融等相关产业发展，推动了北极东北航道使用①。但是，从转变对东盟外贸发展方式的角度选择这种路径，需要广西政府鼓励"走出去"的企业在站稳脚跟后逐步转为独资或绝对控股以占据企业经营主导权，进而实现在东盟市场的更大发展。第四种路径是区内金融机构与境外金融机构合作助推广西企业

———————————

① 余蕊．国家发改委：第三方市场合作有五种常见类型［EB/OL］．（2019－09－05）［2021－10－03］．https：//baijiahao.baidu.com/s？id＝1643836140056552458&wfr＝spider&for＝pc．

在东盟发展。采取这种路径的主要目的是为广西企业在东盟投资拓宽融资渠道，分散金融机构融资风险，实现企业和金融机构共生共荣，对此，区内金融机构既可以与东道国金融机构，也可以与东道国之外的第三方金融机构，通过银团贷款、联合融资、转贷款、股权参与等多种方式在东道国开展合作。

6.2.3.2 内外联动多渠道"走出去"带动广西对东盟外贸发展方式转型升级路径安排

广西企业"走出去"进入东盟市场开展贸易与投资不仅克服企业内部存在的诸多问题，还要面对市场环境不熟悉带来的潜在风险。为此，广西企业要想"走出去"，而且在东盟市场"走得长、走得远"，一方面要加强自身管理，而且还需要依托国内各行业、各经济实体、政府部门以及国内在外经营企业、驻外政府机构、办事处的内外联动，注重沟通合作，找到适合自身特点的"走出去"渠道。目前，按照渠道层级多少，有如下三种渠道适用于广西企业：第一种渠道是不借助任何渠道，独自"走出去"。利用互联网渠道了解目的国的政治法律、经济、社会、文化、自然等方面环境，然后与国内在外经营企业、驻外政府机构、办事处沟通交流，重点吸取在外企业在目的国的经营经验与教训，在充分预估经营风险与做好防范措施基础上，积极利用现代互联网工具，直接进入东盟国家市场，至于进入东盟市场的方式，可以直接在境外开设分支机构、成立子公司、投资办厂、设立办事处、承揽对外承包大工程、兴办境外批发市场，甚至是直播电商等，待积累了足够经验和资本，就可以进一步收购或兼并当地企业。第二种渠道是寻求中间商，仗势出征。寻找在东道国具有经营经验和实力的国内外企业，综合评估这些企业在东道国乃至东盟市场的渠道优势以及技术、设备、资金、人员、管理等方面的能力，选择综合实力靠前，经营理念与广西企业相互包容的企业合作，依托这些企业的资源和平台走进东盟，进而带动广西对东盟产品与服务的进出口贸易以及劳务输出、对外投资和对外承包工程。第三种渠道是借助互联网平台搭建的电子商务渠道或云展会，借船出海。目前基于信息技术已经催生跨境电商、数字会展、数字贸易等新型业态，但在这些领域，广西还没有哪一家企业和电商平台的业务范围和能力能够覆盖东盟市场，为此需要借助阿里巴巴、亚马逊、eBay、Wish 等国际互联网巨头以及东盟国家的互联网企业，如新加坡的 Sea Limited（旗下拥有电商平台虾皮 Shopee）、印度尼西亚的 GoTo 集团（该集团由印度尼西亚网约车公司 Go-Jek 与当地最大的电子商务公司 Tokppedia 于 2021 年 5 月合并），利用这些企业搭建的跨境电子平台和先进的互联网技术，创新广西企业走进东盟的商业模式，助力广西数字产品和企业"走出去"。

6.2.4 路径四：加强区域经贸合作，加速广西对东盟外贸发展方式转型升级

区域经济合作是优化资源配置、增强地区竞争优势的重要手段。广西地处中国南疆，与越南接壤，与其他东盟国家也是陆海相邻、人文相通。借此天然的区位人文优势，在国家开放发展格局中，国家赋予广西构建面向东盟的国际大通道、打造西南中南地区开放发展新的战略支点、形成"一带一路"有机衔接的重要门户的独特战略定位。因此，广西除了发展本地区的开放型经济外，还肩负着将东盟的商品引进中国，并将中国的商品输往东盟国家的重任。然而现阶段广西贸易方式一直以边境贸易为主，本地生产加工的出口商品比重低，更多时候作为内地省份与东盟国家贸易往来的国际物流通道，这使外贸发展对广西地方经济拉动作用有限。对此，广西一方面需要充分利用中国与东盟开展全方位加深合作的机遇，多渠道、多方式主动加强与东盟国家之间的多边、双边经贸合作，实现外贸发展由以往被动参与型向主动参与型转变；另一方面还需要着眼于服务和融入以国内大循环为主体、国内国际双循环相互促进的国家新发展格局，通过合作共建西部陆海新通道、主动对接长江经济带发展、主动融入粤港澳大湾区建设等途径，加强与国内省份、港澳台地区之间的区域经济合作，加速扭转广西外贸对地区经济发展拉动有限的不利局面。

6.2.4.1 参与跨国区域经济合作带动广西对东盟外贸发展方式转型升级的路径

（1）多边经贸合作带动广西对东盟外贸发展方式转型升级的路径安排。

自东盟创立之初，中国就与东盟建立了紧密的合作关系，特别在中国与东盟（10+1）领导人会议合作机制、湄公河次区域（GMS）经济合作机制、东盟—湄公河流域开发合作（AMBDC）机制和《中国—东盟全面经济合作框架协议》推动下，中国与东盟开展了连续多年的全方位合作，在贸易投资、科技创新、互联互通、信息通信技术合作等领域达成了多项共识，并发表相关声明与签订相关协议（见表6-4）。广西作为中国与东盟开放合作的前沿，自治区党委和政府主动作为，积极落实国家与东盟签订的各项协议和响应国家"一带一路"倡议，连续多年筹办了中国—东盟博览会和商务与投资峰会及其系列活动，还组织政府部门和企事业单位与东盟国家合作开展了各种形式的经贸活动、人文交流、科技合作以及国际安全事务等。通过参与和推动中国与东盟以及其他"一带一路"国

家的多边经贸合作，为今后广西加快对东盟外贸发展方式转型升级打下了坚强的合作基础。

表 6-4　中国与东盟合作发展的重要领域与制度安排

序号	合作领域	合作文件
1	战略伙伴关系合作	中国—东盟面向和平与繁荣的战略伙伴关系联合宣言
		中国—东盟战略伙伴关系 2030 年愿景
		《落实中国—东盟面向和平与繁荣的战略伙伴关系联合宣言的行动计划（2021-2025）》
2	促进贸易投资合作	《中国—东盟全面经济合作框架协议》
		《关于〈修订中国—东盟全面经济合作框架协议〉及项下部分协议的议定书》（中国—东盟自贸区升级《议定书》）
		《区域全面经济伙伴关系协定》
		《中国—东盟全面经济合作框架协议货物贸易协议》
		中国—东盟自由贸易区《服务贸易协议》
		中国—东盟自由贸易区《投资协议》
3	金融合作	《10+3 财金合作机制战略方向》
4	海上合作	《南海各方行为宣言》
5	旅游合作	《中国—东盟旅游合作联合声明》
6	智慧城市合作	《中国—东盟智慧城市合作倡议领导人声明》
7	粮食和农业合作	《中国—东盟关于食品和农业合作的谅解备忘录》
		《10+3 大米紧急储备协议》
8	卫生与植物卫生和技术性贸易壁垒合作	中国—东盟《关于加强卫生与植物卫生合作的谅解备忘录》
		《中国—东盟自由贸易协定》中关于标准、技术法规与合格评定程序的章节
		《关于在〈中国—东盟全面经济合作框架协议〉下〈货物贸易协议〉中纳入技术性贸易壁垒和卫生与植物卫生措施章节的议定书》
9	信息通信技术合作	《中国—东盟关于建立数字经济合作伙伴关系的倡议》
10	科技创新合作	中国—东盟科技创新合作联合声明

续表

序号	合作领域	合作文件
11	交通合作	《中国—东盟交通合作战略规划》（修订版）
		《中国—东盟交通合作谅解备忘录》
		《中国—东盟海运协定》
		《中国—东盟海事教育与培训发展战略》
		《中国—东盟航空运输协定》及其议定书
12	知识产权领域合作	《中国—东盟知识产权合作谅解备忘录》
13	提升产能合作	《中国—东盟产能合作联合声明》
14	文化和体育交流合作	《中国—东盟文化合作行动计划（2019-2021）》及后续工作计划
15	应对非传统安全问题	中国—东盟非传统安全领域合作工作计划（2019-2023）
16	反腐合作	中国—东盟全面加强反腐败有效合作联合声明
17	保护环境，促进自然资源的可持续利用	《中国—东盟环境合作战略及行动计划框架（2021-2025）》
18	媒体交流合作	《深化中国—东盟媒体交流合作的联合声明》
19	互联互通	《中国—东盟关于"一带一路"倡议同〈东盟互联互通总体规划2025〉对接合作的联合声明》
20	东亚合作	《10+3工作计划（2018-2022）》及其后续文件
21	次区域合作	在澜沧江—湄公河合作、中国—东盟东部增长区合作及其他相关次区域框架和机制下加强合作

我们也注意到，一方面我国经济已经进入新发展阶段，正在加快构建新发展格局；另一方面新冠肺炎疫情在东盟国家对东盟经济造成了一定冲击，同时东盟国家互联网经济在快速发展，区域全面经济伙伴关系协定已经签署，并于2022年1月生效实施。所以，我们需要继续坚持和深化与东盟在内的"一带一路"国家多边经贸合作，但在促进广西对东盟"互联网+外贸"发展方式转型升级的路径设计上，要注意广西参与多边经贸合作方式和合作重点：

一是多渠道在涉及中国与东盟的多边贸易谈判中发出广西声音、贡献广西力量。广西与东盟的经贸合作都是在国家与东盟签署的合作协议下开展的，同时也严格遵循各项国际公约以及世界贸易组织的各项条例和规定，只不过随着国际国内形势的变化，有些贸易体制和条约已经不能适应新时代的要求，需要就服务贸易、市场准入、货物贸易、跨境产业、贸易便利化等议题开展新一轮贸易谈判，甚至还要商谈筹建新的多边贸易体制，对此，从服务全国新发展格局出发，广西要想办法主动发出声音、提出广西诉求，为促进中国与东盟更好开展经贸合作做出广西贡献。比如，广西可以在家门口利用中国—东盟博览会和商务与投资峰会及其系列活动发出广西声音，也可以将广西对东盟贸易发展的有关诉求通过国家相关部门上报国家，借用"一带一路"国际合作高峰论坛、东盟与中日韩（10+3）领导人会议、中国—东盟港口城市合作网络工作会议、中国—中南半岛经济走廊发展论坛以及中国—东盟各种论坛传递广西呼声。

二是进一步深挖面向东盟的开放平台功能，拓展经贸合作新空间。继续高水平举办中国—东盟博览会和商务与投资峰会，同时抓住签署 RCEP 的机遇，扩展中国—东盟博览会服务 RCEP 功能，增加 RCEP 合作投资贸易促进活动，开展RCEP 高层论坛、政商对接等更宽领域合作、更多层次交流，借助东博会平台举办 RCEP 全产业链展会，把中国—东盟博览会做深做实。推进泛北部湾经济合作、大湄公河次区域合作、中国—中南半岛经济走廊建设合作，共同促进区域经济发展和提高民生福祉。加快推进面向东盟国家的中国—东盟港口城市合作网络、中国—东盟智慧港口、多式联运综合信息服务平台等项目，积极开展面向东盟的国际业务，推动与东盟国家在基础设施、信息安全、数字文化、数字教育、数字医疗、数字旅游等新兴领域广泛合作，不断丰富与东盟国家合作的内涵，打造"数字丝绸之路"区域典范①。

（2）双边经贸合作带动广西对东盟外贸发展方式转型升级的路径安排。

与东盟国家的双边经贸合作旨在针对双边关注的重点问题开展洽谈和寻求解决对策，但是鉴于广西开放发展所具备的资源有限，以及东盟内部各国的经济发展层次、政局稳定度、各国的投资环境存在较低差异，所以要使双边经贸合作能够带动广西对东盟"互联网+外贸"发展方式转型升级，需要根据广西与东盟各国情况和已有合作基础设计不同的路径。

表6-5给出了广西与东盟贸易合作表现以及东盟十国经济发展水平及其与中国互联互通的状况，结合表4-12中东盟国家主要进出口的商品类别，可以发现，

---

① 刘家凯.广西深化与东盟经贸合作的着力点［N］.广西日报，2021-06-04（010）.

当前除了广西与越南的贸易合作较为显著之外，广西与东盟其他国家的经贸合作层次不高、范围不广。比如，广西与泰国的贸易合作，在进出口贸易方面，广西对泰国的进口远大于出口，且以货物贸易为主，其中，广西从泰国进口的产品主要是农产品和科技产品，比如集成电路及微电子组件、自动数据处理设备及其部件等机电产品以及石油沥青、木薯淀粉、铜废碎料、糊精、天然橡胶和类似天然树胶等商品，向泰国出口的产品主要是机械类产品及资源类产品[①]，如平地机、推土机、铲运机等工程机械和制糖机器，还有钢铁制品、铝及其制品、滑石、磷酸、多磷酸、塑料、肥料、钛的氧化物等。在投资合作方面，广西与泰国经贸合作中没有优先吸引对方投资的行业，因而行业选择有限、相互投资规模小。在旅游合作方面，泰国一直都是广西居民的旅游目的地，双边跨境旅游极大促进了双边人员交流，增强双边互信，但受新冠肺炎疫情影响，目前双边旅游几乎处于停滞状态。与其他另外 8 个国家的进出口贸易，也因这些国家产业基础和进出口商品格局决定了广西与其贸易合作应该从如下几方面开展，以此带动广西对东盟各国外贸发展方式转型升级的路径在于：一是进一步发挥"南宁渠道"作用，利用中国—东盟博览会和商务与投资峰会等合作平台为双方创造更多商机。二是建立广西—东盟各国双边经贸合作协调机制，比如成立由广西与泰国商贸、投资、海关、外事、检验检疫、税务、银行等部门组成的"广西—泰国经贸合作工作协调小组"，加强双边沟通互动，共同探讨双方在贸易投资合作发展中的对策建议，解决贸易投资合作中出现的纠纷。三是通过合作建设产业园区的方式，加强在基础设施、物流、制糖、保健、食品及水果加工、旅游文化等方面的合作，带动双方进出口规模扩大和产业升级，使合作成果更多留在当地，比如，中泰崇左产业园、广西农垦在海外建设的中国·印度尼西亚经贸合作区、广西与马来西亚"两国双园"的经贸合作模式、中国·文莱玉林健康产业园、新加坡（广西南宁）综合物流产业园等。四是加强广西—东盟各国的海上交通建设和港口合作，提高广西与东盟各国在海路、航空等方面运输便利化，共推次区域合作，为进一步扩大双边贸易规模和促进相互投资打下基础。这方面广西要特别注重与新加坡一起加快中新互联互通南向通道建设，加强双方在物流产业园、通关便利化、中国—东盟信息港建设方面的务实合作，进一步完善合作机制、提升合作水平。

---

① 唐卉. 广西与泰国经贸合作现状及对策建议 [J] . 东南亚纵横，2016（04）：63-68.

表 6-5　东盟各国五通指数及各国在广西—东盟贸易合作的份额

国家	经济发展水平	五通指数						在广西与东盟贸易合作中份额（2020 年）		
		政策沟通	设施联通	贸易畅通	资金融通	民心相通	总评	出口份额（%）	进口份额（%）	合计（%）
新加坡	高收入国家	7.55	5.52	10.0	10.0	10.0	顺畅	2.28	0.99	1.82
马来西亚	中等收入国家	9.35	6.94	8.93	9.36	8.61	顺畅	3.98	2.81	3.56
泰国	中等收入国家	9.21	5.04	8.69	9.87	9.66	顺畅	3.04	39.64	16.01
印度尼西亚	中等收入国家	8.0	6.0	9.62	9.32	8.28	顺畅	1.33	4.34	2.39
越南	中等收入国家	6.85	6.39	7.99	6.52	5.3	良好	87.62	49.71	74.18
柬埔寨	低收入国家	8.98	3.39	7.0	5.57	6.95	良好	0.40	0.05	0.27
老挝	低收入国家	9.04	2.2	6.65	6.49	6.54	良好	0.11	0.50	0.25
缅甸	低收入国家	6.22	5.84	6.91	5.27	5.1	潜力	0.40	0.07	0.28
文莱	高收入国家	4.3	5.34	5.02	7.43	4.8	潜力	0.01	0.00	0.01
菲律宾	中等收入国家	3.5	4.86	7.55	6.08	4.82	潜力	0.83	1.90	1.21

资料来源：南宁海关、北京大学海洋研究院《"一带一路"沿线国家五通指数报告（2017 年）》。

特别指出的是，越南是中等收入国家，与中国互联互通属于良好水平（见表 6-5），多年来一直是东盟十国中与广西贸易合作最紧密的国家，也是广西的第一大贸易伙伴。随着越南本国经济的发展和国民收入水平的提高，越南国内生产能力提升和消费升级是必然趋势，为此，广西需要进一步强化与越南的经贸合作，发挥中国广西与越南边境四省（河江、广宁、谅山、高平）合作机制作用，稳固越南市场，同时研判越南国内经济环境变化趋势，及时调整对越南进出口商品结构和转变市场竞争方式。对广西而言,"互联网+"背景下加强与越南经贸合作带动本地区对越南外贸发展方式转型升级的路径,可以通过以下方式实现:一是通过加快中国东兴—越南芒街、中国凭祥—越南同登、中国龙邦—越南茶岭等跨境经济合作区和在越南境内的经贸合作区建设,为广西企业"走出去"搭建平台。在此基础上,在跨境经济合作区和境外经贸合作区积极探索和发展跨境电子商务、跨境加工、跨境金融、旅游和物流等领域的合作,引领广西与越南经贸合作升级。二是在 CAFTA 升级版框架下,加强广西与越南边境地方政府层面的沟通,就产能合作、跨境基础设施建设、服务贸易、金融合作、贸易与投资便利化、边境安全等议题开展定期会晤交流,合力推进两国政府达成的合作协议在边境地区落地,为广西与越南贸易发展营造良好的环境。三是大力发展对越南的跨境电商。鼓励两国政府、企业和居民利用互联网开展贸易活动,充分利用现代信息技术合作开展跨境电商相关的平台建设、国际物流合作以及变革监管模式,促进广西企业向"互联网+"方向转型和创新发展。四是加快广西与越南境内基础设施的互联互通建设,努力使广西与越南在陆路、海路、航空等方面运输更加快速便捷,从而不断扩大贸易规模,为广西与越南开展进一步合作奠定基础。

6.2.4.2 推进跨省区域经济合作带动广西对东盟外贸发展方式转型升级的路径

(1) 加强与港澳台合作带动广西对东盟外贸发展方式转型升级的路径安排。

香港、澳门作为我国设立的两个特别行政区,因其独特的体制机制优势以及自身长期与世界各国保持的广泛联系,长期以来一直是广西经济发展中外部资金的主要来源地和产品进出口市场,也是广西与其他国家和地区经贸联系"桥梁"。台湾是我国不可分割的一部分,两岸之间的经济文化交流持续不断,"富士康""台泥""光宝""统一""旺旺""大润发""元大证券""冠德""宇欣"等一批台湾地区知名大企业相继进入广西,还有南宁"台湾街"、台湾(南宁)轻纺产业园、贵港(台湾)产业园、北海台湾电子产业园、桂台东盟文化旅游产业园等一批桂台合作建设的产业园区在建设和发展①。为此,在互联网时代,广西更加有必要加强与港澳台合作,利用好面向东盟开放发展的区位、政策、资源和市场优势,抓住国家大力推进内地与港澳实施 CEPA 的机遇以及根据国家

---

① 黄兰椿,张金根.桂台经贸文化合作交流之历程与现状 [J].企业科技与发展,2015 (02):83-84.

《关于促进两岸经济文化交流合作的若干措施》的要求，在《内地与香港、澳门更紧密经贸关系安排》（香港、澳门 CEPA）、《内地与香港（澳门）CEPA 服务贸易协议》（2019 年 11 月对该协议进行了修订）、《海峡两岸经济合作框架协议》的框架下（见表 6-6），在贸易投资促进、通关便利化、商品检验检疫、食品安全、质量标准、电子商务、法律法规透明度、中小企业合作、产业合作、金融合作、服务贸易自由化等方面寻求更紧密的合作，以此带动广西对东盟外贸发展方式转型升级。如此一来，在设计具体路径时，可以从以下五个方面进行安排：

表 6-6　内地与港澳台地区签订的主要经贸合作协议所约定的合作领域

序号	《内地与香港更紧密经贸关系安排》	《内地与澳门更紧密经贸关系安排》	《海峡两岸经济合作框架协议》
1	贸易投资促进	贸易投资促进	知识产权保护与合作
2	通关便利化	通关便利化	贸易促进及贸易便利化
3	电子商务	电子商务	电子商务合作
4	法律法规透明度	法律法规透明度	海关合作
5	中小企业合作	中小企业合作	推动双方中小企业合作，提升中小企业竞争力
6	商品检验检疫、食品安全、质量标准	商品检验、动植物检验检疫、食品安全、卫生检疫、认证认可及标准化管理	研究双方产业合作布局和重点领域，推动双方重大项目合作，协调解决双方产业合作中出现的问题
7	中医药产业合作	产业合作	金融合作
8			推动双方经贸社团互设办事机构

资料来源：根据相关政策整理得到。

　　一是加强品牌建设合作，推进广西企业东盟市场营销体系的建立和优化。香港、澳门的相关商会、企业在全球营销、品牌培育、市场推广等方面具有全球领先的专业服务优势，因此，要鼓励广西企业与这些机构开展合作，借力建立服务东盟市场的营销体系，打造国际品牌，开拓东盟市场。

　　二是深化科技创新合作，促进广西对东盟外向型产业高质量发展。港澳台地区的科研机构具有较强的科技创新能力, 对此, 广西可以鼓励和支持本地企业、研究机构、高等院校与港澳台科研单位合作, 打造产学研创新体系, 提升企业研发能力和产业创新力, 也可以通过抓好 CEPA 示范基地建设、广西海峡两岸产业合作区建设, 推动港澳台地区的科技机构将在研项目转化为广西产业项目, 甚至更应该鼓励采取产品研发、品牌宣传、项目孵化在港澳总部, 生产、加工、转化、仓储、销售在广西的产业合作模式。比如借鉴深圳梦工厂、合作科技园等模式, 利用 CEPA 基地平台积极吸引香港科研人才、青年创客等来广西创业, 打造桂港科技创新合作产业孵化园、香港青年梦工厂等, 推动香港科研成果在广西落地、转化、生产[①]。

三是合作建设自贸区, 提高对东盟外贸新优势。大力吸引专业人才来广西相关机构、园区或企业交流任职; 加强与香港、澳门特区政府合作, 鼓励广西与台湾民间交流, 加强相关人员交流学习; 引进港澳台金融、物流、旅游、工商服务、文化与创意、医疗、教育、科技、检测认证、环保等优势产业, 加快发展广西自贸试验区服务业, 促进对东盟国家服务贸易发展。

四是深化物流合作, 提升广西—东盟跨境物流管理和服务水平。依托西部陆海新通道建设, 整合香港海港、空港以及北部湾港口、广西边境口岸等资源, 继续培育和强化"香港—广西—东盟"的物流线路, 实现对东盟跨境物流的共赢发展。积极引进香港物流集团和企业参与广西物流体系建设, 大力引入香港承运企业、供应链整合供应商等, 提升广西物流管理和服务水平。在此基础上, 积极争取国家批准广西与香港、澳门单一窗口互联互通, 共同打造物流协同平台, 实现物流数据共享和业务协同, 进一步提升广西通关便利化水平。

五是加强金融合作, 为外贸转型升级提供金融支持。用好用足广西建设面向东盟的金融开放门户等相关优势, 积极引进香港、澳门金融机构, 鼓励港澳金融机构将业务处理中心、集约运营中心、资金管理中心、金融数据中心、客户服务中心等中后台功能性服务机构放在广西, 设立面向东盟的区域总部。鼓励港澳金融机构通过入股、战略合作等方式与广西金融机构合作, 参与合作方金融机构管理, 提升广西金融机构管理和业务服务水平。吸引港澳金融机构利用广西区位、政策等优势, 积极开展面向东盟的货币结算、跨境投融资、跨境信贷等金融业务, 在服务企业的同时, 进一步助推人民币在东盟的国际化进程。

① 胡谍. 当前形势下深化桂港经贸合作前景浅析 [J]. 当代广西, 2020 (15): 21-22.

(2)"一带一路"国内沿线区域经济合作带动广西对东盟外贸发展方式转型升级的路径安排。

东盟国家是"一带一路"沿线的核心区，发展好与东盟国家的经贸关系是"一带一路"国内沿线省份的共同愿景和使命，因此，广西可以利用作为"一带一路"有机衔接门户的战略地位，发挥比较优势，在主动服务和融入国家新发展格局中，加强与东盟国家、国内兄弟省份合作发展的内外联动，共同培育和发展面向东盟市场的竞争新优势，为广西转变对东盟外贸发展方式积蓄更强动力。至于具体的路径安排，可以从以下三方面展开：

一是以合作共建西部陆海新通道为纽带，加强与通道沿线地区经济合作。经过近四年的建设，西部陆海新通道对国内相关省份对"一带一路"沿线国家，特别是东盟国家的外贸发展起到了重要的促进作用。因此，广西需要进一步加强与通道沿线"13+1"个省份在交通基础设施互联互通、智慧物流、进出口通关、产业合作、开放平台、合作机制建设等方面的合作，建设更高水平的西路陆海新通道，带动通道沿线地区对东盟国家的贸易繁荣和产业高质量集聚发展。

二是强化面向东盟开放的区位优势和港口优势，主动对接长江经济带发展。近些年，随着广西营商环境持续改善，广西面向东盟开放发展的区位优势日渐凸显，同时充分利用广西自贸试验区、南宁跨境电子商务试验区、凭祥和东兴两个国家重点开发开放试验区、防城港国际医学开放试验区等政策优势，吸引了上海华谊、浙江恒逸、江苏雨润集团、武汉光谷北斗、湖南中伟等诸多长江经济带的知名企业来广西签约投资，有些企业甚至构建了"长江经济带研发、广西生产、产品销往东盟"产业大格局。今后，广西需要进一步优化营商环境，积极承接长江经济带产业转移，建立东西部产业合作示范区。同时，依托已落户企业着力推动以商招商，吸引更多长江经济带大企业来广西建立面向东盟的研发中心、生产基地、营销中心、产业园区。

三是主动融入粤港澳大湾区建设，积极推动泛珠三角区域合作走深走实。2016 年，国务院对深化泛珠三角区域合作提出指导意见，明确广西作为"一带一路"建设重要区域和引导产业有序转移承接特别试验区。2017 年，国务院对促进开发区改革和创新发展以及国家发改委等八部委对支持飞地经济发展做出部署，着力推动沿海、沿江、沿边、沿线开发区整合优化协调发展。桂粤两地政府 2010 年 8 月签订建立桂粤更紧密合作关系的框架协议，明确共同开发建设北部湾经济区、共同打造珠江—西江经济带、共同发展飞地经济、共同开拓东盟市场等安排。当前加快粤港澳大湾区建设是国家重大发展战略，时任自治区党委书记鹿心社在广东考察时也指出：大湾区是广西提升战略地位的重大机遇，是广西"引进来"的重点渠道，是广西"走出去"的重要窗口，同时广西也是大湾区的经济腹地，是大湾区企业拓展东盟市场的便捷桥梁，是大湾区的生态屏障①。为此，广西需要积极把握国家实施"一带一路"建设的机遇期，进一步发挥广西与东盟国家陆海相邻的独特优势，加快北部湾经济区和珠江—西江经济带开放发展，主动融入粤港澳大湾区建设，推动广东尤其是珠三角产业有序向广西转移，实现更大空间范围的资源优化利用和生产效率提升，形成分工合理、重点突出、比较优势得以发挥的区域产业新结构②。

此外，广西还需进一步推动泛珠三角区域合作走深走实，因为在广西参与泛珠三角区域合作政策作用下形成的开放、公平、互补的发展环境，确实推动了广西与中国—东盟自由贸易区的合作深化发展、加强了与兄弟省份的经贸合作、保持了北部湾经济区经济发展的良好势头③。今后需要在"一带一路"倡议指引下，做出更全面、更深入、更务实、更高效的制度安排，重点推动"9+2"地区负责人开展定期会晤交流，举办多方党政一把手、国家领导、各部委负责人参加的协调会议，一方面便于讨论涉及促进广西与泛珠基础设施、产业与投资、商务与贸易、旅游等方面合作内容，另一方面也便于各方紧紧围绕联合贯彻国家经济发展战略、协商制定协作区重大经济议题、开展广泛深入的商议讨论共谋振兴、共同策划项目、共同解决跨省区市的一些重大经济决策方面的疑难问题④。在此基础上，就地区发展的重大共性问题，争取中央支持，加强顶层设计，出台一系列规划、决定、意见等政策文件，从而形成机制合力。

①　魏恒，董文锋. 鹿心社陈武率广西党政代表团赴广东学习考察　充分发挥粤桂扶贫协作重要作用推动两区省在更大范围开展合作 [J]. 当代广西，2018（10）：10-11.

②　夏宁. 桂粤共建"一带一路"中国南部核心区发展战略 [J]. 广西经济，2018（10）：39-41.

③　韦灵桂. 广西参与泛珠三角区域合作政策效果评估 [J]. 上海金融学院学报，2015（02）：102-110.

④　龙裕伟. 巩固发展广西与西南地区的经济协作 [J]. 广西经济管理干部学院学报，2001（02）：28-31.

第7章 "互联网+"助推广西对东盟外贸发展方式转型升级的保障措施

7.1 加强组织领导

一是加强党对推进广西与东盟"互联网+外贸"发展方式转型升级工作的全面领导。坚持以习近平新时代中国特色社会主义思想为指导，贯彻新发展理念，充分发挥广西推进贸易高质量发展厅际联席会议制度[①]作用，针对广西对东盟"互联网+外贸"发展方式转型升级工作有关问题，加强沟通，密切

[①] 注：根据《广西壮族自治区人民政府办公厅关于同意建立广西推进贸易高质量发展厅际联席会议制度的函（桂政办函〔2020〕20号）》，联席会议由自治区发展改革委、科技厅、工业和信息化厅、司法厅、财政厅、人力资源社会保障厅、生态环境厅、交通运输厅、农业农村厅、商务厅、文化和旅游厅、外事办、市场监管局、地方金融监管局、北部湾办、大数据发展局、投资促进局、广西博览局、广西贸促会、人民银行南宁中心支行、南宁海关、广西税务局、广西出入境边防检查总站、广西海事局、广西银保监局、广西邮政管理局，中国（广西）自由贸易试验区南宁片区、钦州港片区、崇左片区管委会、中国进出口银行广西分行、中国出口信用保险公司广西分公司、中国—东盟信息港股份有限公司等32个部门和单位组成，自治区商务厅为牵头单位。联席会议办公室设在自治区商务厅，承担联席会议日常工作。办公室主任由自治区商务厅主要负责同志兼任，办公室副主任由自治区商务厅、发展改革委、工业和信息化厅、财政厅、南宁海关、广西税务局有关负责同志担任。联席会议设联络员，由各成员单位有关处室负责同志担任。
资料来源：广西壮族自治区人民政府办公厅关于同意建立广西推进贸易高质量发展厅际联席会议制度的函（桂政办函〔2020〕20号）〔EB/OL〕．http：//www.gxzf.gov.cn/zfwj/gzbh/t6486358.shtml.

配合，相互支持，形成合力，统筹协调解决重大问题。各部门、地市各级党委要把加快广西对东盟"互联网+外贸"发展方式转型升级纳入重要议题，认真研究部署，加强对各项工作的统筹协调，形成强有力的贯彻执行体制机制。各地、各部门结合自身职能与定位，强化资源配置，保障对东盟"互联网+外贸"发展方式转型升级投入，落实好转型升级确定的目标任务。

二是强化组织保障，确保改革措施落地见效。在自治区党委领导下，强化广西推进贸易高质量发展厅际联席会议的调度作用，推动商务厅协同发改委、工业和信息化厅、财政厅、南宁海关、广西税务局、大数据发展局等其他厅际联席会议成员单位共商对东盟"互联网+外贸"发展方式转型升级发展大计。按产业发展规律，分别成立农业、工业、服务业三个方向的广西对东盟"互联网+外贸"发展方式转型升级项目建设专项小组（见表7-1），强化对东盟农产品贸易、工业品贸易、服务贸易发展方式转型升级的指导、组织、协调，各成员单位要按照职责分工，深入研究推进广西对东盟"互联网+外贸"发展方式转型升级工作有关问题，分类制定扶持和鼓励对东盟"互联网+外贸"发展方式转型升级的具体实施方案和配套措施，健全覆盖全区的促进对东盟"互联网+外贸"发展方式转型升级的组织保障体系和工作机制。三个专项小组办公室分别设在自治区农业农村厅、自治区工业和信息化厅、自治区商务厅，负责专项小组日常工作。

表7-1 广西对东盟"互联网+外贸"发展方式转型升级专项小组建议成员

	农产品贸易专项小组领导及成员单位	工业品贸易专项小组领导及成员单位	服务贸易专项小组领导及成员单位
组长	自治区副主席1名	自治区副主席1名	自治区副主席1名
副组长	自治区大数据发展局局长、自治区人民政府副秘书长、自治区农业农村厅厅长	自治区大数据发展局局长、自治区人民政府副秘书长、自治区工业和信息化厅厅长	自治区大数据发展局局长、自治区人民政府副秘书长、自治区商务厅厅长

续表

	农产品贸易专项小组领导及成员单位	工业品贸易专项小组领导及成员单位	服务贸易专项小组领导及成员单位
成员单位	自治区发改委、科技厅、工业和信息化厅、司法厅、财政厅、人力资源社会保障厅、生态环境厅、交通运输厅、农业农村厅、商务厅、文化和旅游厅、外事办、市场监管局、地方金融监管局、北部湾办、大数据发展局、投资促进局，广西博览局、广西贸促会、人民银行南宁中心支行、南宁海关、广西税务局、广西出入境边防检查总站、广西海事局、广西银保监局、广西邮政管理局，中国（广西）自由贸易试验区南宁片区、钦州港片区、崇左片区管委会，中国进出口银行广西分行、中国出口信用保险公司广西分公司、中国—东盟信息港股份有限公司、广西旅游发展集团、数字广西集团	自治区发改委、科技厅、工业和信息化厅、司法厅、财政厅、人力资源社会保障厅、生态环境厅、交通运输厅、农业农村厅、商务厅、文化和旅游厅、外事办、市场监管局、地方金融监管局、北部湾办、大数据发展局、投资促进局，广西博览局、广西贸促会、人民银行南宁中心支行、南宁海关、广西税务局、广西出入境边防检查总站、广西海事局、广西银保监局、广西邮政管理局，中国（广西）自由贸易试验区南宁片区、钦州港片区、崇左片区管委会，中国进出口银行广西分行、中国出口信用保险公司广西分公司、中国—东盟信息港股份有限公司、广西旅游发展集团、数字广西集团	自治区发改委、科技厅、工业和信息化厅、司法厅、财政厅、人力资源社会保障厅、生态环境厅、交通运输厅、农业农村厅、商务厅、文化和旅游厅、外事办、市场监管局、地方金融监管局、北部湾办、大数据发展局、投资促进局，广西博览局、广西贸促会、人民银行南宁中心支行、南宁海关、广西税务局、广西出入境边防检查总站、广西海事局、广西银保监局、广西邮政管理局，中国（广西）自由贸易试验区南宁片区、钦州港片区、崇左片区管委会，中国进出口银行广西分行、中国出口信用保险公司广西分公司、中国—东盟信息港股份有限公司、广西旅游发展集团、数字广西集团
专项小组办公室	自治区农业农村厅	自治区工业和信息化厅	自治区商务厅

7.2 强化制度保障

一是优化财税政策体系。在符合世界贸易组织规则前提下，发挥财政资金对"互联网+外贸"转型升级的促进作用，特别是充分发挥中央和自治区外经贸发展专项资金、服务贸易创新发展引导基金作用，引导社会资本以基金方式支持广西对东盟外贸发展方式转型升级。进一步优化资金安排结构，突出支持外贸新业态新模式发展，创新支持方式。积极探索实施促进"互联网+外贸"发展的税收征管和服务措施，优化相关税收环境。落实国家有关税收优惠政策、"营改增"税收政策。进一步加快出口退税进度，落实限时办结制，提高退税审核审批效率。完善出口退税分类管理办法，逐步提高出口退税一类企业比例。严厉打击骗取退税行为。扩大出口退（免）税无纸化管理试点范围，支持外贸新业态新模式企业适用无纸化方式申报退税，全面实施出口退税网上预申报。依法对经认定的技术先进型企业落实相关税收优惠政策。

二是加大金融支持力度。在依法合规、风险可控、商业可持续前提下，支持金融机构有序开展金融创新，为广西企业开拓东盟市场提供多样化、综合化金融服务。鼓励政府部门、金融机构、非银行支付机构、征信机构、外贸服务平台等加强合作，加快贸易金融区块链平台建设，便捷贸易支付结算管理，为企业利用"互联网+"转变对东盟外贸发展方式提供便利化金融服务。鼓励符合条件的外贸新业态新模式企业通过上市、发行债券等方式进行融资。鼓励和支持金融机构对有订单、有效益的外贸企业发放贷款，扩大基于外贸订单、保单、应收账款等抵押、质押融资和出口信用保险融资规模。针对中小微企业的融资需求，通过差别准备金、利率、再贷款、再贴现等政策，引导金融机构给予大力支持。进一步发挥进出口信贷和出口信用保险，积极发挥风险保障和融资促进作用。支持更多符合条件的银行和支付机构依法合规为广西外贸新业态新模式企业提供结算服务。鼓励研发安全便捷的跨境支付产品，支持广西非银行支付机构"走出去"。稳步提高对东盟跨境贸易人民币结算比例，扩大经常项目人民币跨境使用，拓宽人民币在东盟市场跨境投融资渠道。

三是加大地方政策支持。鼓励各设区市研究出台推动广西对东盟"互联网+

外贸"发展方式转型升级相关支持政策，加大财政扶持力度，加强金融信贷服务，统筹安排财政资金和地方政府债券支持面向东盟的"互联网+外贸"产业链供应链打造和平台建设。各市、县要大力支持"互联网+外贸"的发展，完善土地储备管理机制，充分保障相关重点项目用地供给。针对"互联网+外贸"发展方式转型升级相关项目建设，在项目立项、科技重大专项申报、投融资、财税优惠、人才激励、推广运营等方面给予大力支持，尤其是对在广西设立全国或区域性总部和营运、服务中心（基地）以及区域性物流配送中心（基地）、结算中心的国内外知名互联网企业项目要给予重点支持。

四是健全法律法规体系。根据广西对东盟"互联网+外贸"发展的具体情况和实际需要，在不同宪法、法律、行政法规相抵触的前提下，适时研究制定"互联网+外贸"急需的人才管理、智慧监管、外汇管理、进出口查验、外贸涉企收费、外贸知识产权保护、原产地优惠、网络安全保障等相关法律法规，不断完善贸易及相关领域地方性法规，为广西对东盟"互联网+外贸"发展提供法规制度支撑。此外，还要加强对国际法规与惯例的研究，促进自治区经贸立法与国家、国际经贸规则的良性互动。

7.3 加强数字支撑

一是加快数字技术创新和产业化应用。大力支持科技研究与开发机构、科技服务与中介机构、教育和培训机构、科技工业园区等科技机构对数字技术的开发、运营和推广，为广西对东盟"互联网+外贸"发展方式转型升级提供科学知识、数字技术、人才、信息等数字支撑产品。鼓励数字广西集团发挥国有企业的平台优势和资金实力，孵化和培育更多本土数字经济企业。

二是加快推进数字政府建设，提升"互联网+外贸"治理能力现代化。进一步完善广西数字政务一体化平台，以大系统、大平台构建大数据驱动的"互联网+外贸"政务管理运行新机制、新渠道。全面推进数据治理工作，努力实现"一云承载、一网通达、一池共享、一事通办、一体安全"的政务数据治理新模式，解决"云资源分散、专网林立、系统壁垒"等问题，打破"数据孤岛"，

"让数据多跑路,让企业、老百姓办事少跑腿,甚至不跑腿"①。进一步推动一体化平台向移动端延伸,引导广大居民和企业下载和高频使用"广西政务App"、"爱广西App"、政务服务微信公众号、政务服务微信小程序等服务,加快政务服务"网上办、掌上办"。

三是构建政务数据应用开放生态圈,促进数字产业发展。在确保政务数据安全可控的基础上,深挖政府数据"钻石矿",通过一系列技术手段形成联动管理,推动政务数据与实体经济、政府治理、民生服务深度融合,构建政务数据应用开放生态圈,以此促进大数据、云计算、人工智能、物联网、区块链等数字经济相关产业在广西落地生根,为"互联网+外贸"提供数字产业支撑。

7.4 加大资金支持

一是自治区要积极申请中央资金支持,优先支持广西对东盟"互联网+外贸"转型升级项目发行政府债券和设立产业基金,加大资金扶持力度。发挥中央外经贸发展专项资金、服务贸易创新发展引导基金作用,引导社会资本以基金方式支持广西对东盟外贸发展方式转型升级。

二是全区各级财政要根据本级财力状况和相关政策规定,支持广西对东盟"互联网+外贸"转型升级。在区级层面,自治区人民政府每年从自治区外经贸发展专项资金、服务贸易创新发展引导资金、政务信息化建设各类资金中安排一定资金支持广西对东盟"互联网+外贸"转型升级相关项目建设,同时积极从其他渠道筹集资金予以支持。在市级层面,各省区市人民政府根据实际情况每年安排一定资金用于解决当地对东盟"互联网+外贸"转型升级相关费用,加大资金支持力度。此外,各级政府要优化各类专项资金支出结构,加大对外贸新业态新模式的支持力度。根据经济发展水平和物价变动情况,建立奖补标准动态调整机制,充分发挥奖助资金的激励作用,引导企业应用互联网开拓东盟市场。规范各类项目经费预算编制和资金使用管理,加强"互联网+外贸"转型升级资金管理。

---

① 自治区大数据发展局. 广西数字政务一体化平台正式上线运行以人民为中心擘画数字政府 [EB/OL].(2020-01-06)[2021-10-22].http://www.gxzf.gov.cn/zt/jd/szgxjszl/zxdt_ 27980/t978866.shtml.

三是引导社会资本支持广西对东盟外贸发展方式转型升级。鼓励合格投资者按市场化方式发起设立各类支持广西对东盟"互联网+外贸"转型升级的产业基金、科技创投基金。支持有条件的地市设立对东盟"互联网+外贸"转型升级投资引导基金，引导社会资本以基金方式积极参与。

7.5　强化人才引领

一是完善人才培育机制。支持政府部门、科研院所、行业协会、高等学校、职业院校、行业企业及社会培训机构合作办学，大力培养符合对东盟"互联网+外贸"发展需要的既精通国际贸易业务又能运用互联网技术和信息化手段开展工作的管理人才和高素质技术技能人才。共建"政行企校"协同多元育人平台，发挥政府部门和行业协会等各方面合力，建设跨境电子商务创新创业孵化基地，建立跨境电子商务人才培训体系。鼓励普通高校、职业院校围绕自身办学定位设置跨境电子商务、服务贸易实务、国际商务等相关专业。引导自治区本科高校、职业院校和企业深度合作，通过产学研合作培养高素质人才。以提高从业者实操能力为导向，通过校企合作方式开设相关培训课程，提高教学的实践性和可操作性。以市场为导向，扶植、引进第三方培训机构，建立创业型和实用技能型人才培训基地，开展职业技能教育，借助社会化力量培训孵化创新创业人才。鼓励行业协会、企业和教育机构举办各类技能大赛和创新创业活动，提高人才素养和创新能力，推进人才与企业、项目、资本对接，完善人才社会化服务机制。支持用人单位利用互联网学习平台，构建全员培训体系，通过以岗前培训、技能提升和高技能人才培训等方式提高人才队伍综合素质和增强服务意识，促进各级政府工作人员和企事业管理人员知识更新、思维拓展、能力提升，加快培养"互联网+外贸"领域的高素质人才。

二是重视人才引进和留育。充分发挥现有自治区各级政府人才引进平台，加快引进"互联网+外贸"发展亟须的高端人才、领军人才和优秀团队，对引进的高层次人才在本地落户、子女入学等方面提供便利。通过建立完善业绩考核考评体系，支持将重点产业园区企业引进高层次人才产生的住房货币补贴、安家费、科研启动经费等列入成本核算；按照国家和自治区有关人才引进规定，确保符合条件的引进人才充分享受居留和出入境、落户、子女入学、医疗服务等方面的优惠政策。充分挖掘侨务资源，鼓励更多海外留学归国青年从事跨境电子商务产业。建立学习交流机制，以简报、培训、研讨等多种形式开展线上线下交流，总结和推广"人才引育"建设成功经验。建立专业人才数据库，提高对引进人才和留育的信息化管理水平。

7.6 做好宣传引导

一是研究互联网用户心理和行为特征，创新宣传方式，丰富宣传手段。充分发挥典型示范作用，多加宣传广西对东盟"互联网+外贸"发展成效，积极营造鼓励创新、充满活力、公平竞争、规范有序的良好氛围，促进广西对东盟"互联网+外贸"发展方式持续转型升级。

二是各地各有关单位要加大宣传力度，积极营造全社会重视对东盟"互联网+外贸"发展的良好舆论氛围。自治区商务厅、自治区农业农村厅、自治区工业和信息化厅、新闻出版广电局要会同自治区新闻媒体，分别制订广西对东盟"互联网+外贸"发展方式转型升级专项宣传计划，通过传统媒体、新媒体和主题活动等形式，大力宣传有关政策、及时报道相关工作进展和成效，披露警示问题案例，积极营造全社会重视"互联网+外贸"发展的良好舆论氛围。各地各单位通过举办政策宣讲会、新闻发布会、开展培训、国际会议发言等多种方式，认真做好鼓励"互联网+外贸"发展的相关政策宣传解读工作，引导各类市场主体用足用好相关政策。

参考文献

［1］百度百科．互联网［EB/OL］．https：//baike. baidu. com/item/互联网/199186？ fr=aladdin.

［2］于揚．所有传统和服务应该被互联网改变［EB/OL］．（2012-11-14）［2019-02-20］．https：//tech. qq. com/a/20121114/000080. htm.

［3］马化腾．关于以"互联网+"为驱动 推进我国经济社会创新发展的建议［EB/OL］．央广网，（2015-03-06）［2019-02-20］．http：//finance. cnr. cn/gundong/20150306/t20150306_ 517911345. shtml.

［4］李克强．政府工作报告（全文）——2015年3月5日在第十二届全国人民代表大会第三次会议上［N］．人民日报，2015-03-17（001）．

［5］国务院．关于积极推进"互联网+"行动的指导意见［EB/OL］．（2015-07-01）［2019-02-20］．http：//www. gov. cn/gongbao/content/2015/content_ 2897187. htm.

［6］黄伟新．新疆对外贸易发展方式转变研究［D］．石河子：石河子大学，2015.

［7］李琮．世界经济学大辞典［M］．北京：经济科学出版社，2000.

［8］裴长洪，倪江飞，李越．数字经济的政治经济学分析［J］．财贸经济，2018，39（09）：5-22.

［9］马建光，姜巍．大数据的概念、特征及其应用［J］．国防科技，2013，34（02）：10-17.

［10］邬贺铨．大数据时代的机遇与挑战［J］．求是，2013（04）：47-49.

［11］厉以宁．市场经济大辞典［M］．北京：新华出版社，1993.

［12］李鹏．公共管理学［M］．北京：中共中央党校出版社，2010.

［13］百度百科. 企业［EB/OL］. https：//baike. baidu. com/item/企业/707680.

［14］百度百科. 行业组织［EB/OL］. https：//baike. baidu. com/item/行业组织.

［15］G20. 二十国集团数字经济发展与合作倡议［EB/OL］.（2016-09-20）［2021-03-30］. http：//www. g20chn. org/hywj/dncgwj/201609/t20160920_3474. html.

［16］李晓华. 数字经济新特征与数字经济新动能的形成机制［J］. 改革，2019（11）：40-51.

［17］何建华. 略论生产活动中人与自然的和谐关系［J］. 中共浙江省委党校学报，2010，26（04）：13-17.

［18］马克思恩格斯全集（第23卷）［M］. 北京：人民出版社，1972.

［19］何建华. 略论生产活动中人与自然的和谐关系［J］. 中共浙江省委党校学报，2010，26（04）：13-17.

［20］习近平：保护生态 生态也会回馈你［EB/OL］.（2020-03-31）［2020-04-10］. https：//baijiahao. baidu. com/s？id=1662642097315232941&wfr=spider&for=pc.

［21］蒋明伟. 自然与人、资本的辩证关系——马克思的生态辩证法管窥［J］. 社科纵横，2013，28（04）：122-125.

［22］李泊溪. 环境与国际贸易的内在冲突与融合［J］. 国际经济评论，2002（Z1）：19-23.

［23］邱斌，孙少勤，唐保庆. 制度因素、对外贸易与中国新型比较优势构建［M］. 北京：科学出版社，2017.

［24］黄伟新，龚新蜀. 我国沿边地区开放型经济发展水平评价及影响因素的实证分析［J］. 经济问题探索，2014（01）：39-45.

［25］Adler, R. P, Goggin J.. What Do We Mean By "Civic Engagement"?［J］. Journal of Transformative Education, 2005, 3（03）：236-253.

［26］Dalton R. J . Citizenship Norms and the Expansion of Political Participation［J］. Political Studies, 2008, 56（01）：76-98.

［27］Ben Berger. Political Theory, Political Science, and The End of Civic Engagement［J］. Perspectives On Politics, 2009, 7（02）：335-350.

［28］［美］约瑟夫·熊彼特. 经济周期循环论——对利润、资本、信贷、利息以及经济周期的探究［M］. 叶华，译. 北京：中国长安出版社，2009.

［29］科技部．中共中央、国务院关于加强技术创新、发展高科技、实现产业化的决定［EB/OL］．（2002-03-15）［2021-03-15］．http：//www. most. gov. cn/gxjscykfq/wj/200203/t20020315_9009. htm.

［30］董秘刚．技术进步与国际贸易——中国对外贸易增长模式研究［M］．北京：中国经济出版社，2011.

［31］雷巧冰．借鉴新加坡经验　扎实推进"电商广西—电商东盟"工程——新加坡信息化建设经验对广西商务信息化建设的启示［J］．广西经济，2013（12）：55-57.

［32］龙裕伟．广西网络经济发展现状分析［J］．学术论坛，2002（02）：81-85.

［33］中国电子商务年鉴编辑部．中国电子商务年鉴（2003）［M］．北京：中国国内贸易年鉴社，2003.

［34］郭万盛．奔腾年代：互联网与中国：1995-2018［M］．北京：中信出版社，2018.

［35］梁腾坚．广西经济增长的源泉分析基于新古典生产函数［D］．桂林：广西师范大学，2014.

［36］覃冠玉，谢燕，黎尧，等．2020年广西数字经济发展评估报告［EB/OL］．（2021-04-21）　［2021-06-30］．http：//gxxxzx. gxzf. gov. cn/jczxfw/dsjfzyj/t8709236. shtml.

［37］龙裕伟．广西网络经济发展研究（中）［J］．社科与经济信息，2002（11）：58-63.

［38］佚名．跨境电商中的黑马：东南电商美丽湾［EB/OL］．http：//www. china. com. cn/v/news/2014-02/26/content. 31605793. htm.

［39］佚名．广西首场跨境电商直播开播开启东盟跨境电商网络直播新时代［EB/OL］．https：//nn. focus. cn/zixun/5c059d97aa8fac3b. html.

［40］广西商务厅．广西力推中国—东盟跨境电商产业发展［EB/OL］．http：//swt. gxzf. gov. cn/zwgk/zwdt/gxsw/t6237990. shtml.

［41］庞革平．广西电商风生水起［EB/OL］．（2016-05-10）［2019-12-20］．http：//finance. people. com. cn/n1/2016/0510/c1004-28336991. html？t=1462844421886.

［42］皮小明，周吉意．发挥"两国双园"优势引导广西企业"走出去"对

策建议［J］．市场论坛，2018（03）：14-18+24.

［43］吴思思．桂林两家基地获评国家外贸转型升级基地，整个广西仅四个［EB/OL］．http：//news. guilinlife. com/n/2018-05/11/413271. shtml.

［44］佚名．广西对东盟进出口增长迅猛成第一大贸易伙伴［EB/OL］.（2013-07-22）［2020-08-23］．http：//www. huaxia. com/tslj/rdqy/xb/2013/07/3440233. html.

［45］雷媛媛．骄傲！"柳州制造"走出国门，预计今年跨境电商出口额达3000万元［EB/OL］.（2018-08-17）［2021-05-13］．http：//www. lznews. gov. cn/article/d86419bd-f1f9-4922-94c9-e18659450837/67383. aspx.

［46］吴思思．桂林成立"跨境电商交流服务中心"助推企业走出国门［EB/OL］.（2017-12-20）［2021-05-13］．http：//news. guilinlife. com/n/2017-12/20/406525. shtml.

［47］康安，祝琳．梧州跨境电商产业园力推"梧州制造"走出去［EB/OL］.（2016-01-21）［2021-05-13］．https：//v. gxnews. com. cn/a/14310002.

［48］廖欣．广西力争今年实现电商交易额增长12%以上［EB/OL］.（2021-03-02）［2021-07-01］．https：//www. 163. com/dy/article/G43LAF4U0514R9NP. html.

［49］裴长洪，彭磊，郑文．转变外贸发展方式的经验与理论分析——中国应对国际金融危机冲击的一种总结［J］．中国社会科学，2011（01）：77-87+222.

［50］国务院关于加快发展生产性服务业促进产业结构调整升级的指导意见［EB/OL］.（2014-08-06）［2020-12-30］．http：//www. gov. cn/zhengce/content/2014-08/06/content_ 8955. htm.

［51］覃冠玉，谢燕，黎尧，等．2020年广西数字经济发展评估报告［EB/OL］.（2021-04-21）［2021-05-22］．http：//gxxxzx. gxzf. gov. cn/jczxfw/dsjfzyj/t8709236. shtml.

［52］赵超，钟贞，陈珏卉．中国—东盟信息港建设乘风破浪　助力打造联通东盟的"数字丝绸之路"［N］．广西日报，2021-05-28（007）.

［53］广西壮族自治区人民政府办公厅．关于印发中国—东盟信息港建设实施方案（2019—2021年）的通知（桂政办发〔2019〕72号）［EB/OL］．http：//www. gxzf. gov. cn/zfgb/2019nzfgb/d14q_ 35435/zzqrmzfbgtwj_ 35436/t1514610. shtml.

［54］范立强．营商环境"优"无止境［J］．当代广西，2020（15）：23.

［55］姚坤．柳工是如何炼成的？［EB/OL］．（2021－08－31）［2021－09－10］．https：//baijiahao. baidu. com/s? id=1709591119540525817&wfr=spider&for=pc.

［56］杨秋．我区19个知名品牌获中国出口商品品牌认证［EB/OL］.（2020－10－20）［2021－07－28］．http：//resource. cloudgx. cn/files/gxapp/News/202010/20/614842. html? _ s=1603194270.

［57］科技部．中共中央、国务院关于加强技术创新、发展高科技、实现产业化的决定［EB/OL］．（2002－03－15）［2021－03－15］．http：//www. most. gov. cn/gxjscykfq/wj/200203/t20020315_ 9009. htm.

［58］英特尔公司官网．摩尔定律50余年［EB/OL］．https：//www. intel. cn/content/www/cn/zh/silicon-innovations/moores-law-technology. html.

［59］李国忠．广西实施科技创新"十四五"规划新闻发布会［EB/OL］.（2021－12－16）［2021－12－16］．http：//kjt. gxzf. gov. cn/xxgk/hygq/xwfbh/t10971423. shtml.

［60］赵超，钟贞，陈珏卉．中国—东盟信息港建设乘风破浪　助力打造联通东盟的"数字丝绸之路"［N］．广西日报，2021－05－28（007）.

［61］许树柏．实用决策方法：层次分析法原理［M］．天津：天津大学出版社，1988.

［62］前瞻产业研究院．2020年广东省跨境电商行业发展现状分析　跨境电商零售进出口规模位居全国首位［EB/OL］.（2020－10－13）［2021－06－10］．https：//www. sohu. com/a/424371315_ 473133.

［63］观研天下．广东跨境电商进出口值占全国总值59.5%［EB/OL］.（2020－01－17）［2021－06－10］．http：//news. chinabaogao. com/it/202001/011JM0542020. html.

［64］佚名．2020广东进出口规模全国第一，东盟成广东第一大贸易伙伴［EB/OL］．（2021－01－21）［2021－06－10］．https：//www. 163. com/dy/article/G0TBN59C0514R9P4. html.

［65］中国跨境电商发展年鉴编委会．2018中国跨境电商发展年鉴［M］．北京：中国海关出版社，2018.

［66］佚名．广交会首次变身"网交会"，有3大意义4大影响［EB/OL］.（2020－04－10）［2021－06－19］．https：//www. sohu. com/a/386880084_ 120589506.

［67］陈晓，昌道励．广东 13 个跨境电商综试区首次集中"上云"［EB/OL］．（2020－06－19）［2021－06－19］．http：//www.cac.gov.cn/2020－06/19/c_1594121090520384.htm.

［68］张庆伟．黑龙江：对俄罗斯进出口总额居全国首位［EB/OL］．（2019－09－06）［2021－06－19］．https：//baijiahao.baidu.com/s？id＝1643892804643757008&wfr＝spider&for＝pc.

［69］郝迎灿．黑龙江对俄贸易额年均增长 27.9%［EB/OL］．（2019－09－06）［2021－06－19］．https：//www.sohu.com/a/435695921_162758.

［70］毛杰明．"一带一路"下黑龙江省扩大对俄经贸合作的思考［J］．绥化学院学报，2020（12）：60－61.

［71］杨宇，闫晶怡．"数字龙江"战略下黑龙江省推进数字丝路建设的对策研究［J］．经济研究导刊，2021（11）：47－50.

［72］阿布都热合曼·阿布都艾尼，妮鲁帕尔·艾山江．基于"互联网+"视域下新疆跨境电商生态圈构建策略探究［J］．商场现代化，2019（11）：24－25.

［73］张晨暄．新疆维吾尔自治区商务厅：新疆跨境电商迎来发展"春天"［EB/OL］．（2015－05－14）［2021－06－20］．http：//xj.cnr.cn/2014xjfw/2014xjfwtj/20150514/t20150514_518558597.shtml.

［74］新疆维吾尔自治区商务厅．新疆电子商务"十二五"发展规划［EB/OL］．（2013－07－17）［2021－06－20］．http：//www.100ec.cn/detail-6112689.html.

［75］齐一坤．新疆跨境电子商务发展中的政府作用及对策研究［D］．大连：东北财经大学，2018.

［76］程云洁，赵亚琼．"丝绸之路经济带"核心区建设背景下促进新疆"互联网+外贸"的发展对策研究［J］．新疆大学学报（哲学·人文社会科学版），2016，44（02）：24－31.

［77］陈键．新疆电信申建离岸数据中心　为周边国家提供国际网络服务［EB/OL］．（2014－08－01）［2021－06－20］．http：//www.c114.com.cn/news/107/a850807.html.

［78］戴贝．互联网思维助推新疆区域产业升级合作［EB/OL］．（2018－06－07）［2021－06－20］．https：//www.sohu.com/a/234444321_115239.

［79］高宇飞，鲍阳．克拉玛依市将举办新疆首个"云端展会"［EB/OL］．（2020-10-10）［2021-06-20］．http：//www.xj.xinhuanet.com/zt/2020-10/10/c_1126589224.htm.

［80］乔瑞庆．坚持市场主导政府引导推动网络安全产业发展壮大［EB/OL］．（2020-09-20）［2021-06-21］．http：//views.ce.cn/view/ent/202009/20/t20200920_35778125.shtml.

［81］百度百科．信息技术［EB/OL］．https：//baike.baidu.com/item/信息技术/138928？fr=aladdin.

［82］江泽民．新时期我国信息技术产业的发展［J］．上海交通大学学报，2008（10）：1589-1607.

［83］李宝琴，司正家．提高新疆外向型经济水平的创新策略选择［J］．新疆大学学报（哲学·人文社会科学版），2009（06）：1-6.

［84］王军伟．广西出台合作行动计划　打造东盟资源进口基地［EB/OL］．（2010-08-11）［2021-09-20］．http：//www.gxcounty.com/news/jjyw/20100811/53202.html.

［85］赵青松．新疆进出口基地的产业选择及重点区域分析［J］．黑龙江对外经贸，2010（12）：60-61+64.

［86］汤莉．国家外贸转型升级基地名单发布［EB/OL］．（2018-03-23）［2021-09-20］．https：//www.sohu.com/a/226205323_275039.

［87］广西壮族自治区人民政府．关于加快实施"走出去"战略的意见［EB/OL］．（2011-07-28）［2021-10-02］．http：//www.gxzf.gov.cn/zwgk/zfwj/zzqrmzfwj_25542/t950571.shtml.

［88］宋春风．沧海横流勇弄潮——广西实施"走出去"战略观察［EB/OL］．（2012-08-14）［2021-10-02］．http：//www.gov.cn/govweb/gzdt/2012-08/14/content_2203479.htm.

［89］余蕊．国家发改委：第三方市场合作有五种常见类型［EB/OL］．（2019-09-05）［2021-10-03］．https：//baijiahao.baidu.com/s？id=1643836140056552458&wfr=spider&for=pc.

［90］刘家凯．广西深化与东盟经贸合作的着力点［N］．广西日报，2021-06-04（010）．

［91］唐卉．广西与泰国经贸合作现状及对策建议［J］．东南亚纵横，2016

（04）：63-68.

［92］黄兰椿，张金根．桂台经贸文化合作交流之历程与现状［J］．企业科技与发展，2015（02）：83-84.

［93］胡谍．当前形势下深化桂港经贸合作前景浅析［J］．当代广西，2020（15）：21-22.

［94］魏恒，董文锋．鹿心社陈武率广西党政代表团赴广东学习考察　充分发挥粤桂扶贫协作重要作用　推动两区省在更大范围开展合作［J］．当代广西，2018（10）：10-11.

［95］夏宁．桂粤共建一带一路中国南部核心区发展战略［J］．广西经济，2018（10）：39-41.

［96］韦灵桂．广西参与泛珠三角区域合作政策效果评估［J］．上海金融学院学报，2015（02）：102-110.

［97］龙裕伟．巩固发展广西与西南地区的经济协作［J］．广西经济管理干部学院学报，2001（02）：28-31.

［98］广西壮族自治区人民政府办公厅．关于同意建立广西推进贸易高质量发展厅际联席会议（桂政办函〔2020〕20号）［EB/OL］．（2020-09-20）［2021-10-22］．http：//www.gxzf.gov.cn/zfw.j/gzbh/t6486358.shtml.

［99］自治区大数据发展局．广西数字政务一体化平台正式上线运行　以人民为中心擘画数字政府［EB/OL］．（2020-01-06）［2021-10-22］．http：//www.gxzf.gov.cn/zt/jd/szgxjszl/zxdt_27980/t978866.shtml.